En Contexto

Escrito enteramente en español por dos profesores experimentados, este libro es un manual de redacción para estudiantes universitarios en el que se desarrolla la escritura, la lectura y el pensamiento crítico en combinación con el análisis de estructuras gramaticales fundamentales y la práctica de la técnica de combinación de oraciones con la que se adquiere fluidez al escribir. Cada uno de los seis capítulos del libro se enfoca en el proceso de escritura que propone los pasos a seguir para aprender a captar la información más relevante de una lectura, a escribir y a reescribir un texto. Este libro de texto cuenta con una plataforma de aprendizaje electrónico, en el que los estudiantes podrán acceder a la versión virtual del libro y al material de apoyo con ejercicios y actividades, y los profesores podrán entrar en un planificador de lecciones, presentaciones PowerPoint descargables y mucho más.

LUIS OCHOA es profesor numerario en la Universidad Concordia, Montreal, Canadá.

ENRIQUE GONZÁLEZ ROMERO es profesor de español en la Universidad Concordia, Montreal, Canadá.

En Contexto

Manual de redacción para estudiantes universitarios

LUIS OCHOA
Concordia University, Montréal

ENRIQUE GONZÁLEZ ROMERO
Concordia University, Montréal

CAMBRIDGE
UNIVERSITY PRESS

CAMBRIDGE
UNIVERSITY PRESS

University Printing House, Cambridge CB2 8BS, United Kingdom

One Liberty Plaza, 20th Floor, New York, NY 10006, USA

477 Williamstown Road, Port Melbourne, VIC 3207, Australia

314–321, 3rd Floor, Plot 3, Splendor Forum, Jasola District Centre, New Delhi – 110025, India

103 Penang Road, #05–06/07, Visioncrest Commercial, Singapore 238467

Cambridge University Press is part of the University of Cambridge.

It furthers the University's mission by disseminating knowledge in the pursuit of education, learning, and research at the highest international levels of excellence.

www.cambridge.org
Information on this title: www.cambridge.org/9781108492362
DOI: 10.1017/9781108698214

First published 2021

Printed in the United Kingdom by TJ Books Limited, Padstow Cornwall

A catalogue record for this publication is available from the British Library.

ISBN 978-1-108-49236-2 Hardback
ISBN 978-1-108-72928-4 Paperback

Additional resources for this publication at www.cambridge.org/encontexto

Para Heike y mis hermanos Marcela, Armando y Enrique

-Luis

Para mi familia

-Enrique

EN CONTEXTO: MANUAL DE REDACCIÓN PARA ESTUDIANTES UNIVERSITARIOS

Contenido		Capítulo 1 *Alfabetización digital*	Capítulo 2 *Escritores optimistas*	Capítulo 3 *El consumo en la era digital*	Capítulo 4 *Emanciparse en tiempos de crisis*	Capítulo 5 *El reto de afrontar la crisis climática*	Capítulo 6 *La publicación científica bajo la lupa*
Lectura académica	En preparación	Alfabetización digital	Escritores optimistas	El consumo en la era digital	Emancipación residencial	Cómo afrontar el reto de la crisis climática	La realidad de la difusión científica en la era digital
	Desarrollo léxico	Frecuencia léxica y lista de vocabulario académico	Frecuencia léxica y colocaciones	Frecuencia léxica	Frecuencia léxica	Frecuencia léxica	Frecuencia léxica
	Desarrollo de la habilidad lectora	"Caracterización de la alfabetización digital"	"El optimismo, clave para escribir correctamente en otra lengua"	"El consumo en la era digital"	"Cambios en el proceso de emancipación residencial en España"	"La educación en tiempos de cambio climático"	"Publicar ciencia: Un problema crónico"
Principios básicos para el desarrollo de textos	Desarrollo de ideas	Toma de notas	Planificación y generación de ideas	Mapas de aspectos comunes	Diagrama de causas y efectos (diagrama de Ishikawa)	Mapas conceptuales	Las seis preguntas básicas
	Estructura de textos	Estructura básica del resumen	Estructura básica del párrafo	Comparación y contraste	Causa y efecto	Circunstancias adversas y soluciones	Argumentación
	Desarrollo de habilidades básicas de investigación	Uso del sistema de citas según los manuales de la APA y la MLA	Artículos de divulgación científica e inserción de citas al estilo MLA	Búsqueda de libros especializados e inserción de citas al estilo APA	Selección y uso de información extraída de fuentes externas, 1era parte	Selección y uso de información extraída de fuentes externas, 2ª parte	Selección y uso de información extraída de fuentes externas, 3ª parte
Principios básicos de redacción de textos	Desarrollo de la habilidad escrita	Redacción del resumen y el parafraseo	El borrador y la redacción del párrafo y el texto	Redacción de textos sobre comparación y contraste	Redacción de textos sobre causa y efecto	Redacción de textos sobre circunstancias adversas y soluciones	Redacción de textos argumentativos
	Criterios de textualidad	Cohesión: *sinonimia*	Cohesión: *deícticos*	Cohesión: *elipsis*	Cohesión: *conectores o marcadores textuales*	Cohesión y coherencia: *la titulación*	Coherencia: *progresión temática*
	Estructuras gramaticales	Oración simple: el sujeto	Oración simple: el predicado	Oración compuesta	Oración subordinada relativa	Oración subordinada sustantiva	Oración subordinada circunstancial
	Técnica de combinación de oraciones	Principios básicos de combinación de oraciones	Segmentación de oraciones	Combinación y segmentación de oraciones compuestas	Combinación y segmentación de oraciones adjetivas o de relativo	Combinación y segmentación de oraciones sustantivas	Combinación y segmentación de oraciones circunstanciales
Documento final	Puesta en práctica	Resumen y parafraseo	Texto expositivo básico	Textos expositivos sobre comparación y contraste	Textos expositivos sobre causa–efecto	Textos expositivos sobre circunstancias adversas y soluciones	Textos argumentativos
	Evaluación	Hoja de revisión entre pares y *feedback* del profesor					
Material de apoyo en la red	Explicación y ampliación sobre gramática y técnica de combinación de oraciones	Otros materiales sobre gramática, vocabulario, combinación de oraciones y actividades de escritura					

ÍNDICE

INTRODUCCIÓN

En Contexto es un manual de redacción para estudiantes universitarios, en el que se desarrolla la escritura, la lectura y el pensamiento crítico en combinación con el análisis de estructuras gramaticales fundamentales y la práctica de la técnica de combinación de oraciones con la que se adquiere fluidez al escribir. Cada uno de los seis capítulos del libro se enfoca en el proceso de escritura que propone los pasos a seguir para aprender a captar la información más relevante de una lectura, a escribir y a reescribir un texto, valiéndose de la interacción entre compañeros, quienes discuten entre sí para mejorar la redacción de sus escritos, entendiendo la escritura no como una simple reproducción del lenguaje, sino como el desarrollo de la organización y el significado de todos los elementos que componen un texto.

Desde el capítulo 1 hasta el capítulo 6, las actividades de escritura se crean con base en lecturas extraídas de fuentes auténticas (es decir, periódicos y revistas), y los estudiantes tienen que escribir en función de lo que leen. Trabajar con estos textos académicos les brinda a los estudiantes la oportunidad de desarrollar diferentes técnicas de lectura, como examinar, escanear, reconocer patrones organizacionales dentro del texto, tomar notas, etcétera. La mayoría de las lecturas cuenta con fuentes referenciadas, lo que no sólo da a los estudiantes una sensación de autenticidad, sino que también aumenta su nivel de confianza de poder leer documentos académicos reales. El objetivo principal de proporcionar estas referencias bibliográficas es atraer la atención del aprendiz sobre la fuente de información y enseñarle cómo evitar el plagio al aprender a parafrasear o resumir fragmentos de un texto original y a usar citas y referencias según las normas de estilo de la Asociación Estadounidense de Psicología (*American Psychological Association*; APA) o la Asociación de Lenguas Modernas (*Modern Language Association*; MLA) en sus escritos.

Cada capítulo contiene dos lecturas. La primera lectura sirve como tarea de precalentamiento e introducción al tema del capítulo. En respuesta a esa lectura, los estudiantes toman notas, sobre las cuales reciben comentarios de sus compañeros. La segunda lectura sirve como modelo del párrafo y la estructura del texto desarrollado en cada capítulo. Estas lecturas se enmarcan dentro de contextos diferentes con nuevas palabras con las que los estudiantes desarrollan el vocabulario necesario para llevar a cabo las tareas de escritura. Esto se logra a través de una serie de actividades de vocabulario en las que se desarrollan estrategias para que los estudiantes manejen nuevas palabras, algunas de las cuales forman parte de la lista de palabras académicas en español necesarias para tener éxito en entornos académicos de habla hispana.

En la sección de escritura de cada capítulo, los estudiantes están expuestos a diferentes técnicas de desarrollo de ideas y al diseño de esquemas para la elaboración de resúmenes, paráfrasis y ensayos tanto expositivos como argumentativos. Las actividades de redacción previa y de revisión de párrafos entre compañeros introducen gradualmente a los estudiantes en el proceso de escritura y los animan a mejorar la destreza escrita. También los llevan a aprender a analizar aspectos importantes de la escritura académica, como el desarrollo de la idea principal, la oración temática y las oraciones de apoyo, la unidad de párrafos, la cohesión y la coherencia dentro del texto. Los estudiantes también aprenden a utilizar los conectores apropiados para enumerar, comparar o contrastar, ejemplificar, argumentar, etcétera. Estas explicaciones permiten que los estudiantes adquieran y transmitan conocimiento a partir del contenido, que comprendan las convenciones de escritura que rigen no sólo las estructuras básicas como la oración, sino también el metadiscurso, y que además tengan la oportunidad de usar el conocimiento adquirido de la gramática y las estructuras sintácticas simples y complejas para comunicar sus propias ideas.

Dado que escribir con precisión requiere no sólo transmitir un mensaje de manera apropiada, sino también desarrollar la competencia comunicativa de los estudiantes, *En Contexto* recurre a las estructuras gramaticales dentro de un enfoque comunicativo basado en el significado que se explica a través de ejemplos contextualizados en recuadros que ayudan visualmente a los estudiantes a ver y comprender la estructura y su papel dentro de la oración. Los mismos ejemplos contextualizados sirven para mostrar el significado que puede ser léxico o gramatical. En cuanto al uso, al final del análisis de cada estructura o forma, hay ejercicios en los que los estudiantes tienen la oportunidad de identificar la estructura vista dentro de una oración. Estos ejercicios ayudan a los estudiantes no sólo a descubrir las características del lenguaje a las que de otra manera no prestarían atención, sino también a aprender a usar la lengua meta de manera precisa, espontánea y fluida.

La sección de gramática de *En Contexto* ha sido diseñada para permitir que el profesor tenga la máxima flexibilidad para decidir con cuánto detalle desea cubrir las estructuras gramaticales seleccionadas en el libro de texto. Dependiendo de las necesidades de los estudiantes, el profesor puede enfocarse sólo en la breve explicación y los ejercicios que se incluyen en el libro de texto. Si se necesita una cobertura más detallada y completa para toda la clase, el profesor puede aprovechar explicaciones y ejercicios complementarios en la plataforma de aprendizaje electrónico. Los ejercicios en esta plataforma pueden asignarse como tarea o usarse como pruebas para toda la clase o para estudio independiente, lo que permite que el profesor se asegure de que los estudiantes han comprendido bien las estructuras que se vayan cubriendo a lo largo del curso.

Reconociendo la necesidad de los estudiantes de practicar la forma y el uso de estructuras gramaticales, *En Contexto* recurre también a la práctica de la combinación de oraciones (CO), que ayuda a los estudiantes a desarrollar su habilidad no sólo para identificar formas gramaticales, sino también para comprender su uso y emplearlas en su propia escritura. En otras palabras, la CO cierra la brecha de ejercicios de gramática controlados y abre una nueva a un tipo de actividades de escritura semicontroladas o libres que no está vinculado a un tema de gramática en particular. De hecho, se ha demostrado que la técnica de CO es una forma práctica para que los estudiantes usen la estructura de las oraciones para derivar el significado de las reglas o formas gramaticales. Por eso, en cada capítulo, hay una serie de ejercicios de CO con un nivel de dificultad creciente, para que los estudiantes puedan adquirir gradualmente mucha más fluidez en su escritura.

La oportunidad que tienen los estudiantes de realizar numerosas actividades de escritura tanto controladas como libres a lo largo de cada capítulo les conduce gradualmente hasta la puesta en práctica en la que se enumeran todos los pasos a seguir para redactar un documento final cuyo contenido reflejará el conocimiento adquirido por parte del estudiante. Esta puesta en práctica proporciona guías de revisión y hojas de chequeo para que el estudiante pueda evaluar su propio aprendizaje.

Como es bien sabido, el uso de material complementario marca la diferencia en el rendimiento de los estudiantes, y *En Contexto* cuenta con una plataforma de aprendizaje electrónico. En esta plataforma, los estudiantes podrán acceder a la versión virtual del libro y al material de apoyo, con ejercicios y actividades tanto digitales como imprimibles. Pensando en las necesidades de los profesores, la plataforma de *En Contexto* ofrece material adicional que incluye ampliación de apéndices, tareas de escritura, tests y exámenes para evaluar el rendimiento de los estudiantes con solucionario de actividades y ejercicios tanto del libro como de la plataforma de aprendizaje.

AGRADECIMIENTOS

Para la realización de este libro, lo digo con toda gratitud, hubo colaboradores directos e indirectos. Todos imprescindibles, todos generosos. Indirectos fueron mi esposa Heike, mis familiares y mis amigos que me apoyaron moralmente, las editoras de Cambridge University Press, Helen Barton e Isabel (Izzie) Collins, que me guiaron a la publicación de este texto, los autores de libros y artículos que pusieron al alcance de mis manos todos sus conocimientos, las cuatro lectoras, pero sobre todo Inmaculada Mas Álvarez, por sus valiosos comentarios y sugerencias que sirvieron para mejorar la calidad de este libro de texto. También lo fueron todos los estudiantes en mis cursos avanzados de gramática y escritura que, quizá sin saberlo, propiciaron toda esta empresa. Directo sólo hubo uno: mi colega y coautor Enrique González Romero, que dedicó parte de su valioso tiempo y esfuerzo a la elaboración de este texto. A él le debo mi admiración y respeto.

1 Alfabetización digital

EN ESTE CAPÍTULO ...

- **aprenderá vocabulario relacionado con la alfabetización en la era digital;**
- **anticipará e inferirá el tema de la alfabetización digital;**
- **aprenderá a tomar apuntes;**
- **aprenderá a desarrollar la estructura de un resumen;**
- **pondrá en práctica el uso del sistema de citas de los manuales de la APA y la MLA;**
- **aprenderá a preparar el borrador de un resumen y el parafraseo de un artículo;**
- **repasará el funcionamiento básico de la oración simple: *el sujeto*;**
- **aprenderá los principios básicos de la técnica de combinación de oraciones;**
- **pondrá en práctica el desarrollo de resúmenes y parafraseo de un artículo.**

Lectura académica

En preparación ...

La mayoría de los estudiantes universitarios[1] de las primeras dos décadas de este siglo pertenecen ya o a la generación Y, conocidos como mileniales (*Millennials*), o la generación Z, conocidos como *iGeneration* o postmileniales. Aunque estas dos

[1] Según el *Diccionario panhispánico de dudas*, se suele asignar el género masculino a colectivos mixtos de individuos sin hacer distinción de sexos. Sin embargo, existen tendencias de corrección política que suelen optar por otras alternativas que incluyen los dos sexos o le dan prioridad al sexo que domina entre grupos de individuos de ambos sexos. Para facilitar la lectura de este texto, emplearemos el género masculino.

generaciones presentan rasgos diferentes, ambas comparten algo en común: a todos sus miembros se les considera nativos digitales,[2] es decir, que tienen la habilidad nata de utilizar todo tipo de dispositivos electrónicos tales como computadoras, portátiles, tabletas, teléfonos inteligentes, correo e, redes sociales, aplicaciones, etcétera. Sin embargo, esa sorprendente habilidad no los prepara para ser individuos educados con un pensamiento crítico fundado en el respeto y la dignidad de las personas. Esta misión la llevan a cabo los profesores, inmigrantes digitales, quienes los guiarán en su formación académica, ayudándolos a adquirir conocimiento y cultura mediante los recursos tecnológicos que nos ofrece la era digital.

En este primer capítulo aprenderemos a distinguir entre la alfabetización informacional y la alfabetización digital, cuyos principios nos abren las puertas de la sociedad letrada gracias a la capacidad adquirida de leer y escribir textos variados, pero sobre todo académicos, con la ayuda de las tecnologías de la información y de la comunicación (TIC) en el ubicuo ciberespacio.

ACTIVIDAD 1.1

Lea las siguientes afirmaciones, reflexione sobre su contenido y responda en hoja aparte a las preguntas que se presentan a continuación.

A. La ALFIN, o alfabetización informacional, capacita a cada individuo para emprender búsquedas de datos e información que, dependiendo de sus objetivos personales, laborales o académicos, les sirvan para consultar, evaluar, analizar, interpretar o generar más información.
   1. ¿En qué nos podemos ver beneficiados como alfabetos[3] informacionales?
   2. ¿Qué relación cree que existe entre la alfabetización informacional y la digital?
   3. Si alfabetizarse en lo digital significa saber cuándo y por qué utilizar una u otra TIC, ¿qué otros elementos más ayudarán a formarnos como verdaderos alfabetos digitales?

B. Desde la irrupción del internet a finales de los años 80 del siglo pasado hasta ahora, se ha observado una especie de exclusión que afecta a ciertos sectores de la sociedad no sólo en países en vías de desarrollo sino también en los desarrollados. A este fenómeno se le conoce como brecha digital.
   1. ¿Cómo cree que esa brecha afecta a las personas excluidas provenientes de sectores marginados?
   2. ¿En qué puede afectar a la sociedad en su conjunto?
   3. ¿A qué factores se debe esta brecha digital?

C. Hoy en día es impensable que exista una institución académica, empresa o industria que no se valga de la mayoría de las TIC. Para saber si es usted un alfabeto digital de primer nivel, resuelva el siguiente cuestionario, rodeando con un círculo la respuesta correcta.
   1. ¿Por qué cree que, cuando más de tres programas funcionan simultáneamente, el rendimiento de una computadora se reduce considerablemente?
      a) Porque el teclado no está funcionando correctamente.
      b) Porque la memoria de acceso aleatoria (RAM) es insuficiente.
      c) Porque el ratón no está funcionando correctamente.
      d) Porque la unidad central de proceso (CPU) no está funcionando correctamente.

[2] Marc Prensky, quien acuñó el término, los describe como todos aquellos individuos nacidos sobre todo en países desarrollados a finales del siglo XX y principios del XXI en plena era digital, a diferencia de los inmigrantes digitales nacidos entre los años 60 y 80 del siglo XX que, a pesar de su formación profesional "analógica", han tenido que aprender a desenvolverse con cierta dificultad en el uso y aplicación de las nuevas tecnologías. Marc Prensky, "Digital Natives, Digital Immigrants", *On the Horizon*, 9:5 (2001), pp. 1–2.

[3] Se entiende por alfabeto a toda persona alfabetizada.

2. ¿En qué zona de la pantalla de la computadora podemos ver todos los programas y documentos abiertos con los que estamos trabajando?
   a) Menú breve (*shortcut menu*)
   b) Biblioteca de documentos (*documents library*)
   c) Barra de tareas (*taskbar*)
   d) Botón de inicio (*start button*)
3. Si desea enviar un mensaje de correo electrónico, ¿qué dispositivo se requiere para poder conectar la computadora al Internet?
   a) Impresora
   b) Módem
   c) Wifi
   d) Disco duro externo
4. Necesita información rápida y reciente sobre la computación en la nube. ¿Qué recurso en la red (www) le sirve para obtener esta información?
   a) Localizador de recursos uniforme (URL)
   b) Complementos (*plug-ins*)
   c) Motor de búsqueda (*search engine*)
   d) Navegador (*browser*)
5. Cuando escribimos un documento en el programa Word, aparece una barra vertical parpadeante que permanece en su lugar hasta que añadimos más texto o la cambiamos de lugar con el ratón. ¿Cómo se le llama a esa barra parpadeante?
   a) Punto de inserción (*insertion point*)
   b) Puntero del ratón (*mouse pointer*)
   c) Barra de estado (*status bar*)
   d) Barra de desplazamiento (*scroll bar*)
6. ¿Cuál de los siguientes componentes de Word muestra el nombre de un documento?
   a) Barra de menú (*menu bar*)
   b) Barra de estado (*status bar*)
   c) Barra de herramientas (*tool bar*)
   d) Barra de título (*title bar*)
7. La mayoría de los programas Office, como Word, PowerPoint y Excel, permite realizar casi todas las funciones mediante un atajo o método abreviado del teclado (*keyboard shortcut*) sin necesidad de utilizar el ratón. ¿Podría relacionar la función con el respectivo atajo?

a) Guardar	□	Ctrl + A
b) Deshacer	□	Ctrl + S
c) Seleccionar todo	□	Ctrl + X
d) Cortar	□	Ctrl + Z

8. Si uno de sus proyectos finales contiene texto, gráficas, sonido, imágenes o video, ¿de qué recurso estamos hablando?
   a) Procesamiento de textos
   b) Multimedia
   c) Base de datos
   d) Hoja de cálculo
9. ¿Cuál de los siguientes motores de búsqueda no registra la información de los usuarios?
   a) Bing
   b) DuckDuckGo
   c) Google
   d) Yahoo

10. ¿Qué modelo no sólo sirve para adquirir programas de forma gratuita, sino que permite al usuario modificar la fuente del programa sin infringir los derechos de autor?
    a) Shareware
    b) Comunes creativos (*Creative Commons*)
    c) Freeshare
    d) Código abierto (*open source*)

D. Compare el resultado con alguno de sus compañeros de clase, vean si sus respuestas son similares y comenten al respecto.

Desarrollo léxico

Frecuencia léxica y lista de vocabulario académico

El aprendizaje del mayor número posible de palabras frecuentes en español le ayudará a entender lo que lee y a crear una base sólida para el desarrollo de una escritura mucho más rica en variedad y significados. A partir de este capítulo y en adelante, trabajaremos con listados de palabras extraídas de textos de diferentes fuentes (artículos de periódicos y revistas, libros, etc.).

Para la enseñanza del vocabulario, no sólo es importante aprender nuevas palabras, sino también tomar en cuenta con qué frecuencia se usan en la lengua hablada y escrita. Por ello, los ejercicios de desarrollo léxico de cada capítulo le presentarán palabras con diferentes frecuencias de uso en el idioma español (baja, mediana y alta). Esto le permitirá repasar el vocabulario activo que ya posee, reactivar o reforzar el vocabulario pasivo y, por supuesto, aprender nuevos términos.

Por otro lado, se destacarán algunas palabras que forman parte de la lista de uso académico (AWL[4]), alrededor de 570 familias de palabras; estos términos aparecerán marcadas con un asterisco (*). De igual modo, se propondrán ejercicios que incluyan palabras polisémicas,[5] colocaciones[6] y sinónimos y antónimos, puesto que todos ellos son una fuente común de confusión para el estudiante de español como lengua extranjera. En cada capítulo se pondrá un énfasis diferente en cada uno de estos tipos de palabras.

Por último, se presentarán también cápsulas de breves ejercicios prácticos que le ayudarán a manejar de modo más preciso y efectivo la información obtenida en el diccionario.

ACTIVIDAD 1.2

En la siguiente actividad, explorará el significado de algunas palabras clave extraídas de dos textos sobre alfabetización digital que leerá un poco más adelante.

A. Relacione las siguientes palabras poniendo la letra en la definición correspondiente.

[4] Robert W. Bushong II, "The Academic Word List Reorganized for Spanish-Speaking English Language Learners", MA thesis, University of Central Florida, 2010. Disponible en: <https://stars.library.ucf.edu/cgi/viewcontent.cgi?article=2597&context=etd>.

[5] Las palabras polisémicas son aquellas que poseen dos o más acepciones o significados.

[6] Las colocaciones son combinaciones frecuentes de palabras con una alta frecuencia de uso establecido.

Palabra	Definición	
a) estafa	• relativo a la axiología o teoría de los valores	*d*
b) cognitivo	• totalidad de los elementos o cosas poseedores de una propiedad común, que los distingue de otros	
c) otorgar	• acción de cumplir algo	
d) axiológico	• promover o impulsar	
e) conjunto	• delito en que se genera un daño patrimonial mediante engaño	
f) poseer	• objetivo difícil de llevar a cabo que constituye un estímulo para quien lo emprende	
g) cumplimiento	• que pertenece o se relaciona con el conocimiento	
h) fomentar	• aspecto o faceta de algo	
i) reto	• tener en su poder algo	
j) dimensión*	• conceder o dar algo que se pide	

B. En la siguiente lista de palabras, identifique para cada una la que no es un sinónimo y táchela.

1. **destrezas**	habilidades	capacidades	~~inquietud~~	pericias
2. **dispositivo**	aparato	orden	mecanismo	instrumento
3. **consolidar**	afianzar	fortalecer	estabilizar	solidarizarse
4. **asumir***	suponer	aceptar	adjudicarse	responsabilizarse
5. **desarrollo**	avance	incremento	desorden	progreso

C. Lea las siguientes oraciones, fijándose en la palabra destacada en negritas. Después elija cuál de las definiciones corresponde a la palabra resaltada en el contexto en que se ha usado.

1. Deben desarrollarse normas de comportamiento que **impliquen** una actitud social positiva hacia los demás.
   implicar:* a) hacer que alguien se vea enredado o comprometido en un asunto
   b) llevar consigo o significar algo
2. Las TIC **inciden** significativamente en el entorno cultural y político de la sociedad.
   incidir: a) repercutir, causar efecto una cosa en otra
   b) caer en una falta o error
3. Como se recordará, estos temas ya fueron comentados en **apartados** anteriores.
   apartado: a) retirado, lejano o remoto
   b) sección dentro de un escrito
4. La llamada inteligencia digital es uno de los **ejes** de la alfabetización digital.
   eje: a) diámetro principal de una curva
   b) tema fundamental o central
5. Para la alfabetización digital, se requiere una **articulación** apropiada de aspectos técnicos, emocionales y éticos.
   articulación: a) acto de construir algo combinando adecuadamente sus elementos
   b) unión entre dos piezas que permite el movimiento entre ellas

D. Elija la palabra del recuadro que corresponda a cada uno de los seis grupos de colocaciones que aparecen a continuación.

pautas / colaborativo / distinguir / cambiante / reputación / conllevar

1. trabajo / proyecto / ambiente } __________
2. buena / dudosa / sólida } __________
3. estado de animo / clima / realidad } __________
4. __________ { de comportamiento / de convivencia / de desarrollo
5. __________ { claramente / rigurosamente / cuidadosamente
6. __________ { riesgos / responsabilidades / gastos

E. Ahora utilice las colocaciones correctas para completar la siguiente oración. No olvide conjugar los verbos si lo requieren.

Todo proyecto __________ requiere __________claramente __________ de convivencia que eviten fricciones entre los participantes, puesto que el trabajo en equipo siempre __________ riesgos como disensiones irreconciliables e incluso enfrentamientos personales.

¿Qué nos dice el diccionario?

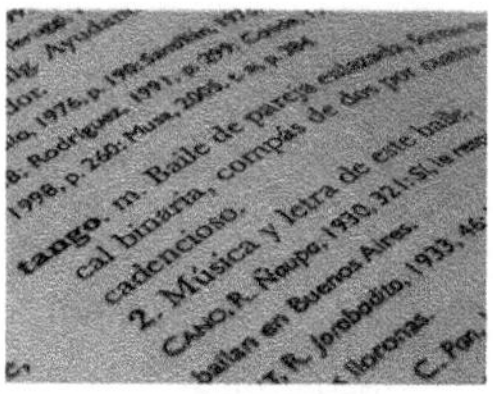

Estos son algunos de los términos que usa el diccionario de la lengua española (DLE 23ª edición, versión 23.3) para definir las características de las palabras. Entre paréntesis están sus abreviaturas. ¿Conoce lo que significa cada uno? Consulte el DLE en línea (https://dle.rae.es/).

apócope (apoc.) – **coloquial** (coloq.) – **despectivo** (despect.) – **eufemismo** (eufem.) **onomatopéyico** (onomat.)

Ahora, ¿sabe lo que significan las siguientes palabras? ¿Podría decir cuál de ellas es un ejemplo de cada uno de los términos anteriores? Escriba la abreviatura correspondiente a cada palabra.

matasanos _____ pompis _____ runrún _____ san _____ libraco _____

Desarrollo de la habilidad lectora

Antes de leer

A continuación, leerá un artículo de divulgación científica sobre la alfabetización digital que, como veremos, nos capacita para funcionar adecuadamente en la sociedad letrada.

ACTIVIDAD 1.3

Una persona alfabetizada digital competente debe demostrar la habilidad en tres principios básicos: el uso, la comprensión y la creación.

En el siguiente recuadro, complete de manera esquemática la información que crea que caracteriza los dos principios restantes.

Uso	Comprensión	Creación
• *Capacidad técnica para interactuar con todo tipo de dispositivos (computadoras, portátiles, tabletas, teléfonos inteligentes, etc.), programas, el internet y distintos tipos de aplicaciones*	•	•

ACTIVIDAD 1.4

Cohabitar el ciberespacio nos lleva a construir una identidad digital constituida de diferentes perfiles que se asocian a diferentes servicios según los datos personales que proporcionamos directa o indirectamente. A partir del recuadro siguiente, coloque los datos que correspondan a cada perfil.
Atención: algunos de estos datos se pueden repetir en algunos de los perfiles.

cliente de tiendas digitales	titular de cuenta corriente	empleado	estudiante	miembro de familia	usuario de redes sociales
nombre completo	*nombre completo*	*nombre completo*	*nombre completo*	*nombre completo*	*nombre completo*

— abonos — contactos — dirección postal — edad — experiencia laboral — fecha y lugar de nacimiento — fotografías — gustos — historial académico — ingresos — intereses — inversiones — lugar de trabajo — ~~nombre~~ — número de tarjeta de crédito y débito — número de teléfono — profesión — retiros — sexo

ACTIVIDAD 1.5

Ahora comience a leer el texto y, mientras lee, subraye o marque con rotuladores de diferentes colores la información que le parezca más importante en cada párrafo. Si encuentra una palabra que no entiende, rodéela con un círculo y más tarde busque su significado en un buen diccionario monolingüe.

Caracterización de la alfabetización digital

[1] La primera alfabetización que las personas reciben se relaciona de manera directa con los medios de comunicación que predominan en esa época. Motivo por el cual, se considera que la alfabetización informacional es la que de niños se recibe como primera alfabetización; por lo cual, los adultos requieren alfabetizarse digitalmente para adquirir nuevos conocimientos y destrezas relacionados con las nuevas formas de crear, gestionar, transmitir, presentar y comprender el entorno digital (Alfabetización Digital en la Educación, 2011, p. 13).

[2] En términos generales, la alfabetización digital incluye tener conocimiento de diversas fuentes de información digitales, criterios éticos para hacer uso de la información, utilizar y poseer dispositivos, entre otros elementos. Por lo que Guillén, Ascencio y Tarango (2016, pp. 29–30), clasifican cinco dimensiones:

- Instrumental: se refiere al conocimiento práctico y habilidades para el uso del hardware y software.
- Cognitivo-intelectual: trata de los conocimientos y habilidades cognitivas específicas que permitan buscar, seleccionar, analizar, interpretar y recrear la información con la finalidad de otorgarle significado, analizarla críticamente y reconstruirla.
- Sociocomunicacional: relativa a la habilidad para comunicarse eficazmente a través de las TIC, mediante el desarrollo de textos de naturaleza diversa (hipertextuales, audiovisuales, icónicos, tridimensionales, etc.). Además, esta dimensión incluye el desarrollo de normas de comportamiento que impliquen una actitud social positiva hacia los demás como puede ser el trabajo colaborativo, el respeto y la empatía en redes.
- Axiológica: plantea la toma de conciencia en cuanto a que las TIC inciden significativamente en el entorno cultural y político de la sociedad, así como en la adquisición de valores éticos y democráticos con relación al uso de la información.
- Emocional: relativa al conjunto de afectos, sentimientos y pulsiones emocionales provocadas por la experiencia en los entornos digitales, para el control de las emociones, el desarrollo de la empatía y la construcción de una identidad digital caracterizada por el equilibrio afectivo-personal en el uso de las TIC.

[3] De acuerdo con la clasificación anterior, los ejes a trabajar para una alfabetización digital deben cubrir las cinco dimensiones, ya que, en la articulación de ellas, las personas pueden acceder a los beneficios sociales, culturales y económicos que las TIC ofrecen. Es decir, se cumplen con las características que Gros y Contreras (2006, p. 45) establecen de una persona alfabetizada digitalmente:

- Lleva a cabo juicios de valor de manera informada, a partir de la información en línea al distinguir entre el contenido y la presentación de ésta
- Lee y comprende bajo condiciones no secuenciales y cambiantes
- Construye conocimiento propio a partir de información confiable desde distintas fuentes
- Utiliza diversos buscadores internet
- Gestiona el "flujo multimedia" al establecer la estrategia personal de información con la elección de fuentes y medios de distribución
- Es consciente y usuario de las redes digitales para compartir, debatir y pedir ayuda
- Evalúa los distintos sistemas como herramientas de apoyo respecto a los formatos de contenido usuales y evaluar y juzgar la validez de los materiales disponibles.

[4] Pero ¿cómo lograr el cumplimiento del objetivo de la alfabetización digital en el ámbito de la educación formal? Conforme a los elementos descritos hasta el momento, parece ser que una de las áreas a tener en cuenta es, además de las habilidades tecnológicas e informacionales, partir del para qué se alfabetiza digitalmente, a quién y finalmente el cómo. Es decir, la base del ejercicio alfabetizador es la reflexión sobre la creación del conocimiento en una época regida por las TIC, con la finalidad de que los usuarios sean capaces de buscar, seleccionar, verificar, producir y compartir información en internet.

[5] Según Tíscar (2016) la finalidad de consumir, compartir y producir información en internet debería estar relacionada con la finalidad de producir mensajes multimedia crítico-reflexivos. Pero, además, al producir tales mensajes, los autores conocen y experimentan los valores prominentes en el ciberespacio, así como los riesgos que en él existen. Por ejemplo, producción colaborativa, cultura libre, *copyleft,*[7] plagio, anonimato, *spam* (correo basura), credibilidad, etc. Además de lograr que los estudiantes se interesen por prácticas orientadas a proyectos en donde se fomente el

[7] *Copyleft*, o "izquierdos" de autor, como algunos lo traducen, consiste en otorgar la libertad de utilizar un producto o servicio con el fin de mejorarlo, a diferencia de los derechos de autor que restringen al uso exclusivo del autor o quienquiera que posea los derechos.

aprendizaje instrumental como medio y no como fin a través del aprendizaje lógico-intuitivo para resolver las diversas problemáticas que las TIC y el contexto actual establecen.

Obras citadas

Guillén-Rascón, G., Ascencio-Baca, G. y Tarango, J. "Alfabetización digital: Una perspectiva sociológica", *e-Ciencias de la Información*, 6:2 (2016). Disponible en: <http://revistas.ucr.ac.cr/index.php/eciencias/article/view/23938>.

Prieto, P. "¿Se potencia la inteligencia digital en las escuelas?" *La servilleta* (blog) (2016). Disponible en: <www.pacoprieto.com/se-potencia-la-inteligencia-digital-en-las-escuelas/>.

Sin autor. "Alfabetización digital en la educación", *Temas para la educación: Revista digital para profesionales de la enseñanza*, 17 (2011). Disponible en: <www.feandalucia.ccoo.es/andalucia/docu/p5sd8726.pdf>.

Tíscar. "La utilidad de un blog académico" (2006). Disponible en: <www.tiscar.com/2006/09/14/la-utilidad-de-un-blog-academico/>.

Fuente original: Susana García Ávila, "Alfabetización digital", *Razón y Palabra*, 21:3_9 (2017), pp. 72–74. Disponible en: <www.revistarazonypalabra.org/index.php/ryp/article/view/1043/1030>.

Después de leer

ACTIVIDAD 1.6

Ahora que ya saben de qué trata la lectura, en parejas o en grupos de tres personas, lean las tres preguntas siguientes y discutan al respecto.

1. Dos de las dimensiones mencionadas tienen que ver directamente con el uso de las TIC. ¿Cuáles son?
2. Otras tienen que ver con la responsabilidad y las obligaciones del usuario en cuanto al uso de las TIC y su relación con los demás. ¿Cuáles son?
3. ¿A qué se refiere la característica del alfabeto digital que dice "Construye conocimiento propio"?

ACTIVIDAD 1.7

Con la información que haya seleccionado en la actividad 1.5, escriba un párrafo breve sobre las ventajas que le ofrece ser un alfabeto digital. Para ello, intente redactarlo con sus propias palabras, reemplazando palabras clave del original por sinónimos.[8]

ACTIVIDAD 1.8

Una vez que haya terminado, intercambie el párrafo con uno de sus compañeros y cerciórese de que haya reemplazado palabras del texto original por sinónimos.[9]

[8] Consulte la sinonimia en la sección Criterios de textualidad, p. 24.

[9] Utilice la hoja de revisión del párrafo (véase apéndice 5, p. 233).

Principios básicos para el desarrollo de textos

Desarrollo de ideas

Toma de notas

Una manera efectiva de aprovechar la lectura, antes de redactar un resumen, consiste en recurrir con más frecuencia al razonamiento que a la memoria. Para ello se necesita pensar y ordenar ideas y conceptos de cada párrafo leído, lo que nos ayuda a comprender fácilmente el contenido de cualquier texto, sobre todo de corte académico. Por eso se recomienda saber tomar notas o apuntes cuando se lee, en especial si se trata de lecturas complejas en las que buscamos extraer los aspectos más esenciales y eliminar todo lo que nos parece irrelevante.

ACTIVIDAD 1.9

Vuelva a la actividad 1.5 previa a la lectura y a partir de la información que ha subrayado y marcado en el texto, escriba notas al lado de cada punto o aspecto que muestren la razón por la que lo ha resaltado. Puede utilizar abreviaturas tales como *c* (cita), *gr* (gramática), *imp* (importante), *voc* (vocabulario), *?* (difícil de entender), etcétera.

ACTIVIDAD 1.10

Un último paso en la toma de apuntes es escribir con sus propias palabras los aspectos clave que le servirán para recordarlos. En la siguiente actividad encontrará palabras extraídas del texto, junto con sus definiciones. Añada notas que le ayuden a entender y recordar cada una de ellas. Para ello, se sugiere que use sus propias palabras, sea breve y conciso y no deje pasar por alto detalles que puedan ser significativos.

Palabras	Definiciones	Comentarios
destreza (7)	Habilidad, facilidad o arte con que se hace una cosa	La facilidad con la que hago algo es una destreza.
gestionar (8)	Realizar los trámites necesarios para conseguir o resolver algo	
entorno (8)	Ambiente alrededor de alguien o algo que influye en su desarrollo	
empatía (23)	Capacidad de identificarse con alguien y compartir sus sentimientos	
flujo (46)	Movimiento de algo o alguien de un lugar a otro	
herramientas (58)	Objeto con el que se realiza un trabajo u oficio	

Una vez que hayan terminado, en parejas comparen sus notas y vean si sus comentarios coinciden con los de su compañero.

Estructura de textos

En preparación para el desarrollo del resumen

En la sociedad digitalizada en la que vivimos se genera tal cantidad de publicaciones sobre un sinnúmero de temas de interés que nos sería prácticamente imposible leerlas todas si no fuera por el resumen, un recurso efectivo de escritura que nos permite informarnos rápidamente sobre el contenido general de artículos de revistas, periódicos, libros y otros medios informativos. Gracias a este recurso práctico, podemos hacernos una buena idea de lo que trata un documento extenso de varias páginas condensado en uno o dos párrafos.

En el mundo laboral, se emplean los resúmenes para redactar actas de reuniones o incluir una breve síntesis de informes o proyectos dirigidos a ejecutivos o personal administrativo. En el medio académico, es necesario aprender a resumir textos sobre materias relacionadas con una determinada área de estudio (información contenida en ensayos, ponencias, manuales, libros de texto, sitios en la red, etc.) para así extraer y retener el conocimiento que derive de ellos. Uno de los objetivos de este aprendizaje es precisamente saber sintetizar de manera eficiente las ideas del autor de una obra determinada sin caer en la tentación de simplemente copiarlas o plagiarlas.

En esta sección, veremos algunas estrategias para redactar un resumen, que definiremos como el proceso de síntesis de un escrito original a partir de una lectura concienzuda, en la que se extraerá la información más importante contenida en un texto. Para ello, nos valdremos de la paráfrasis, recurso con el cual aprenderemos a expresar con nuestras propias palabras las ideas de otra persona de manera lógica y coherente, sin que por ello omitamos la esencia del contenido del texto.

Idea principal e ideas de apoyo

El primer paso en este proceso de síntesis consiste en saber descubrir la intención del autor, es decir, lo que nos quiere transmitir dentro del texto. Esta intención se expresa mediante la idea principal que se presenta ante el lector a manera de mensaje que engloba el contenido esencial del texto. La enunciación de la idea principal se apoya en otras ideas secundarias que la acompañan, incluyendo información adicional, como datos, ejemplos, cifras, que harán que el texto se vuelva una lectura mucho más atractiva e interesante.

ACTIVIDAD 1.11

A partir de las notas extraídas en la actividad 1.5, intente detectar la idea principal del texto sobre la alfabetización digital y siga las instrucciones a continuación.

A. Si ya ha detectado la idea principal del texto, las ideas secundarias y la información adicional que le han parecido más interesantes, transcriba las palabras clave (sustantivos y verbos) o frases cortas que mejor las describan, utilizando el siguiente esquema con las dos fases importantes que se deben tener en cuenta cuando se lee y se construye un resumen:

Fase 1:	Presentación de idea principal dentro del texto
	Alfabetización digital para adultos – adquisición de conocimientos y destrezas para . . .
Fase 2:	Presentación de ideas de apoyo importantes dentro del texto[10] (puede variar el número de ideas según el texto) e información adicional
	♦ Alfabetización digital (AD): tener conocimiento de diversas fuentes de información digital, criterios éticos para uso de información, tenencia y uso de dispositivos. ♦ ♦ ♦ ♦ ♦ ♦ ♦ ♦ ♦ ♦ ♦♦ ♦ ♦ ♦ ♦ ♦ ♦ ♦

B. Ahora compare su esquema con el de un compañero y vea si coinciden con la información que han extraído del texto original.

Estructura básica del resumen

Una vez extraída la información más importante del texto, procederemos a redactar el resumen al que le daremos la siguiente estructura:

- Oración introductoria con idea principal del texto e información sobre la fuente original.
- Oraciones secundarias importantes con ideas de apoyo e información adicional, entre tres y cinco, según la extensión del texto.
- Oración final con las últimas ideas de apoyo.

Al redactar la oración introductoria, comenzamos por darle la palabra al autor mediante una preposición o locución preposicional (según García Ávila, de acuerdo con García Ávila, en opinión de García Ávila), o el nombre del autor seguido de un verbo declarativo (García Ávila afirma, comenta, dice, opina, etc.). Luego se redacta la idea principal del texto que suele expresar la intención por la que el autor escribe el texto.

Las oraciones secundarias deben contener las ideas de apoyo más importantes provenientes del esquema junto con algunos datos o información que crea relevante.

[10] Se sugiere subrayar las ideas de apoyo importantes para diferenciarlas de la información adicional.

Al redactarlas, intentaremos expresar con nuestras propias palabras lo que dice el texto original, evitando omitir ideas de apoyo importantes o añadir comentarios u opiniones personales sobre el contenido del texto.

La extensión del resumen dependerá del uso que le queramos dar. Esta extensión la suele determinar la cantidad de información contenida en el texto original. Lo importante es que no sea ni tan largo que aburra al lector ni tan corto que le obligue a buscar datos importantes dentro del original. Si el texto es muy largo, el resumen se puede redactar en varios párrafos.

ACTIVIDAD 1.12

Ahora compare el esquema de la actividad anterior con el resumen que aparece en el apéndice 6, y junto con su compañero respondan a las siguientes preguntas.

1. ¿Qué datos vienen al principio del resumen?
2. ¿El resumen está redactado con las mismas palabras del texto original o todas estas han sido reemplazadas por sinónimos?
3. ¿Las oraciones principales, secundarias y de apoyo del resumen coinciden con las que aparecen en su esquema?
4. ¿El resumen contiene comentarios personales o se limita a expresar las ideas contenidas en el texto original?

Desarrollo de habilidades básicas de investigación

Uso del sistema de citas según los manuales de la APA y la MLA

Los grandes avances científicos y tecnológicos se deben sobre todo al cúmulo de conocimientos que desde hace siglos se ha venido transmitiendo y compartiendo entre investigadores y científicos de todo el mundo, quienes generosamente ponen sus descubrimientos o experiencias a disposición del mundo académico y profesional mediante publicaciones de difusión científica para que otros estudiosos puedan corroborar sus hallazgos o contrastar resultados sobre una determinada investigación. Para ello, la comunidad científica ha convenido en utilizar criterios comunes que obligan a científicos e investigadores a citar las obras consultadas con la finalidad de que cualquier persona pueda dar con toda la información proveniente de las fuentes mencionadas. También insta a protegerlas del plagio, cuya práctica extendida suele obedecer sobre todo a la falta de formación en el uso de las normas para redactar referencias bibliográficas, no sólo en artículos sino también en ensayos, ponencias, informes o trabajos académicos.

Los criterios sobre el uso adecuado de citas y referencias publicados en los manuales de estilo de la Asociación Estadounidense de Psicología (American Psychological Association o APA en inglés) y de la Asociación de Lenguas Modernas (Modern Language Association o MLA en inglés) se han convertido no sólo en los modelos a seguir en la preparación de referencias, sino también en las normas de estilo sugeridas por universidades de todo el mundo para la presentación de documentos de carácter científico o académico.

En cada capítulo de este manual dedicaremos esta sección a repasar los criterios que se emplean para citar la fuente original bien cuando hacemos referencia a cualquier dato o información de un texto original bien cuando preparamos un resumen del contenido de dicho texto. Al hacerlo básicamente, proporcionamos el nombre del autor del texto, el título, la fecha y el lugar donde ha sido publicado. Aunque tanto el manual de la APA como el de la MLA siguen criterios similares en cuanto a la presentación de citas y referencias bibliográficas, ambas difieren en cuanto a la disciplina o rama de la ciencia de quien escribe tal o cual documento. Así la APA, por ejemplo, la emplean estudiantes o investigadores afiliados a las ciencias sociales como educación, psicología o sociología. En cambio, quienes trabajan en el área de humanidades como antropología, estudios culturales, historia, lenguas, literatura, etcétera, recurren más a las normas del manual de la MLA.

En todo caso, para cualquiera de los dos estilos que desee utilizar, veremos que las referencias a las fuentes de información se pueden introducir mediante citas que se colocan en un punto particular del texto en donde se hallan dichas fuentes. El propósito de estas *citas dentro del texto* es proporcionar al lector el nombre del autor de la fuente cuya información completa aparecerá al final del escrito en donde se encuentra la lista de referencias según APA o de obras citadas según MLA. Esta lista completa con todos los datos relacionados con las fuentes referidas permite que el lector pueda localizarlas fácilmente.

A continuación, presentaremos los datos básicos utilizados en ambos manuales.

1 APA

Para *citas dentro del texto*, proporcione el apellido del autor y el año de la publicación. Ejemplo:

> Por lo que Guillén, Ascencio y Tarango (2016, pp. 29–30), clasifican cinco dimensiones:
>
> - Instrumental: se refiere al conocimiento práctico y habilidades para el uso del hardware y software . . .

Si se trata de una *cita directa*, es decir, repetir las mismas palabras que en el original, póngala entre comillas y al final coloque el nombre del autor, el año y el número de página entre paréntesis. Ejemplo:

> "La primera alfabetización que las personas reciben se relaciona de manera directa con los medios de comunicación que predominan en esa época" (García Ávila, 2017, p. 66).

Para la *lista completa de referencias*, escriba las fuentes que cita a lo largo del texto, con todos los datos al final del texto.

1. Si se trata de *libros*, incluya la siguiente información:

   Apellido, iniciales A. A. (año). *Título del libro* [mayúscula en la primera palabra]. Casa editorial.

Referencias

Area, M. (2005). *La educación en el laberinto tecnológico: De la escritura a las máquinas digitales*. Octaedro.

2. Si se refiere a *fuentes digitales*, incluya la siguiente información:[11]

Autor [si está disponible]. (Fecha de publicación [si está disponible]). Título del artículo. Nombre del sitio en la red. Recuperado[12] [fecha] de [URL].

Referencias

Prieto, P. (2016). ¿Se potencia la inteligencia digital en las escuelas? La servilleta. El blog de Paco Prieto, el 18 de septiembre. http://www.pacoprieto.com/se-potencia-la-inteligencia-digital-en-las-escuelas/.

2 MLA

Para *citas dentro del texto*, proporcione el apellido del autor y el número de página de donde proviene la información en la fuente original. Ejemplo:

> Por lo que Guillén, Ascencio y Tarango (2016, pp. 29–30), clasifican cinco dimensiones:
>
> - Instrumental: se refiere al conocimiento práctico y habilidades para el uso del hardware y software . . .

Si se trata de una *cita directa*, es decir, repetir las mismas palabras que en el original, póngala entre comillas y al final coloque el nombre del autor y el número de página entre paréntesis. Ejemplo:

> "La primera alfabetización que las personas reciben se relaciona de manera directa con los medios de comunicación que predominan en esa época" (García Ávila, p. 66).

Para la *lista completa de referencias*, escriba las fuentes que cite a lo largo del texto con todos los datos al final del texto.

1. Si se trata de libros, incluya la siguiente información:

Apellido, Nombre. *Título del libro* [mayúscula en la primera palabra]. Casa editorial, año.

Obras citadas

Area, Manuel. *La educación en el laberinto tecnológico: De la escritura a las máquinas digitales*. Octaedro, 2005.

2. Si se refiere a *fuentes digitales*, incluya la siguiente información:[13]

Autor [si está disponible]. "Título del artículo". Nombre del sitio en la red. Nombre de la publicación y fecha de publicación. Fecha de recuperación en la red.

[11] Dada la enorme variedad de sitios en la red, esto no siempre coincide con el modelo de referencia empleado en este manual. En ese caso se recomienda consultar directamente los manuales de la APA o de la MLA o la guía de referencias de la biblioteca de su universidad.

[12] Al indicar la fecha en que se obtiene la información se suele emplear el participio *recuperado* o el adjetivo *disponible*.

[13] Dada la enorme variedad de sitios en la red, no siempre coincide con el modelo de referencia empleado en este manual. En ese caso se recomienda consultar directamente los manuales de la APA o de la MLA, o la guía de referencias de la biblioteca de su universidad.

Obras citadas

Prieto, P. (2016). ¿Se potencia la inteligencia digital en las escuelas? La servilleta. El blog de Paco Prieto, el 18 de septiembre. http://www.pacoprieto.com/se-potencia-la-inteligencia-digital-en-las-escuelas/.

ACTIVIDAD 1.13

A partir de la siguiente información, prepare en hoja aparte y mediante un procesador de textos tipo Word la referencia bibliográfica del libro de Casado sobre la alfabetización digital, empleando las normas de ambos modelos. Luego, intercambie la hoja con su compañero y comparen el resultado.

Título:	*Claves de la alfabetización digital*
Autor	Rafael Casado Ortiz
Editores:	Ariel
Año de publicación:	2006
Idioma:	Español
ISBN:	84-08-07120-3

Principios básicos de redacción de textos

Desarrollo de la habilidad escrita

Redacción del resumen y el parafraseo

Como hemos visto antes, el esquema del resumen nos facilita la tarea de detectar y extraer la información más importante contenida en un texto original con la que daremos forma a la estructura del resumen. Siguiendo esta estructura, en esta sección veremos con más detenimiento las cuatro etapas a seguir en el proceso de redacción de un resumen. Las dos primeras etapas tienen que ver con el análisis y comprensión del texto original, la tercera con la selección del contenido, y la cuarta con el parafraseo como herramienta de reescritura antes de la elaboración del resumen.

Análisis del contexto

En la primera etapa, se busca desarrollar la capacidad de analizar las características del texto original cuyo contenido nos dará una idea de lo que vamos a sintetizar. En primer lugar, tenemos que averiguar la intención del autor, es decir, a quién va destinado el texto, con qué propósito y de qué modo está redactado.

Veamos qué propósito se plantea el autor de la siguiente reseña de un teléfono móvil cuyo breve contenido nos describe lo que podemos esperar de dicho dispositivo.

ACTIVIDAD 1.14

Observe y lea con detenimiento la reseña del teléfono celular ZTE y responda a las siguientes preguntas.

EL MEJOR CELULAR Y EL MÁS BARATO
ZTE Fanfare 3

El ZTE Fanfare 3 no es un teléfono perfecto, pero por $250, quién se lo puede exigir. Sólo tiene que funcionar bien y no dar molestias. Por eso, tengo el gusto de informarte que el Fanfare 3 cumple ambas condiciones. Es verdad que si, durante las vacaciones, ves algo sorprendente en movimiento, la cámara del dispositivo te puede quedar mal, ¡pero las fotos fijas que hace, no le salen nada mal! ZTE lo vende desbloqueado, lo que significa que puedes usarlo con cualquier proveedor de servicios inalámbricos.

¿Qué características tiene el texto?	______________________
¿Dónde cree que aparece publicado?	______________________
¿A quién va destinada esta reseña?	______________________
¿Con qué intención está escrita?	______________________
¿Qué lenguaje emplea el autor?	______________________
¿Qué apoyos visuales aparecen en la reseña?	______________________
¿Le parece que el mensaje del autor es convincente?	______________________

Comprensión del texto

En la segunda etapa, nos interesa comprender el contenido del texto original, intentando descubrir el modo en que el autor lo ha escrito. En la reseña que acabamos de leer es fácil distinguir los elementos que la componen. Compruébelo en la siguiente actividad.

ACTIVIDAD 1.15

Vuelva a leer con detenimiento la reseña del teléfono celular ZTE y responda a las siguientes preguntas.

¿Cuál es el mensaje o significado del texto?	________________
¿Cuál es la idea principal o puntos esenciales?	________________
¿Qué estructura tiene esta reseña?	________________

Como vemos a partir de este ejemplo, hasta en una simple reseña el autor busca explicar, describir o convencernos de algo. Esta segunda etapa es crucial para entender la intención del autor a la hora de resumir un texto de manera precisa.

Selección de datos

Esta tercera etapa se relaciona con la toma de apuntes en cuanto a la discriminación de datos relevantes e irrelevantes dentro de un texto original. Antes de comenzar a redactar el resumen, debemos tener preparadas nuestras notas, como lo hemos hecho en la sección sobre la estructura del resumen, es decir, con los datos que utilizaremos para redactarlo.

En esta etapa de selección, se sugiere dar preferencia a la información nueva, interesante y útil (hallazgos, resultados, causas, efectos, consecuencias, etc.) frente a la ya conocida o menos interesante. En algunos casos se puede recurrir a datos, cifras y nombres propios empleados por el autor en el escrito original.

ACTIVIDAD 1.16

Lea el siguiente texto de Susana García Ávila e, igual que en la actividad 1.5 sobre toma de apuntes, subraye o señale con rotuladores de diferentes colores la información que le parezca más importante en cada párrafo. Recuerde que si encuentra una palabra que no entiende, se recomienda que la rodee con un círculo y busque más tarde su significado en un buen diccionario monolingüe.

Inteligencia digital

[1] La alfabetización digital asume a la alfabetización informacional, ya que la segunda, necesaria para ser alfabetos digitales, tiene que ver con la identificación de información para analizarla críticamente y reconstruirla. Para ello, es necesario vivir en el mundo digital, el cual, según Prieto (2016), requiere del desarrollo de habilidades específicas, además de las descritas en apartados anteriores.

[2] Tales habilidades desarrolladas en conjunto dan pauta a la inteligencia digital, la cual se refiere al conjunto de habilidades sociales, emocionales y cognitivas que permiten a los individuos hacer frente a los retos y adaptarse a las exigencias de la vida digital. Prieto describe siete características de la inteligencia digital:

1) Identidad digital: relacionada con la capacidad para crear y gestionar la identidad personal en línea y la reputación de la misma. Esto incluye una toma de conciencia de la propia identidad en línea y la gestión de los efectos a corto plazo y a largo plazo de la presencia en línea
2) Uso digital: refiere al uso y tenencia de dispositivos y medios digitales, incluye el dominio de control, a fin de lograr un equilibrio saludable entre la vida en línea y fuera de línea
3) Protección digital: especifica la capacidad para gestionar, evitar y limitar los riesgos en línea (por ejemplo, el ciberacoso, el aseo, la radicalización), así como contenido problemático (por ejemplo, la violencia y la obscenidad)
4) Seguridad digital: trata sobre la capacidad de detectar las amenazas informáticas (por ejemplo, la piratería, estafas, software malicioso), para comprender las mejores prácticas y utilizar herramientas de seguridad adecuadas para la protección de datos
5) Inteligencia emocional digital: cuyo objetivo es fomentar la capacidad de ser empático y construir buenas relaciones con los demás en línea
6) Comunicación digital: se refiere a la capacidad de comunicarse y colaborar con otras personas que utilizan tecnologías y medios digitales
7) Derechos digitales: centrados en defender y respetar los derechos personales y legales, incluidos los derechos a la privacidad, la propiedad intelectual, la libertad de expresión y la protección de las expresiones de odio

[3] El uso de las TIC promueve diversos cambios en el comportamiento de las personas o grupos sociales para que sean considerados miembros de los entornos digitales; sin embargo, para adquirir estas ventajas se requiere desarrollar habilidades importantes en el mundo digital, tales como el diseño de una identidad digital que sea coherente con el uso de los diversos dispositivos y plataformas, con la finalidad de lograr una reputación *online* que sea favorable y lo consolide como fuente fiable. Lo que conlleva gestionar correctamente las diversas plataformas de manera segura con la finalidad de estar protegidos digitalmente, es decir, fomentar la seguridad necesaria para la protección de información personal y dispositivos contra softwares dañinos para los dispositivos.

Obra citada

Prieto, P. (2016). "¿Se potencia la inteligencia digital en las escuelas?" *La servilleta* (blog). Disponible en: <www.pacoprieto.com/se-potencia-la-inteligencia-digital-en-las-escuelas/>.

Fuente original: Susana García Ávila, "Alfabetización digital", *Razón y Palabra*, 21:3_98 (2017), pp. 76–78. Disponible en: <www.revistarazonypalabra.org/index.php/ryp/article/view/1043/1030>.

ACTIVIDAD 1.17

Si ya ha detectado la idea principal del texto, las ideas secundarias y la información adicional que le han parecido más interesantes, transcriba las palabras clave (sustantivos y verbos) o frases cortas que mejor las describan, utilizando el siguiente esquema.

Fase 1:	Presentación de idea principal dentro del texto
	____________________
Fase 2:	Presentación de ideas de apoyo importantes dentro del texto[14] (puede variar el número de ideas según el texto) e información adicional
	♦ ____________________ ♦ ____________________ ♦ ____________________ ♦ ____________________ ♦ ____________________ ♦ ____________________ ♦ ____________________ ♦ ____________________ ♦ ____________________ ♦ ____________________ ♦ ____________________ ♦ ____________________ ♦ ____________________ ♦ ____________________ ♦ ____________________ ♦ ____________________ ♦ ____________________ ♦ ____________________ ♦ ____________________

Redacción del resumen

En esta cuarta y última etapa, veremos los pasos a seguir para la elaboración del resumen a partir de los datos seleccionados anteriormente. En primer lugar, comenzaremos por establecer desde el principio el propósito de resumir el texto, intentando proporcionar la idea principal seguida de las ideas más importantes contenidas en el texto original.

Recordemos que la idea principal se interpreta como la intención o, si se quiere, la tesis del autor, dependiendo del tipo de texto. En el resumen, esta idea debe aparecer al principio, aunque no aparezca así en el original. Esto se debe a que los autores de publicaciones académicas suelen comenzar dando datos interesantes que llamen la atención del lector antes de establecer la verdadera intención o la tesis del escrito. Incluso, en ocasiones, el autor omite la intención como recurso de estilo.

ACTIVIDAD 1.18

Lea las siguientes oraciones y escoja la que crea que introduce mejor el resumen de la lectura sobre la alfabetización digital. Cuando la haya escogido, compare su respuesta con la de su compañero.

1. Los nativos digitales están mejor preparados que los adultos frente a la alfabetización digital, según García Ávila.
2. En su artículo "Caracterización de la alfabetización digital", la autora Susana García Ávila (2017) describe la alfabetización digital como algo esencial en la era digital.

[14] Se sugiere subrayar las ideas de apoyo importantes para diferenciarlas de la información adicional.

3. En el artículo "Caracterización de la alfabetización digital", la autora Susana García Ávila (2017) explica cómo la alfabetización digital se dirige sobre todo a adultos con el fin de que aprendan a utilizar las nuevas tecnologías en la era digital.
4. El artículo trata sobre la alfabetización digital en relación con los jóvenes y los adultos.

ACTIVIDAD 1.19

Ahora intente redactar una oración que introduzca el resumen de la lectura sobre la inteligencia digital (véase pp. 18–19). Cuando termine, compare su versión con la de su compañero.

La paráfrasis

El siguiente paso importante consiste en parafrasear, es decir, expresar con nuestras propias palabras lo que nos quiere comunicar el autor de un texto original. El parafraseo es una práctica anterior al resumen en la que reescribimos parte del escrito o todo el original, dependiendo de la complejidad del texto, tratando de conservar las mismas ideas importantes pero escritas de manera diferente. Para parafrasear bien se sugiere seguir los criterios que aparecen a continuación.

La paráfrasis debe:

- conservar la *esencia* original con todas las ideas importantes expresadas de manera objetiva sin añadir ni información ni datos nuevos;
- redactarse como si fuera un *nuevo texto* con estructura y palabras nuevas;
- atribuir al *autor* las ideas expresadas en el texto original mediante el uso de citas.

Ejemplo:

Fragmento del texto original:

De acuerdo con la clasificación anterior, los ejes a trabajar para una alfabetización digital deben cubrir las cinco dimensiones, ya que, en la articulación de ellas, las personas pueden acceder a los beneficios sociales, culturales y económicos que las TIC ofrecen. Es decir, se cumplen con las características que Gros y Contreras (2006, p. 45) establecen de una persona alfabetizada digitalmente:

- Lleva a cabo juicios de valor de manera informada, a partir de la información en línea al distinguir entre el contenido y la presentación de ésta
- Lee y comprende bajo condiciones no secuenciales y cambiantes
- Construye conocimiento propio a partir de información confiable desde distintas fuentes
- Utiliza diversos buscadores internet
- Gestiona el "flujo multimedia" al establecer la estrategia personal de información con la elección de fuentes y medios de distribución
- Es consciente y usuario de las redes digitales para compartir, debatir y pedir ayuda
- Evalúa los distintos sistemas como herramientas de apoyo respecto a los formatos de contenido usuales y evaluar y juzgar la validez de los materiales disponibles.

Susana García Ávila, "Alfabetización digital", *Razón y Palabra*, 21:3_98 (2017), pp. 73–74. Disponible en: <www.revistarazonypalabra.org/index.php/ryp/article/view/1043/1030>.

Parafraseo:

Según García Ávila, el desarrollo de estas cinco dimensiones contribuye a la formación de un alfabeto digital, quien podrá disfrutar del bienestar sociopolítico y económico que deriva del uso de las TIC.

García Ávila menciona que, según Gros y Contreras, estas personas alfabetizadas serán capaces de:

- valorar el modo en que aparece la información en línea
- leer y entender de manera crítica y responsable la información que extraigan de la red
- crear materiales propios con información proveniente de distintas fuentes obtenidas mediante diferentes motores de búsqueda
- administrar los diferentes recursos mediáticos, fijando pautas personales de recaudación de información obtenida de diferentes fuentes o medios en la red.
- convertirse en un usuario responsable de las redes sociales en las que participa con otros y les solicita auxilio.

Si analizamos, por ejemplo, el primer párrafo del parafraseo, notaremos que:

- se sigue manteniendo la esencia del texto original, conservando palabras claves como "cinco dimensiones" y las "TIC";
- se eliminan elementos que resultan irrelevantes, como "De acuerdo con la clasificación anterior";
- se transforman las frases "los ejes a trabajar" por desarrollo, "alfabetización digital" por alfabeto digital, "beneficios sociales, culturales y económicos" por bienestar sociocultural y económico;
- y se reemplaza el verbo "ofrecer" por derivar, cambiando la estructura de la frase.

En algunos casos, dependiendo de la complejidad del texto original, el parafraseo nos llevará a la búsqueda de reemplazos léxicos y de estructura gramatical que, con otras palabras, expresen la misma intención del autor en el texto original.

Algunos consejos más sobre el parafraseo:

- Lea varias veces el escrito original hasta que sienta que ha captado la esencia del contenido. Luego, apártese del texto e intente recordar las ideas más importantes y comience a apuntar todo lo que le venga a la memoria, con la intención de reescribir un nuevo texto.
- En muchos casos, el texto original contendrá una palabra o frase clave que no podrá ser substituida por sinónimos a riesgo de confundir al lector. Por ejemplo, en el fragmento del texto anterior, el acrónimo TIC (tecnologías de la información y de la comunicación) se ha repetido porque es un término clave a lo largo de todo el escrito original.
- A partir de la paráfrasis, reduzca el texto hasta obtener el resumen del escrito original.

ACTIVIDAD 1.20

Lea el siguiente fragmento de la lectura sobre la inteligencia digital y las dos paráfrasis del mismo fragmento. Determine cuál de las dos le parece que sigue los criterios de la página anterior. Luego, prepare su propia versión, poniendo en práctica la técnica de parafraseo.

Fragmento del texto original:

La alfabetización digital asume a la alfabetización informacional, ya que la segunda, necesaria para ser alfabetos digitales, tiene que ver con la identificación de información para analizarla críticamente y reconstruirla. Para ello, es necesario vivir en el mundo digital, el cual, según Prieto (2016), requiere del desarrollo de habilidades específicas, además de las descritas en apartados anteriores.

Tales habilidades desarrolladas en conjunto dan pauta a la inteligencia digital, la cual se refiere al conjunto de habilidades sociales, emocionales y cognitivas que permiten a los individuos hacer frente a los retos y adaptarse a las exigencias de la vida digital. Prieto describe siete características de la inteligencia digital.

Susana García Ávila, "Alfabetización digital", *Razón y Palabra*, 21:3_98 (2017), p. 76. Disponible en: <www.revistarazonypalabra.org/index.php/ryp/article/view/1043/1030>.

Parafraseo 1:

Un buen alfabeto digital ha aprendido mediante la alfabetización informacional a gestionar y reutilizar la información de manera crítica en el ciberespacio y mediante el desarrollo de otras competencias.

La inteligencia digital se adquiere con el desarrollo de esas otras competencias que dotan al usuario con los recursos necesarios para resolver cualquier problema en cualquier entorno digital.

esencia	sí: __ / no: __	**nuevo texto**	sí: __ / no: __	**autor**	sí: __ / no: __

Parafraseo 2:

Según García Ávila, la alfabetización digital se funda en la alfabetización informacional, la cual permite que el alfabeto digital reconozca datos que examinará juiciosamente para luego rehacerlos. Lograr esto requiere habitar en el ciberespacio donde, según Prieto, se necesita otro tipo de destrezas no mencionadas antes.

García Ávila afirma que la puesta en práctica de todas estas destrezas son el modelo de la inteligencia digital, la cual entendemos como una serie de competencias afectivas y sociocognitivas que capacitan a los individuos para afrontar cualquier desafío y acostumbrarse a vivir en el mundo digital.

esencia	sí: __ / no: __	**nuevo texto**	sí: __ / no: __	**autor**	sí: __ / no: __

Su propio parafraseo:

____

____

____

____

____

____

Ahora compare su paráfrasis con la de su compañero.

Consejo práctico: Cuando lea un texto, intente descubrir la postura adoptado por el autor frente a la temática sobre la que escribe. Al hacerlo, le será más fácil parafrasear el texto, empleando alguno de los siguientes verbos declarativos.	Posición neutra: *el autor cita, declara, establece, observa* ... Posición positiva: *el autor aboga, apuesta por, muestra* ... Posición incierta: *el autor conjetura, especula, sugiere, supone* ... Posición crítica: *el autor condena, contesta, contradice, objeta* ...

Criterios de textualidad

Cohesión: *sinonimia*

A partir de este primer capítulo y en adelante, iremos aprendiendo a valernos de la textualidad como recurso lingüístico y discursivo para saber reconocer, en primer lugar, si los elementos (signos, palabras, frases, oraciones, párrafos, etc.) que constituyen un texto se interconectan entre sí, observando las convenciones léxicogramaticales de nuestra lengua; en segundo lugar, si lo que se escribe (hechos, eventos, resultados, descubrimientos, etc.) se relaciona íntimamente con el tema que se trata; y en tercero, si los datos e información contenidos en el texto se corresponden de manera adecuada con la realidad que nos rodea.

La textualidad también nos ayudará a descubrir si un texto es accesible al lector por la intención con que se concibe, el contexto en que se sitúa y la originalidad o actualización del tema que se propone en relación con otros textos afines a éste. Su uso, además, nos hará más conscientes de la utilidad práctica que nos ofrece la técnica de combinación de oraciones (véase la sección sobre este tema más abajo, p. 29) al aprender, por un lado, a interconectar nuestras ideas mediante la construcción de frases y oraciones con ayuda de los recursos de cohesión y, por el otro, a relacionarlas adecuadamente con el tema que tratemos.

Sinonimia

El primer elemento de textualidad que analizaremos por su relación con la paráfrasis es el uso de sinónimos. La sinonimia es un recurso que nos permite utilizar palabras o conceptos con el mismo significado o muy parecido para no repetir la misma palabra varias veces. En el caso concreto de la paráfrasis, la sinonimia es una herramienta útil que nos ayudará a reemplazar las palabras del autor por nuevos vocablos con los que podremos reescribir un texto original.

El hablante nativo, dependiendo de su edad y su formación académica, suele saberse de memoria sinónimos de un número considerable de palabras comunes y, si estas palabras no los tienen, recurrirá a expresiones o definiciones que, en cierto modo, las sustituyen. Sin embargo, en algunos casos, la dificultad de encontrar un sinónimo obliga al mismo hablante nativo a recurrir a un buen diccionario.

ACTIVIDAD 1.21

¿Se acuerda de la reseña del dispositivo electrónico ZTE en la página 17? Si no, léala de nuevo y siga las instrucciones.

EL MEJOR CELULAR Y EL MÁS BARATO
ZTE Fanfare 3
El ZTE Fanfare 3 no es un teléfono perfecto, pero por $250, quién se lo puede exigir. Sólo tiene que funcionar bien y no dar molestias. Por eso, tengo el gusto de informarte que el Fanfare 3 cumple ambas condiciones. Es verdad que si, durante las vacaciones, ves algo sorprendente en movimiento, la cámara del dispositivo te puede quedar mal, ¡pero las fotos fijas que hace, no le salen nada mal! ZTE lo vende desbloqueado, lo que significa que puedes usarlo con cualquier proveedor de servicios inalámbricos.

Ahora busque todos los sinónimos que el autor utiliza para evitar repetir la frase ZTE Fanfare 3.

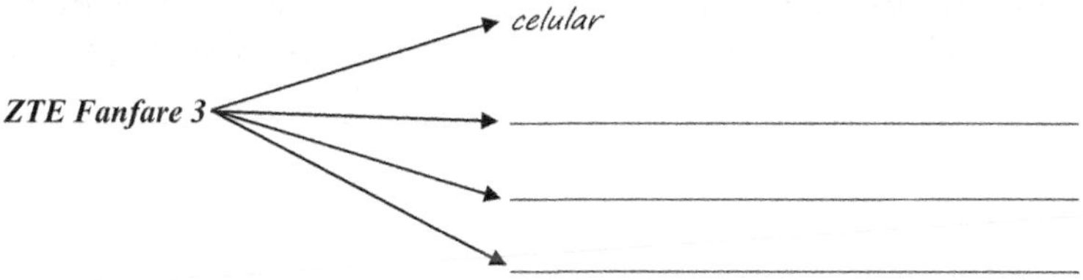

Como podemos ver, el autor ha sustituido la frase ZTE Fanfare 3 por otras palabras diferentes que se refieren al mismo concepto. No olvide entonces utilizar un buen diccionario de sinónimos[15] que le permita considerar si el sinónimo propuesto para una determinada palabra funciona adecuadamente dentro del contexto del tema tratado; si no, reemplácelo por una definición o palabra análoga.

Estructuras gramaticales

La oración simple: el sujeto

Antes de empezar esta sección, diremos que para alcanzar un buen nivel de competencia escrita debemos saber reconocer bien el mecanismo interno de las oraciones que escribimos. Para ello es necesario adquirir las nociones básicas de gramática que iremos viendo en cada capítulo.[16]

[15] Para una búsqueda rápida de sinónimos, se recomienda utilizar los diccionarios en línea WordReference y Reverso, los cuales, además de darnos la definición de las palabras, nos proporcionan los sinónimos, antónimos y colocaciones de esas palabras en contexto.

[16] Explicaciones y ampliaciones detalladas sobre este tema gramatical están disponibles en la página web del libro.

Comencemos analizando la oración simple, que definimos como el conjunto de palabras de las cuales al menos una es un verbo. Ejemplo:

Las personas alfabetizadas digitales gozan de múltiples ventajas.

La oración está constituida por un sujeto que, en el caso del español, se puede elidir,[17] y un predicado compuesto por un verbo y los complementos que lo acompañan. Ejemplos:

El alfabetismo digital tiene efectos positivos en el uso de las TIC. *sujeto* *predicado*
Ø Ayuda a adquirir nuevos conocimientos y destrezas. *predicado con sujeto elidido: El alfabetismo digital*

Observemos también que dentro de la oración se establece una interrelación entre el sujeto y el verbo que llamaremos concordancia.[18] Ejemplos:

El alfabeto digital goza de muchos beneficios. *sujeto* *predicado*	El verbo conjugado *gozar* concuerda en persona y número (3ª persona, singular) con el sujeto.
Los alfabetos digitales gozan de muchos beneficios. *sujeto* *predicado*	El verbo conjugado *gozar* concuerda en persona y número (3ª persona, plural) con el sujeto.

EJERCICIO 1.1

Localice el sujeto y el predicado de las siguientes oraciones y escriba la letra *s* encima del sujeto y la letra *p* encima del predicado. Si en alguna oración se omite el sujeto, escriba las letras *se* junto al predicado.

a) **Los alfabetos digitales** (*s*) **controlan muy bien las TIC.** (*p*)
b) Pueden comunicarse con gente de todo el mundo.
c) Los alfabetos digitales estudian en universidades e instituciones académicas de prestigio.
d) Las empresas buscan personal calificado que sepa utilizar las TIC.
e) Compañías como Google o Apple requieren del servicio de alfabetos digitales.

EJERCICIO 1.2

En las siguientes oraciones, localice y subraye el sujeto de la oración y escoja la forma correcta del verbo propuesto entre paréntesis.

[17] Empleamos el signo Ø para expresar la elipsis del sujeto.

[18] También suele haber excepciones a la regla de concordancia dependiendo de las características del sujeto o del verbo. Estas las veremos al final de esta sección y en el capítulo 2 sobre La oración simple: el predicado (véase p. 63).

a) El escritor Marc Prensky (nació / nacieron) en Nueva York el 15 de marzo de 1946.
b) Marc Prensky (se graduó / se graduaron) de la Universidad Yale en 1968.
c) Prensky (es / son) bien conocido por haber inventado el término nativo digital.
d) Algunos de sus libros (trata / tratan) sobre el aprendizaje basado en juegos digitales.
e) Algunos estudiosos y publicaciones como *El Economista* (criticó / criticaron) la verdadera utilidad de dicho término.

Posición del sujeto

En primer lugar, diremos que el sujeto es la palabra o secuencia de palabras que concuerdan con el verbo en número y persona. La función de sujeto la puede realizar el nombre y el pronombre. El nombre puede venir solo, actualizado o modificado por otras categorías gramaticales (determinantes, adjetivos, grupos preposicionales, etc.[19]).

Ahora bien, es importante tener en cuenta la posición que pueda tener un nombre, grupo nominal[20] o pronombre cuando realiza la función de sujeto dentro de la oración, pues en ocasiones el sujeto gramatical puede venir antepuesto o pospuesto al verbo. Ejemplos:

El escritor Marc Prensky inició su labor docente en el barrio de Harlem, Nueva York.
sujeto (antepuesto) *predicado*

En el barrio de Harlem, Nueva York, inició su labor docente el escritor Marc Prensky.
predicado *sujeto* (pospuesto)

¿Quién[21] *inició su labor docente en Harlem?*
sujeto *predicado*

Existen también algunos verbos del tipo *gustar*[22] (*encantar, ocurrir, faltar, sobrar*, etc.), cuyo sujeto aparece pospuesto al verbo. Esta particularidad suele confundir al estudiante al hacerlo pensar que el complemento indirecto (*CI*) realiza la función del sujeto por venir antepuesto al verbo. Ejemplos:

A Marc le gustan las nuevas tecnologías.
CI *sujeto* (pospuesto)

[19] Todas estas categorías gramaticales las puede consultar en el material suplementario que se encuentra en el sitio del libro *En Contexto* en la red.
[20] Conjunto de palabras formadas a partir de un sustantivo.
[21] Los pronombres interrogativos que funcionan como sujeto de la oración suelen venir antepuestos al verbo.
[22] En algunas gramáticas a este tipo de verbos se les llama *seudoimpersonales* por la función particular del sujeto que suele expresar sentimientos o estados de ánimo y el lugar del pronombre de objeto indirecto antepuesto al verbo (véase *Oraciones predicativas* en la página web del libro).

Nos ocurrió *algo parecido a un fallo informático.* CI   *sujeto* (pospuesto)

Te faltan *dos páginas para terminar el ensayo.* CI   *sujeto* (pospuesto)

En algunos casos, puede haber ausencia total de sujeto, dependiendo de si la oración se construye con un verbo impersonal (*haber, hacer, faltar,* etc.) o con uno que exprese fenómenos meteorológicos (*llover, nevar, tronar,* etc.).[23] Estos verbos suelen venir seguidos de complementos directos (CD) y/o precedidos de complementos circunstanciales (CC).[24] Ejemplos:

Hoy en día Ø hay muchos alfabetos digitales. CC-tiempo   CD

Ya Ø hace algunos años que nacieron CC-tiempo   CD

En Canadá Ø nieva muchísimo. CC-lugar   CC-cantidad

EJERCICIO 1.3

Localice y subraye los sujetos de las siguientes oraciones y determine si vienen antepuestos (*a*), pospuestos (*p*) o si carecen de sujeto (*Ø*).

	a	*p*	*Ø*
a) *Mañana nos llega el libro de Marc Prensky.*		X	
b) *El escritor americano tiene mucha imaginación.*			
c) *Nos encantan las redes sociales.*			
d) *Ayer llovió toda la noche.*			
e) *En clase había muchos estudiantes extranjeros.*			

[23] En el capítulo 2 sobre el predicado (véase p. 63), ampliaremos más el tema sobre verbos impersonales y meteorológicos.

[24] En el material suplementario del capítulo 2 que se encuentra en el sitio del libro en la red, ampliaremos más el tema sobre los diferentes tipos de complementos.

EJERCICIO 1.4

A partir de las siguientes frases, escoja el sujeto que mejor complete la oración y hágalo concordar con el verbo en el tiempo verbal que mejor convenga al contexto de la oración.

Rick Deckard
la prueba
~~*Blade runner*~~
Rachel
la trama

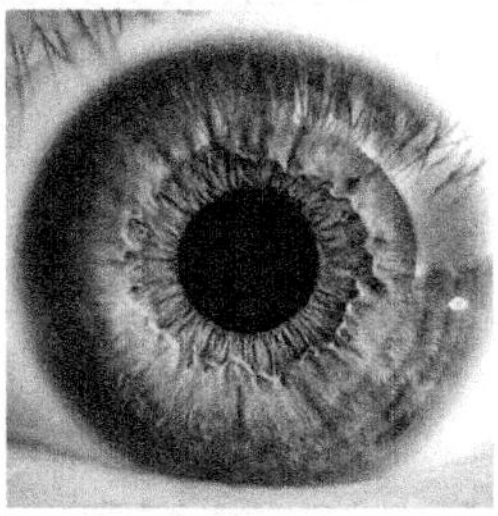

a) una obra cinematográfica / es / cumbre de la ciencia ficción
Blade runner es una obra cinematográfica cumbre de la ciencia ficción.

b) de la corporación Tyller / perseguir / personaje central de la película / a seis replicantes.

____

c) con un lente óptico / androides de humanos / servir / Voight-Kammpff / para distinguir

____

d) implantados en su memoria / tener / la atractiva replicante / recuerdos de su infancia

____

e) emocionante / de la película / conmovernos / por su grandeza épica.

____

Técnicas de combinación de oraciones

Principios básicos de combinación de oraciones

En este último segmento aprenderemos a combinar una serie de oraciones que, bien intercaladas, transmitirán un mensaje claro y preciso. Se trata de la técnica de combinación de oraciones que nos ayudará a afianzar nuestros conocimientos gramaticales, por un lado, y, por otro, a adquirir soltura para escribir desde oraciones simples y compuestas, hasta párrafos con estructuras sintácticas mucho más complejas.

En este capítulo, aprenderemos a engrosar una oración simple, lo que a primera vista nos podría parecer sencillo de hacer; sin embargo, en la práctica suele resultar complicado, sobre todo cuando se trata de establecer un orden adecuado que permita al lector comprender lo que queremos expresar por escrito. Pongamos por ejemplo la siguiente oración escrita en desorden.

Fields Maryam Mirzakhani el 10 de agosto de 2014 la Medalla de Matemáticas recibió.

Nuestros conocimientos morfosintácticos nos indican que esta oración no tiene ningún sentido y que es necesario ordenar sus componentes (sujeto, verbo y complementos) para poder entender su significado.

Maryam Mirzakhani *recibió la Medalla Fields de Matemáticas el 13 de agosto de 2014.*
sujeto *predicado*

También sabemos que una oración bien construida no sigue necesariamente el mismo orden. Por ejemplo, ya hemos visto que en algunos casos el sujeto puede venir después del verbo o los complementos circunstanciales pueden desplazarse dentro de la oración para producir un efecto determinado en la mente del lector. Sin embargo, no siempre resulta tan fácil determinar las diferentes posibilidades en que podemos ordenar una oración y expresar así correctamente nuestras ideas. Analicemos el siguiente ejemplo en el que aparecen cuatro ideas susceptibles de ser combinadas entre sí:

1. El procesador de texto es un tipo de aplicación.
2. La aplicación es informática.
3. La aplicación es para la creación.
4. La aplicación es para la edición.
5. La aplicación es para la modificación.
6. La aplicación es para el procesamiento.
7. El procesamiento es de documentos.
8. Los documentos son de texto.
9. El texto es con formato.

Existen diferentes maneras de combinar estas nueve oraciones. Podemos simplemente unir las cuatro oraciones "respetando las reglas ortográficas".

> El procesador de texto es un tipo de aplicación. La aplicación es de informática. La aplicación informática es para la creación. La aplicación informática es para la edición. La aplicación informática es para la modificación y la aplicación informática es para el procesamiento de documentos. Los documentos son de texto. El texto es con formato.

Pero el resultado sería desastroso, el nombre común *aplicación* se repetiría cinco veces. Este exceso de repetición haría perder, sin lugar a duda, el interés al más paciente de los lectores.

Una combinación algo más lógica, pero aún torpe, sería unir las oraciones que tienen elementos nominales factibles de ser combinados dentro de las oraciones 1 y 2, y luego unir de la 3 a la 6 mediante la conjunción *y*. Por último, de la 7 a la 9.

> El procesador de textos es un tipo de aplicación de informática. La aplicación de informática es para la creación, para la edición, para la modificación y para el procesamiento de documentos. Los documentos son de texto con formato.

Como vemos, tampoco esta combinación de oraciones resulta tan clara, pues se sigue repitiendo la palabra *aplicación*.

Ahora bien, si seguimos el método de combinación de oraciones, sabremos que la mejor manera de expresar lo que queremos decir sobre el procesador de texto consiste en determinar cuál de entre las cuatro oraciones es la oración principal. Una vez determinada, las demás oraciones se encargarán de modificar o ampliar la información sobre esta oración principal. En el caso que nos ocupa sobre el procesador de textos, diremos que la oración 1 es la oración principal a la que iremos añadiendo elementos de las demás oraciones. Así vemos cómo, por ejemplo, el atributo de la oración 2 (adjetivo: *informática*) se puede transformar en modificador del grupo nominal *la aplicación*, eliminando los elementos que se repiten:

1. El procesador de texto es un tipo de aplicación.
2. ~~La aplicación es~~ *informática*.

Combinadas obtenemos: El procesador de texto es un tipo de aplicación *informática*.

Si ahora unimos de las oraciones 3 a 6 mediante la conjunción (*y*) y eliminamos la repetición de la preposición *para*, veremos cómo se transforman en un grupo nominal mucho más claro.

3. ~~La~~ aplicación ~~es~~ para la creación.
4. ~~La aplicación es para~~ la edición.
5. ~~La aplicación es para~~ la modificación.
6. ~~La aplicación es para~~ el procesamiento de documentos.

Combinadas obtenemos: aplicación de informática *para la creación, la edición, la modificación y el procesamiento de documentos.*

Por último, combinamos de las oraciones 7 a 9.

7. El procesamiento ~~es~~ *de documentos*
8. ~~Los documentos son~~ de texto.
9. ~~El texto es~~ *con formato.*

Combinadas obtenemos: procesamiento *de documentos de texto con formato.*

Sólo nos faltaría unir la oración principal modificada por la oración 2 con el resultado de la combinación de las oraciones 3 a 6 y de 7 a 9, y obtendremos una oración mucho más clara y precisa:

> El procesador de texto es un tipo de aplicación *informática para la creación, edición, modificación y procesamiento de documentos de texto con formato.*

Este ejemplo nos muestra cómo el método de combinación de oraciones es una herramienta muy valiosa con la que contamos para consolidar nuestros conocimientos sobre partículas gramaticales y su funcionamiento dentro de la oración, mientras aprendemos a escribir con soltura oraciones bien estructuradas con la cantidad de información necesaria para expresar nuestras ideas de una manera mucho más clara y eficaz.

A continuación, desarrollaremos una actividad guiada de combinación de oraciones que nos servirá de modelo para resolver los siguientes ejercicios.

EJERCICIO 1.5

Combine las siguientes oraciones según las instrucciones que se le vayan dando.

a) Existen evidencias de que en el período paleolítico el ser humano desarrolló el lenguaje y las habilidades que caracterizan al Homo sapiens.

b) Las evidencias son científicas.

c) El período paleolítico era superior.

d) Las habilidades eran cognitivas.

e) El Homo sapiens es actual.

1. Tras haber leído las cinco oraciones, transcribiremos aquella que contiene la información más completa y sujeta a ser modificada, es decir, la oración a).[25]
   Existen evidencias de que en el período paleolítico el ser humano desarrolló el lenguaje y las habilidades que caracterizan al Homo sapiens.
2. Ahora le toca a usted transcribir toda la oración e intercalar el primer adjetivo de la oración b) en la oración principal que modifica el nombre *evidencias.*

   ____

   ____

   ____
3. Haga lo mismo con la oración c) que modifica el nombre compuesto *período paleolítico.*

   ____

   ____

   ____
4. También con la oración d) que modifica el nombre común *habilidades.*

   ____

   ____

   ____
5. Y por último, vuelva a hacer lo mismo con la oración d) que modifica el nombre *Homo sapiens.*

   ____

   ____

   ____

EJERCICIO 1.6

Lea la siguiente secuencia de oraciones y combínelas utilizando la primera con la letra a) como oración principal y vaya introduciendo los diferentes elementos nominales contenidos en el resto de oraciones.

1. a) Facebook es una compañía estadounidense.
   b) La compañía es de servicios.
   c) Los servicios son de redes sociales.
   d) Los servicios son de medios sociales.

   ____

   ____

   ____

[25] Utilizaremos la oración a) como oración principal en la actividad práctica y la mayoría de los ejercicios de esta parte del capítulo. El profesor le indicará si en algún caso se puede cambiar la oración principal por otra.

2. a) En la informática moderna se concentran los principios.
   b) Los principios son de las ciencias de la computación y la programación.
   c) En la informática moderna se concentran también las metodologías.
   d) Las metodologías son para el desarrollo de *software.*
   e) Las metodologías son para el diseño de computadoras.
   f) Las metodologías son para las redes de computadoras.
   g) Las metodologías son para la inteligencia digital.
   h) Las metodologías son para algunos aspectos relacionadas con la electrónica.

____

____

____

____

____

____

3. a) Twitter es un servicio.
   b) El servicio es gratuito.
   c) El servicio es de mensajería.
   c) El servicio es con sede en San Francisco, California.
   d) El servicio es con filiales en San Antonio, Texas y Boston, Massachusetts.

____

____

____

4. a) WhatsApp es una aplicación.
   b) La aplicación es de mensajería instantánea.
   c) La mensajería instantánea es para teléfonos inteligentes.
   d) La aplicación fue creada por Jan Koum.
   e) La aplicación fue creada en 2009.

____

____

____

5. a) Steve Jobs ocupa un lugar destacado.
   b) El lugar destacado es en el sector informático.
   c) El lugar destacado es de la industria del entretenimiento.
   c) El lugar destacado es por ser el fundador.
   d) El fundador es de Apple.
   e) Apple es una compañía estadounidense.
   f) La compañía estadounidense es de equipos electrónicos, software y servicios en línea.

____

____

____

____

____

____

Documento final

Puesta en práctica

Resumen y parafraseo

Prepare un resumen de entre 200 y 250 palabras de la lectura sobre la inteligencia digital (véase p. 18) Durante la redacción y siguiendo la técnica de parafraseo, hará referencia al autor del texto original en los párrafos que crea necesario, y al final preparará la referencia bibliográfica del artículo siguiendo el sistema de estilo MLA o APA, y los pasos indicados en la sección Inserción de citas y lista de referencias bibliográficas (véase pp. 13–15).

Para ello, ponga en práctica todos los pasos que hemos visto a lo largo de este capítulo para redactar el resumen.

No olvide ...

- leer varias veces el texto y asegurarse que ha entendido el propósito del autor, la idea principal y las ideas de apoyo;
- tomar notas para preparar el esquema del resumen y detectar la oración principal del texto;
- subrayar las ideas de apoyo y deshacerse de la información irrelevante;
- revisar que ha completado bien el esquema de la página 20, que le servirá para redactar el primer borrador del resumen;
- redactar la introducción del resumen con el nombre del autor de la fuente y un verbo declarativo que transmita la intención y la idea principal del texto;
- preparar el borrador del texto, empleando la técnica de parafraseo vista en la página 21, y sinónimos que reemplacen algunas de las palabras del texto original;
- revisar todo el documento, asegurándose que en cada párrafo se desarrolle una idea desprendida del esquema y que al mismo tiempo haya conexión entre los demás párrafos, así como en el texto completo.[26]

Cuando haya terminado, intercambie el borrador del resumen con un compañero de clase, léalo con detenimiento y, con ayuda de la hoja de revisión que se encuentra en el apéndice 5 (véase p. 233), haga comentarios a su compañero que le sirvan para mejorar su borrador. Más tarde, lea los comentarios de su compañero y haga los ajustes que crea necesarios.

Cuando lo haga, utilice la hoja de chequeo en la siguiente página para que vea si hay algún punto que podría mejorar en la redacción del resumen. Una vez que lo haya revisado, redacte la versión final de éste, incluyendo todos los cambios o ajustes que crea necesario.

Deje pasar por lo menos un día y vuelva a revisar la versión final del resumen por si se le llega a escapar algún error, sobre todo de carácter ortográfico.

[26] Para mejorar la calidad del texto, se recomienda que lo intercambie con uno de sus compañeros para que, con ayuda de la hoja de revisión del resumen, se proporcionen mutuamente *feedback*. Consulte la hoja de revisión de resumen (véase apéndice 5, p. 234).

Evaluación: hoja de chequeo

Utilice la siguiente hoja de chequeo para revisar la redacción del resumen y, si es necesario, considerar cambios que lo mejoren.

Califica de...	
1 (insatisfactorio):	uso inadecuado de técnicas de redacción; necesita más desarrollo.
2 (satisfactorio):	uso aceptable de técnicas de redacción; necesita un poco más de desarrollo.
3 (muy bien):	uso adecuado de todas las técnicas de redacción con muy pocos errores.
4 (excelente):	uso excepcional de todas las técnicas de redacción sin ningún error.

	1	2	3	4
En la introducción se menciona el autor de la fuente y la idea principal del texto original (véase pp. 12–13).				
El resumen incluye las ideas más importantes contenidas en el texto original (véase p. 12).				
El resumen logra captar el propósito del autor del texto original (véase p. 12).				
Se ha cambiado la estructura y el lenguaje del resumen del texto original (véase pp. 20–22).				
Se han eliminado comentarios personales, datos o detalles irrelevantes en el resumen (véase pp. 21–22).				
En la redacción del resumen no se repiten ideas (véase pp. 21–22).				
La redacción del resumen emplea adecuadamente verbos declarativos (véase p. 23).				
El resumen contiene oraciones completas con sujeto, verbo y complementos (véase pp. 25–28).				
Se han empleado vocabulario académico de frecuencia y sinónimos de algunas palabras.				
Se han empleado los sistemas de citas de los manuales de la APA o de la MLA (véase pp. 13–16).				

Reflexión pedagógica

Piense qué ha aprendido en este capítulo. Para ello, utilice la siguiente tabla para indicar qué cosas cree que necesita revisar para pasar al siguiente capítulo. Cuando termine, comparta el resultado con su compañero.

• El vocabulario relacionado con la alfabetización digital	
• La inferencia sobre el tema de la lectura sobre alfabetización digital	
• La toma de apuntes	
• El desarrollo de la estructura del resumen	
• El uso del sistema de citas según los manuales de la APA y de la MLA	
• La técnica del parafraseo	
• La estructura gramatical de la oración simple	
• Los principios básicos de la técnica de combinación de oraciones	
• La puesta en práctica del desarrollo de textos expositivos	

2 Escritores optimistas

EN ESTE CAPÍTULO ...

- **aprenderá vocabulario relacionado con la escritura académica;**
- **anticipará e inferirá el tema de la lectura sobre los escritores optimistas;**
- **generará ideas mediante el torbellino de ideas (*brainstorming*);**
- **aprenderá a desarrollar la estructura básica de un párrafo y de todo el texto íntegro;**
- **aprenderá a obtener información de artículos de periódicos y cómo citar las fuentes que consulte;**
- **aprenderá a preparar el borrador de un párrafo de desarrollo, introductorio y de cierre o conclusión;**
- **repasará el funcionamiento básico de la oración simple: el predicado;**
- **aprenderá a segmentar oraciones mediante la técnica de combinación de oraciones;**
- **pondrá en práctica el desarrollo de textos expositivos.**

Lectura académica

En preparación ...

La escritura académica es una práctica compleja a la que suelen enfrentarse los estudiantes universitarios durante sus estudios y a lo largo de su vida profesional. Esta práctica individual y reflexiva que, en muchos casos, exige un enorme esfuerzo mental, se hace necesaria para poder no sólo comunicar de manera efectiva nuestras ideas, sino también conseguir que nuestros escritos alcancen el objetivo deseado. Sin embargo, aunque muchos piensan que escribir es difícil en extremo, en seguida veremos que una actitud positiva frente a la escritura puede ayudar a disminuir el esfuerzo y traer grandes beneficios en el desenvolvimiento de nuestra vida tanto académica como profesional. ¿Cómo ocurre esto? Si quiere saberlo, comience por completar el siguiente cuestionario.

ACTIVIDAD 2.1

Responda al siguiente sondeo sobre lectura y escritura académica.

A. En su opinión, ¿qué finalidad tiene la lectura y la escritura en su formación académica? Indique con esta marca (✓) todas las opciones que le parezcan adecuadas.

1. Facilitar la adquisición de conocimientos a partir del contenido de las diferentes materias dentro de un programa de formación profesional ❍
2. Animar la reflexión sobre el desarrollo y aplicación de la destreza lectora y escrita ❍
3. Permitir el descubrimiento y la práctica de diferentes tipos de escritos con fines académicos o profesionales ❍
4. Facilitar la divulgación de nuevos conocimientos en las diferentes áreas de la ciencia y la cultura ❍
5. Facilitar la posibilidad de participar en conferencias, congresos, seminarios, exposiciones, etc. ❍
6. Recibir *feedback* y evaluación de trabajos escritos asignados por el docente ❍
7. Sugiera alguna otra finalidad que no aparezca en esta lista: ________________ ❍
____

B. ¿En qué asignatura dentro de su programa de estudio ha tenido la mejor experiencia de leer y escribir a lo largo del semestre?

____

C. Indique con esta marca (✓) todos los documentos que haya leído en esa asignatura.

1. Libros de consulta general (diccionarios, enciclopedias, etc.) ❍
2. Libros de texto o capítulos de libros sobre la disciplina o campo profesional ❍
3. Artículos extraídos de revistas científicas o especializadas ❍
4. Artículos extraídos de diarios o periódicos impresos o en versión digital ❍
5. Páginas o sitios en la red ❍
6. Apuntes del profesor ❍
7. Sus propios apuntes ❍

D. Indique con esta marca (✓) todo el tipo de textos que haya escrito en esa asignatura y, al lado, el número aproximado de documentos que produjo.

1. Apuntes de clase ❍ □
2. Informes de lectura ❍ □
3. Resúmenes ❍ □
4. Reseñas ❍ □
5. Textos literarios ❍ □
6. Análisis de casos ❍ □
7. Ponencias ❍ □
8. Artículos para revistas especializadas ❍ □
9. Otro tipo: ________________________________ ❍ □

E. Compare el resultado del cuestionario con alguno de sus compañeros de clase, vean si sus respuestas son similares y comenten al respecto.

Desarrollo léxico

Frecuencia léxica y colocaciones

En el capítulo anterior se mencionó que las palabras en un idioma tienen diferentes frecuencias de uso (baja, mediana o alta). La elección de palabras de estos tres grupos para la escritura de un texto o ensayo permite caracterizar el dominio léxico de quien escribe. Así, por ejemplo, el uso de palabras de baja frecuencia en un escrito es un marcador de riqueza léxica, algo que también se confirma con la utilización de términos académicos. El aprendizaje y el uso de este tipo de palabras tendrán efectos claramente positivos en la habilidad de escritura de un estudiante. Por ello, en la presente sección de este capítulo se continuará trabajando con palabras académicas y con algunas otras que presentan una baja frecuencia de uso en el idioma.

ACTIVIDAD 2.2

En la siguiente actividad, explorará el significado de algunas palabras clave extraídas de la lectura sobre escritores optimistas que encontrará un poco más adelante.

A. La primera palabra con la que trabajaremos es argumentación, que funciona como sustantivo y deriva de argumentar. Como sustantivo, significa razones o argumentos para convencer a alguien o demostrar algo, y como verbo, significa dar razones o argumentos. Señale cuáles de las siguientes palabras con sus definiciones funcionan como sustantivos y cuáles como verbos, y escriba el sustantivo o verbo que derive de la palabra.[1]

Palabra	Definición	Sustantivo	Verbo
argumentación	• razones o argumentos para convencer a alguien o para demostrar algo	✓	*argumentar*
arrojar[2]	• contribuir con hechos o datos a la aclaración o explicación de algo		
borrador	• redacción provisional de un escrito al que se le hacen correcciones		
búsqueda	• acción que se realiza para encontrar algo o a alguien		
conocimiento	• nociones o ideas que se tienen sobre algo		
contrastar*	• comprobar la exactitud o autenticidad de un dato o una información		
detectar*	• descubrir o hacer notar algo que no se puede observar directamente		
esquema*	• resumen de ideas o conceptos según sus características más generales o importantes		

[1] Si no está familiarizado con alguna de estas palabras, búsquela en un buen diccionario monolingüe.

[2] En ocasiones, una palabra como *arrojar* podrá tener varias acepciones, por lo que es importante reconocer la palabra dentro del contexto en el que aparece.

B. Ahora que ya sabe el significado de estos términos y la función gramatical que realizan, lea las siguientes oraciones y rellene el espacio en blanco con la palabra correspondiente.

1. Una de las funciones del *esquema* es ordenar y organizar las ideas que se han extraído de las fuentes que empleamos para redactar un texto o ensayo.
2. La inteligencia de los razonamientos, _______________ o refutación de ideas es la constante en las palabras de quienes se dedican a escribir artículos de carácter científico.
3. Con práctica y dedicación, los estudiantes son capaces de _______________ el modo en que está estructurado un texto.
4. La investigación y _______________ de información _______________ datos que pueden servir para apoyar los argumentos que empleamos para escribir un ensayo.
5. Los resultados de este estudio _______________ con los sondeos realizados por los investigadores.
6. Este trabajo sin terminar es sólo un _______________ que expone a grandes rasgos los _______________ científicos necesarios para poder llevar a cabo este estudio.

C. En el siguiente recuadro aparecen algunas palabras académicas y otras que tienen una baja frecuencia de uso. Elija la palabra que tenga sentido equivalente al de la palabra común o general que está entre paréntesis en cada oración.

arduo / andamiaje / parámetro* / discentes / culminar / ~~estrategia~~* / repercusión / relevancia / género*/ bisoño

1. Se necesita una *estrategia* (plan) adecuada para ayudar a los estudiantes de posgrado a adquirir las habilidades necesarias para la preparación de trabajos académicos.
2. Saber bien qué se quiere expresar es un requisito fundamental para la escritura de todo _______________ (tipo) de textos.
3. La ortografía es un _______________ (dato o factor) básico para evaluar un escrito.
4. La claridad de los razonamientos es una característica de gran __________ (importancia) en los textos argumentativos.
5. Mostrar una actitud optimista al escribir puede tener una __________ (efecto) positiva en la calidad de lo escrito.
6. En los niveles de educación superior, los ____________ (estudiantes) no sólo deben ser ávidos lectores de escritos académicos, sino también escritores de este mismo tipo de textos.
7. La escritura de textos o ensayos académicos puede representar un trabajo __________ (muy difícil) para el estudiante que no domina los procesos de búsqueda de información, generación de ideas y redacción.
8. En muchas universidades, la redacción de un artículo de investigación, memoria o tesis es un requisito para _______________ (terminar) con éxito los estudios de posgrado.
9. Muchas veces, el escritor _______________ (inexperto) comete el error de pensar que escribir mucho es escribir bien.
10. Todo párrafo bien escrito debe poseer un sólido _______________ (estructura) interno en cuanto a la ordenación y presentación de las ideas principales y secundarias que lo componen.

D. En cada número de este ejercicio, aparecen dos oraciones que ejemplifican el uso de cinco colocaciones comunes del español. Las palabras que forman cada colocación están subrayadas. Fíjese en ellas como modelo y luego escriba su propia oración.

1. a. Manejar los diferentes recursos tecnológicos es una necesidad apremiante de la sociedad moderna.
   b. Cada vez más, la falta de agua para consumo humano se está convirtiendo en una necesidad apremiante para muchas poblaciones del mundo.
   c. *Un lector ávido siempre siente la necesidad apremiante de comenzar un nuevo libro.*

2. a. La conferencia fue anulada en el último momento, sin previo aviso.
   b. Sin previo aviso, la policía desalojó de sus casas a quienes se habían opuesto a la expropiación.
   c. ____
   ____

3. a. Nadie puede negar el papel casi omnipotente que los dispositivos digitales han tomado en nuestra vida cotidiana.
   b. El libro *La vida cotidiana de los aztecas en vísperas de la conquista* es una de las obras más conocidas del antropólogo francés Jacques Soustelle.
   c. ____
   ____

4. a. Uno de los principales retos de la escritura es vencer el miedo a la página en blanco.
   b. Descrédito de los partidos políticos tradicionales, apatía de los votantes y poder creciente de los grupos de cabildeo: estos son tres de los principales retos que enfrentan las democracias modernas.
   c. ____
   ____

5. a. En este centro cultural se imparten talleres de fotografía el fin de semana.
   b. La universidad invitó al escritor a impartir un taller de escritura durante el verano.
   c. ____
   ____

¿Qué nos dice el diccionario?

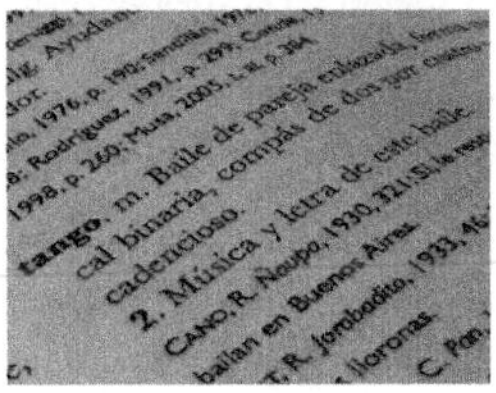

Las siguientes palabras tienen más de un significado o acepción que en el DLE se diferencia mediante un número. Lea los siguientes pares de oraciones, observando el significado de las palabras destacadas en negritas. Consulte en el DLE en línea las palabras destacadas y anote el número de acepción que corresponde al uso que se hace en cada oración.

1. a. El cuerpo presentaba un **grado** avanzado de descomposición. ________
   b. Mi hermano obtuvo el **grado** de médico el año pasado. ________
2. a. Por favor, ayúdame a **recoger** estos papeles que se me han caído al suelo. ________
   b. No dejo de decirle a mi hijo que **recoja** su cuarto porque siempre lo tiene desordenado. ______
3. a. El periodista tomaba **notas** de lo que decía el ganador de la elección. ________
   b. Déjale una **nota** a tu padre en su escritorio para que sepa a dónde fuimos. ________
4. a. Este artículo **desarrolla** muy claramente el tema de los peligros de la proliferación de cultivos transgénicos. ________
   b. Entre los jóvenes **se ha desarrollado** una cultura de cooperación grupal basada en el acceso inmediato a las redes sociales. ________
5. a. Los emigrantes rescatados presentarán **demandas** de asilo político en los próximos días. ______
   b. Los montos exactos del fraude aparecen en las primeras páginas de la **demanda** que la parte acusadora presentó al juez. ________

Desarrollo de la habilidad lectora

Antes de leer

A continuación, leerá un artículo de divulgación científica sobre un estudio que revela los beneficios que puede traer una actitud positiva frente a la escritura.

ACTIVIDAD 2.3

La clave para una actitud positiva por parte del estudiante consiste en desarrollar lo que la autora del estudio llama una "escritura activa". ¿En qué cree que consiste esta escritura activa? Junto con un compañero, prepare una lista de elementos que crea necesarios para lograr desarrollar una escritura activa.

ACTIVIDAD 2.4

Lea las siguientes afirmaciones y diga si está *muy de acuerdo* (4), *de acuerdo* (3), *en desacuerdo* (2) o *muy en desacuerdo* (1), colocando el número correspondiente en el espacio en blanco.

1. El optimismo, que nos ayuda a ver el lado favorable de la vida, se suele manifestar principalmente en nuestra salud física y mental.	3
2. El ser una persona optimista favorece sobre todo a niños y adolescentes.	
3. La actitud positiva hacia la escritura se puede aplicar a cualquier lengua extranjera.	
4. Las personas optimistas que adoptan esta actitud positiva suelen sacar mejores notas que las pesimistas.	
5. La actitud positiva del estudiante mejora aumentando el número de composiciones en clase.	

ACTIVIDAD 2.5

Ahora comience a leer el texto y, mientras lee, subraye o marque con rotuladores de diferentes colores la información que le parezca más importante en cada párrafo. Si encuentra una palabra que no entiende, rodéela con un círculo y más tarde busque su significado en un buen diccionario monolingüe.

El optimismo, clave para escribir correctamente en otra lengua

Un estudio realizado a alumnos de lengua inglesa de la Universidad de Málaga demuestra que una actitud positiva ante la escritura académica es fundamental para sacar mejores notas en los exámenes.

[1] Es de sobra conocido que el optimismo ayuda a ser feliz en la vida cotidiana. Ser optimistas va ligado a ser felices, lo que trae repercusiones positivas tanto a nivel mental, como físico, o incluso laboral. Lo que no se había comprobado hasta la fecha es que también puede ser decisivo a la hora de escribir en una lengua extranjera. Así lo demuestra una investigación realizada a un grupo de 200 estudiantes voluntarios de la licenciatura de Filología Inglesa y del grado de Estudios Ingleses, quienes han formado parte de un estudio sobre

escritura académica en inglés. Sus textos en lengua inglesa se contrastaron* con opiniones personales sobre el género académico a través de entrevistas personales, arrojando unos datos que confirman que una actitud positiva ante la vida académica en general, y ante la escritura en particular, ayuda a mejorar notablemente la nota final en un examen.

[2] El trabajo demuestra que los alumnos que están contentos con lo que estudian, los que valoran positivamente la escritura como forma de expresión y los que se muestran optimistas ante la búsqueda de un futuro empleo, escriben mejor en inglés que sus compañeros más pesimistas. De los alumnos que sacan mejores notas en expresión escrita, alrededor del 70% de ellos muestran actitudes positivas frente al inglés, la universidad o sus propias habilidades académicas.

[3] En este estudio se recogen no solo sus opiniones acerca de escribir en inglés, sino también las estrategias* que usan. Para ello se les hicieron preguntas como ¿qué piensas acerca de ir a la universidad?, ¿cómo es de importante la escritura en tu futuro laboral?, ¿qué sentimientos te produce el escribir una redacción en inglés? Del mismo modo, para identificar sus habilidades académicas en relación con la escritura se les pidió que pusieran especial atención en algunos parámetros* en textos escritos por sus compañeros en clase.

[4] "Claramente," reconoce la doctora Rosa Muñoz-Luna, del Departamento de Filología Inglesa, Francesa y Alemana, "aquellos participantes con mejor nota mostraron una o más de las siguientes estrategias: releen lo que han escrito, usan oraciones largas y complejas, utilizan expresiones hechas en inglés y basan su argumentación en el razonamiento y no en la memorización. Cuando tenían que comentar los textos académicos en las entrevistas," añade, "estos alumnos detectaban* con facilidad el propósito de dicho texto, sabían identificar lo que era correcto de lo que no lo era y eran capaces de ser críticos con el lenguaje usado en cada caso".

[5] Esto último tiene especial relevancia, ya que como recoge el estudio, "el razonamiento crítico les ayudará a desarrollar ideas a lo largo de toda su vida profesional sin tener que depender de su memoria. Desde un punto de vista lingüístico, la buena escritura en inglés, junto a una actitud positiva, supone un conocimiento metalingüístico", es decir, saber hablar de lo que se escribe y saber identificar estructuras claves en el texto.

[6] A partir de aquí, los investigadores afirman que las conclusiones del trabajo facilitan la búsqueda de nuevas actividades en las que se motiva a los estudiantes a realizar lo que denominan una "escritura activa". "Esto es, hacer esquemas* previos, borradores, buscar sinónimos y, sobre todo, pensar en el objetivo del texto", explica esta investigadora. "De este modo, lograremos aumentar la actitud positiva del estudiante ante lo que escribe, ya que por sí mismo verá cómo mejora con la práctica".

Javier Sánchez Relinque, "El optimismo, clave para escribir correctamente en otra lengua", *Uciencia: Servicio de publicaciones y divulgación científica* (2013), Universidad de Málaga. Disponible en: <www.uciencia.uma.es/Noticias/Humanidades/El-optimismo-clave-para-escribir-correctamente-en-otra-lengua/(language)/esl-ES>.

Después de leer

ACTIVIDAD 2.6

Ahora que ya saben de qué trata la lectura, en parejas o en grupos de tres personas, lean las tres preguntas siguientes y discutan al respecto.

1. ¿Coincide su opinión mostrada en la actividad 2.4 con el contenido del artículo? Compare sus respuestas con la de su compañero y juntos vean si coinciden con la información contenida en el artículo.
2. ¿Creen que con sólo adoptar una actitud positiva es más que suficiente para alcanzar un buen nivel de escritura? Sí__. No: ___. Si no, piensen qué más se necesita para lograrlo.
3. ¿De qué manera creen que el razonamiento crítico supera a la memoria a la hora de redactar un texto o ensayo en lengua extranjera?

ACTIVIDAD 2.7

Con la información que haya seleccionado en la actividad 2.5, escriba un párrafo breve sobre los beneficios de escribir en lengua extranjera. Para ello, intente redactarlo con sus propias palabras, reemplazando palabras clave del original por sinónimos y pronombres.[3]

ACTIVIDAD 2.8

Una vez que haya terminado, intercambie el párrafo con uno de sus compañeros y cerciórese de que haya reemplazado palabras del texto original por sinónimos.[4]

Principios básicos para el desarrollo de textos

Desarrollo de ideas

Desde las últimas décadas del siglo pasado, el tratamiento tradicional de la producción de textos escritos se ha convertido en un proceso que establece una serie de etapas que el aprendiz sigue para planificar, organizar y redactar ideas para luego convertirlas en textos. Este proceso de redacción (que iremos empleando en las siguientes secciones de este capítulo) permite avanzar de una etapa a otra y volver hacia atrás para revisar, cambiar o modificar elementos desarrollados en etapas anteriores. Otra característica importante es el papel activo que desempeñan tanto estudiantes como profesores, quienes participarán activamente en la etapa de revisión de borradores cuando el aprendiz necesite *feedback* que le ayude a mejorar la calidad de los textos o ensayos que escriba. En esta primera etapa veremos cómo generar ideas a partir de un tema determinado.

La planificación y generación de ideas

La planificación se considera una de las etapas más importantes del proceso de redacción, pues, gracias a ella, aprendemos a tener en cuenta la finalidad y las circunstancias por las que escribimos. Durante esta etapa nos detendremos a pensar en qué conocimientos, gustos e intereses tiene el lector a quien le escribimos un texto y en cómo se lo queremos expresar, esto es, la manera en que expondremos y explicaremos contenidos organizados del modo más eficiente posible. Para ello,

[3] Consulte la sinonimia en la sección Criterios de textualidad del capítulo 1, pp. 24–25, y la sección Referencias y referentes del capítulo 2, p. 62.

[4] Utilice la hoja de revisión del párrafo (véase apéndice 5, p. 233).

tendremos que generar ideas mediante información y datos relacionados con el tema e integrar todo ello en un borrador que iremos elaborando con las diferentes técnicas de planificación. A partir de este capítulo veremos algunas de esas técnicas.

Torbellino de ideas

El torbellino de ideas, o *brainstorming,* es una técnica que nos ayuda a resumir y explorar los conocimientos que tenemos de un determinado tema. Esta técnica consiste en ir apuntando todas las ideas que se nos ocurran en una hoja de papel, sin preocuparnos de la gramática, ni de la ortografía, ni del estilo. Con palabras, frases u oraciones sucesivas, en una hoja de papel puede ir completando estas ideas hasta que crea haberlas agotado todas.

ACTIVIDAD 2.9

Escoja una de las siguientes disciplinas o cualquier otra que mejor refleje su vocación o perfil profesional y, siguiendo el modelo que aparece a continuación, haga un *brainstorming,* añadiendo otras ideas más, incluyendo frases u oraciones que ayuden a completarlo.

artes	ingeniería	~~lenguas~~	negocios	programación	urbanismo

- Ventajas de aprender una lengua extranjera.
  - darme a entender por todos los países donde viaje
  - adentrarme en la historia y la cultura de otros países en su propia lengua
  - encontrar empleo más fácilmente
  - mantener el cerebro en buen estado de salud.
- ______________________________
  - ____________________________
  - ____________________________
  - ____________________________
  - ____________________________
  - ____________________________
  - ____________________________

A partir de las ideas desarrolladas en el torbellino de ideas, se sugiere preparar un esquema o esbozo en el que se amplíen y organicen las ideas que nos pueden servir para escribir un breve ensayo o composición. Normalmente, este tipo de composición suele incluir entre cuatro y cinco párrafos. A continuación, se presenta el desarrollo de un esquema organizado por números sobre las ventajas que ofrece aprender una lengua extranjera.

1. Las personas que hablan más de una lengua gozan de múltiples ventajas.
2. Se pueden comunicar con gente de todo el mundo.
   2.1. Pueden entender todo lo que aparece en los medios impresos y audiovisuales.
   2.2. Suelen estudiar en universidades e instituciones académicas de prestigio.
   2.3. Hacen más fácilmente amistades con hablantes nativos, con quienes suelen guardar relaciones entrañables.

3. No sólo aprenden a hablar y a escribir el idioma, sino que adquieren conocimientos sobre la historia y la cultura de otros países.
   3.1. Disfrutan de las manifestaciones artísticas producidas por artistas de esos países.
   3.2. Son capaces de comprender mejor la situación política y social del país en la que se habla la lengua extranjera.
   3.3. Se integran más fácilmente al estilo de vida del país de acogida.
4. Les es mucho más fácil encontrar empleo en sus países de origen o en el extranjero.
   4.1. Las empresas buscan continuamente personal que hable más de una lengua.
   4.2. Encuentran empleo en empresas que mantienen relaciones comerciales con países en donde se habla una lengua diferente.
   4.3. También en organismos públicos como la ONU donde se requiere constantemente del servicio de traductores e intérpretes.
5. El aprendizaje de una segunda lengua les ayuda a mantener el cerebro en buen estado de salud.
   5.1. El bilingüismo tiene efectos positivos en las funciones cerebrales de los hablantes.
   5.2. Los beneficios no sólo se manifiestan entre jóvenes sino también en personas mayores.
   5.3. Reducen la posibilidad de padecer enfermedades mentales como el alzhéimer o la demencia.

ACTIVIDAD 2.10

Vuelva al *brainstorming* que acaba de desarrollar sobre una de las disciplinas en la actividad 2.9, y en hoja aparte desarrolle un esquema siguiendo el modelo anterior.

Estructura de textos

Estructura básica del párrafo

Con la acelerada expansión del uso generalizado del correo electrónico, el sistema de mensajería simple (SMS) y la aplicación de mensajería instantánea WhatsApp, en este nuevo milenio la práctica de la escritura vuelve y se mantiene a la moda no sólo entre jóvenes sino también entre personas de cualquier edad que saben leer y escribir. Sin embargo, la penetración de todas estas nuevas tecnologías ha obligado a que la escritura se simplifique para poder competir contra la vertiginosa rapidez con la que todos estos usuarios se comunican entre sí.

A pesar de la tremenda transformación sufrida por la escritura cotidiana, en las esferas académica y profesional no se han abandonado las convenciones que encauzan el uso de la palabra escrita entre estudiantes, profesores, investigadores y profesionales. Así, la estructura del párrafo, que analizaremos a continuación, sigue manteniendo las mismas características que hacen posible su adaptación a una amplísima variedad de contextos comunicativos, tanto impresos como digitales, en aulas universitarias, centros de investigación y entornos empresariales.

Para comenzar, diremos que el párrafo es una oración o grupo de oraciones que forman un bloque temático común y homogéneo. El párrafo se distingue visualmente por contener información distribuida en un grupo de líneas o renglones de palabras y signos ortográficos. Cada renglón de palabras viene separado por una línea en blanco para darle más legibilidad. En cuanto a la extensión, la longitud del párrafo puede variar según la función que este realice. En general, se recomienda redactar párrafos de entre 100 y 150 palabras organizadas entre no menos de cuatro oraciones y no más de nueve renglones. Sin embargo, según la función que realice el párrafo dentro del texto, éste puede contener hasta 250, pero no más de 300 palabras.

Como veremos más adelante, el párrafo resulta indispensable en la construcción de textos, ensayos o documentos de carácter académico de corta extensión, pues nos ayudará a organizar y a estructurar la información mediante *apartados* con funciones específicas dentro del texto. Así que cada párrafo o apartado se encargará de introducir, desarrollar, recapitular, resumir y concluir un determinado tema en un número limitado de páginas.

Pero antes de hablar de estos apartados, diremos que la estructura básica de un párrafo se compone de una oración temática (OT), una o varias oraciones de apoyo (OA) y una última oración de conclusión o cierre (OC).

- La OT, que suele ser la primera oración de un párrafo, contiene la idea principal que determina y delimita el contenido del párrafo. Sin embargo, la OT la podemos colocar a la mitad o incluso al final del párrafo.
- La/s OA, que suelen aparecer a la mitad del párrafo, expande/n la información de la idea principal con oraciones que pueden organizarse de forma descriptiva, expositiva, explicativa, informativa, etcétera, según lo que requiera el tema del párrafo.
- La OC, que suele venir al final del párrafo, resume o sintetiza el tema y hace recordar al lector la idea principal contenida en la OT.

ACTIVIDAD 2.11

Lea el siguiente párrafo extraído de un texto sobre la dificultad de escribir. Cuando haya terminado, en parejas o en grupos de tres, respondan a las siguientes preguntas.

El arduo reto de saber escribir bien en los programas de posgrado

El pavor a la hoja en blanco es una experiencia común pero dolorosa en la vida de un estudiante de posgrado, al que le pedirán que redacte controles de lectura, ensayos y sobre todo la tan temida memoria o tesis. Este temor se agudiza en el momento en que el discente se da cuenta de que, en un programa de maestría, tendrá que convertirse no sólo en un ávido lector de artículos, libros y publicaciones científicas, sino también en un escritor potencialmente experto en el desarrollo de un tema de investigación susceptible de generar nuevos conocimientos. Esta transformación formativa en la vida del estudiante nos lleva a considerar seriamente la enorme importancia de adquirir la destreza escrita necesaria para que pueda culminar con éxito sus estudios de posgrado.

1. ¿Cuál es la oración temática de este párrafo? Localícenla y subráyenla.
2. ¿Cuántas oraciones de apoyo contiene este párrafo? Localícenla/s y subráyenla/s.
3. ¿Cuál es la oración de conclusión o cierre? Localícenla y subráyenla.

Estructura básica del texto

Como decíamos anteriormente, el texto se compone de un conjunto de apartados en el que aparece un párrafo introductorio, varios párrafos de desarrollo (entre tres y cuatro según el tipo de texto) y un párrafo de cierre o conclusión. De este modo, el texto comparte junto con el párrafo una estructura bastante parecida.

ESTRUCTURA DEL PÁRRAFO	ESTRUCTURA DEL TEXTO
Oración temática (OT)	Párrafo introductorio (PI)
Oración de apoyo (OA1)	Párrafo de desarrollo (PD1)
Oración de apoyo (OA2)	Párrafo de desarrollo (PD2)
Oración de apoyo (OA3)	Párrafo de desarrollo (PD3)
Oración de apoyo (OA4)	Párrafo de desarrollo (PD4)
Oración de cierre o conclusión (OC)	Párrafo de cierre o conclusión (PC)

Con ayuda de este esquema podemos ver que, dentro de la estructura del texto, el párrafo introductorio contiene el tema por abordar junto con la oración temática que lo amplía. El cuerpo del texto puede contener varios párrafos de desarrollo. El número de estos dependerá de cómo se pretenda organizar el texto y qué función tendrá cada párrafo destinado a hacer progresar el tema hasta llegar al párrafo de cierre o conclusión. Este último apartado suele traer de vuelta la idea central del tema con comentarios adicionales o puntos de reflexión para el lector.

Más adelante, en la sección sobre redacción, pondremos en práctica la construcción de estos tres tipos de párrafos, esto es, párrafo introductorio, párrafos de desarrollo y párrafo de cierre o conclusión.

ACTIVIDAD 2.12

Lea el siguiente texto e intente identificar cada uno de los párrafos según el esquema anterior. Luego, en pares o en grupo de tres, respondan a las preguntas que aparecen después de la lectura.

El arduo reto de saber escribir bien en los programas de posgrado

[1] El pavor a la hoja en blanco es una experiencia común pero dolorosa en la vida de un estudiante de posgrado, al que le pedirán que redacte controles de lectura, ensayos y sobre todo la tan temida memoria o tesis de maestría. El temor se agudiza en el momento en que el discente se da cuenta de que en un programa de formación tendrá que convertirse no sólo en un ávido lector de artículos, libros y publicaciones científicas sino también en un escritor potencialmente experto en el desarrollo de un tema de investigación susceptible de generar nuevos conocimientos. *Esta transformación formativa* en la vida del estudiante nos lleva a considerar seriamente la enorme importancia de adquirir la destreza escrita necesaria para que pueda culminar con éxito sus estudios de posgrado.

[2] Aunque el fenómeno de *la hoja en blanco* nos afecta a todos de una u otra manera, *la fase de pavor* la sufren sobre todo los estudiantes jóvenes que vienen arrastrando una evidente carencia de técnicas y estrategias de escritura que tendrían que haber aprendido desde la niñez. *Este temor* a escribir arraigado entre chicos y chicas se debe en parte al poco interés por parte de maestros y maestras de escuelas primarias y secundarias que no se preocupan por inculcar entre párvulos y adolescentes el gusto por la práctica de una escritura amena, creativa, pero sobre todo instructiva. Sin embargo, este descuido tiene que ver no sólo con el quehacer docente, sino también con las políticas pedagógicas dentro de los sistemas de educación de países tanto desarrollados como en desarrollo que continúan dándole poca importancia al aprendizaje de la escritura (Viñao 353).

[3] *A pesar de estos fallos*, la metodología de la enseñanza de la escritura ha ido evolucionando con el tiempo. Por eso, a quienes les tocó aprender a escribir en las últimas décadas del siglo XX recordarán que el proceso de escritura parecía ser la clave del éxito del estudiante universitario que planificaba y organizaba el texto, preparaba borradores que más tarde revisaría y editaría siguiendo las convenciones de uso de la lengua para finalmente obtener la versión final del texto (Hairston 85). Sin embargo, cuando el discente se adentraba en un programa de maestría, las cosas se volvían un poco más complicadas, ya que la preparación de trabajos académicos extensos como memorias, tesis o artículos de investigación seguía un proceso de elaboración y redacción mucho más complejo que en muchos casos el estudiante bisoño no era capaz de realizar por sí solo.

[4] *En respuesta a esta apremiante realidad* que experimenta el estudiante de posgrado, el estudio de Elvira Arnoaux y sus colaboradoras argentinas propone un proceso colaborativo en el que, a manera de taller, el estudiante trabaja en pares bajo la supervisión de un profesor o supervisor, quien, a su vez, los asesora acerca de los pasos metodológicos a seguir, para la elaboración de escritos avanzados como la memoria o la tesis, de aspectos estructurales y formales, de las convenciones de uso de citas y referencias bibliográficas, etcétera. Arnoaux percibe *este tipo de asesoría* como "una intervención didáctica que acompaña el proceso de adquisición de nuevas habilidades en respuesta a las demandas cognitivas y discursivas del posgrado, para lo cual las prácticas de escritura reguladas constituyen un andamiaje fundamental" (4).

[5] La interacción que genera *este tipo de taller* consigue disminuir la apatía o el estrés entre los estudiantes creando, en cambio, un interés vivo en el trabajo de investigación del compañero, quien con gusto intercambiará sus escritos para leerlos, discutir sobre algún aspecto de la redacción y proporcionar retroalimentación o *feedback* indispensable para mejorar la calidad del texto en general. *El supervisor* también tendrá un papel interactivo primordial que irá más allá de asesorar al estudiante: lo acompañará en cada etapa del proceso de elaboración hasta lograr que no sólo obtenga el producto final sino la suficiente autonomía personal para afrontar el reto de redactar no sólo durante su vida académica sino también profesional.

[6] En la actualidad un buen número de estudiantes abandonan los programas de posgrado por no contar con las suficientes técnicas y estrategias cognitivas que les ayuden a poder realizar trabajos extensos de investigación. Como hemos visto, la culpa no siempre recae en ellos. También son *responsables maestros y maestras apáticos y funcionarios miopes del sistema pedagógico*, quienes deberían encontrar el modo de remediar este grave problema alentando el desarrollo de la destreza escrita y viendo la manera de proporcionar asesoría y apoyo a los estudiantes que más lo necesitan. Una solución efectiva sería adoptar el *proceso colaborativo* mediante talleres que no sólo sirven para que el estudiante aprenda a escribir sino también para despertarles el interés de trabajar en colaboración con pares y con sus supervisores.

Obras citadas

Arnoaux, E., Borsinger, A., Carlino, P., Di Stefano, M., Pereira, C. y Silvestre, A. "La intervención pedagógica en el proceso de escritura de tesis de posgrado", *Revista de la maestría en salud pública*, 3:6 (2017), pp. 1–18. Disponible en: <http://media.utp.edu.co/

referencias-bibliograficas/uploads/referencias/articulo/89-la-intervencin-pedaggica-en-el-proceso-de-escritura-de-tesis-de-postgradopdf-0jI9S-articulo.pdf>.

Hairston, M. "The Winds of Change: Thomas Kuhn and the Revolution in the Teaching of Writing", *College Composition and Communication*, 33:1 (1982), pp. 76–88. Disponible en: <http://cwpfairfield.org/wp-content/uploads/2009/06/hairston-and-winds-of-change.pdf>.

Viñao, A. "La enseñanza de la lectura y la escritura: Análisis sociohistórico", *Anales de documentación*, 5 (2002), pp. 345–359. Disponible en: <http://revistas.um.es/analesdoc/article/view/1891/1881>.

Ahora, responda a las preguntas:

1. ¿De qué trata el texto?
2. ¿Cuántos párrafos contiene el texto?
3. ¿En qué párrafo se dice que los estudiantes tienen dificultades para escribir? Identifique y subraye las oraciones de apoyo.
4. ¿En qué párrafo se presentan las soluciones para resolver este problema? Identifique y subraye las oraciones de apoyo.
5. ¿Qué recurso se emplea para darles autoridad a los argumentos del texto? Identifique y subraye el recurso en los párrafos donde se halle.
6. En el último párrafo de cierre o conclusión, subraye las oraciones de apoyo que nos recuerdan la idea central del tema de este texto.

ACTIVIDAD 2.13

¿Ya ha sufrido la angustia de la hoja en blanco? Escriba un párrafo de entre nueve y diez líneas, dándoles consejos a sus compañeros para perder el miedo de escribir un texto o ensayo.

Cuando termine, intercambie el párrafo con su pareja, léalo y hágale comentarios que ayuden a mejorar la redacción de la oración temática, las oraciones de apoyo y la oración de cierre o conclusión.[5]

Desarrollo de habilidades básicas de investigación

Artículos de divulgación científica

Al comenzar a redactar un ensayo sobre un tema escogido o asignado por el profesor, debemos pasar por la fase de planificación y organización del texto para que luego nos sea mucho más fácil buscar información que nos sirva para ampliar ideas y conceptos sobre el tema y apoyar los argumentos con los que queramos darle validez a lo que estamos expresando. Una de las fuentes de información más importantes y fidedignas con las que solemos contar son los artículos extraídos de periódicos y revistas científicas o de divulgación científica que hoy en día se encuentran fácilmente en versión digital en internet. Un ejemplo es la primera lectura sobre el escritor optimista (véase pp. 42–43), que proviene justamente de *Uciencia*, una revista de divulgación científica cuyo estilo ágil la hace mucho más accesible a un mayor número de lectores.

[5] Utilice la hoja de revisión del párrafo (véase apéndice 5, p. 233).

La búsqueda de información por internet, sin lugar a duda, es la opción más rápida a la que podemos recurrir. Sin embargo, actualmente la red acoge una enorme cantidad de información, datos, hechos, noticias y todo tipo de publicaciones que no pasan por ningún control de veracidad. Por eso es importante consultar los catálogos de las bibliotecas de las universidades, los cuales ofrecen una lista extensa de nombres de periódicos y revistas cuyos artículos suelen pasar por una rigurosa revisión por pares.

Otras opciones de búsqueda confiables son: Dialnet (https://dialnet.unirioja.es/), hemeroteca virtual que difunde la producción científica del mundo hispano en las áreas de ciencias humanas y sociales; Redalyc (www.redalyc.org/home.oa), otro portal parecido a Dialnet que distribuye periódicos y revistas científicas publicadas tanto en América Latina como en España; DOAJ (https://doaj.org/), directorio de periódicos y revistas de acceso libre (Directory of Open Access Journals), que acoge más de 9.000 periódicos de 126 países, incluyendo países de habla hispana.

También se puede recurrir a la prensa dedicada a la difusión de noticias nacionales e internacionales que puede ser diaria, semanal, quincenal o anual. En cada país circulan diarios y periódicos que gozan de mucho prestigio por la excelente calidad periodística con la que se escriben las noticias y artículos que se publican diariamente.

ACTIVIDAD 2.14

Vuelva al esquema que ha desarrollado sobre una de las disciplinas en la actividad 2.9 y haga una búsqueda de algún artículo de periódico o revista de divulgación científica que le sirva de apoyo para argumentar el tema escogido. Para ello se sugiere que siga los siguientes pasos:

1. Prepare una lista mínima de términos que le sirva para dar con algún artículo de periódico o revista de divulgación científica relacionada con el tema escogido.
2. Con la lista mínima de términos en mano, busque algún artículo relacionado en los catálogos de su universidad, en Dialnet, Redalyc o DOAJ, o en los motores de búsqueda de la prensa del mundo hispano.
3. Escoja los títulos de los artículos que más se relacionen con el tema, léalos y cerciórese de la veracidad de la información, contrastándolos con otros artículos o corroborando los datos o la información en alguna enciclopedia impresa o digital.
4. Una vez que haya encontrado el artículo que mejor se relacione con el tema escogido, comparta con un compañero el resultado de su búsqueda.

ACTIVIDAD 2.15

Una vez seleccionados el/los artículo/s que mejor se relacione/n con el tema, analice el esquema que ha desarrollado en la actividad 2.10 y busque las ideas que requieran apoyo de datos o información provenientes de los artículos y subráyelas. En la sección sobre la redacción del párrafo y el texto, veremos cómo integrar la información de los artículos dentro de la composición.

Inserción de citas y lista de referencias bibliográficas

Cuando leemos un artículo, ensayo o estudio solemos notar que el autor inserta citas dentro del texto para apoyar las ideas que sostiene o para dar autoridad y credibilidad a las opiniones o comentarios sobre el tema que está tratando. Al hacerlo, evita cometer plagio, es decir, copiar de manera deliberada o inconsciente las ideas de otros sin reconocer el nombre del autor original. En la actualidad, la mayoría de las bibliotecas universitarias ofrecen información pormenorizada sobre el plagio y organizan talleres con el fin de prevenir al cuerpo estudiantil contra la tentadora práctica de copiar las ideas de los demás. También se ha escrito una enorme cantidad de artículos sobre el tema que explican el fenómeno del plagio y cómo evitarlo.[6]

En esta sección, veremos cómo se presentan una *cita dentro del texto*[7] y una *cita directa*[8] en un artículo de revista, valiéndonos de las normas y convenciones propuestas por la MLA, cuya imprescindible guía de estilo en su octava edición apareció en 2016. Esta guía la puede consultar en versión impresa en la biblioteca de su universidad o en versión digital en https://style.mla.org/.

ACTIVIDAD 2.16

Observe los dos siguientes fragmentos extraídos de la lectura sobre la dificultad de escribir una tesis (véase pp. 48–49) que aparecen a continuación y subraye los elementos que a su juicio indican la presencia de una *cita directa* o *dentro del texto*. Luego, compare el resultado con el de su compañero y expliquen la diferencia entre los dos tipos de cita y qué signos de puntuación se emplean para diferenciarlos.

A pesar de estos fallos, la metodología de la enseñanza de la escritura ha ido evolucionando con el tiempo. Por eso, a quienes les tocó aprender a escribir en las últimas décadas del siglo XX recordarán que el proceso de escritura parecía ser la clave del éxito del estudiante universitario que planificaba y organizaba el texto, preparaba borradores que más tarde revisaría y editaría siguiendo las convenciones de uso de la lengua para finalmente obtener la versión final del texto (Hairston 85).	Esta asesoría Arnoaux la percibe como "una intervención didáctica que acompaña el proceso de adquisición de nuevas habilidades en respuesta a las demandas cognitivas y discursivas del posgrado, para lo cual las prácticas de escritura reguladas constituyen un andamiaje fundamental" (4).

En la preparación de la lista de obras citadas al final de un ensayo, la guía *MLA* sugiere que cuando se cite una revista o publicación periódica se incluya la siguiente información básica:

Nombre del autor ↘ Título del artículo entre comillas ↓ Título de la revista en cursivas ↘

Viñao, Antonio. "La enseñanza de la lectura y la escritura: Análisis sociohistórico." *Anales de documentación* 5 (2002): 345-59.

↗ Volumen y año ↖ Páginas

[6] Si desea saber más sobre el plagio, se recomienda la lectura del artículo de Armando Soto Rodríguez, "El plagio y su impacto a nivel académico y profesional", *E-Ciencias de la información*, 2:1 (2012), artículo 2. Disponible en: <http://eprints.rclis.org/19890/1/2-1-2.pdf>.

[7] En la actividad 4.16 (véase pp. 126–127) se pone en práctica la inserción de citas dentro del texto, empleando la técnica de parafraseo.

[8] En la actividad 5.14 (véase p. 160) se pone en práctica la inserción de citas directas dentro del texto.

Como este artículo proviene de un sitio en la web, se añade la siguiente información después del número de páginas:

Nombre del sitio en la web en cursivas ↘ — Fecha ↓ — Enlace ↙

Revistas científicas de la Universidad de Murcia. Web. 23 junio 2017. <http://revistas.um.es/analesdoc/article/view/1891/1881>.

ACTIVIDAD 2.17

Observe la siguiente información bibliográfica de un artículo sobre la dificultad de redactar una tesis de maestría y prepare en hoja aparte y mediante un procesador de textos tipo Word la referencia completa, siguiendo el modelo anterior. Luego, intercambie la cita con la de su compañero y comparen el resultado.

> Paula Carlino
> ¿Por qué no se completan las tesis en los posgrados? Obstáculos percibidos por maestrandos en curso y magistri exitosos
> Educere, vol. 9, núm. 30, julio–septiembre, 2005, pp. 415–420
> Universidad de los Andes
> Mérida, Venezuela

Principios básicos de redacción de textos

Desarrollo de la habilidad escrita

El borrador y la redacción del párrafo y del texto

En las primeras etapas del proceso de redacción hemos visto cómo se pueden generar ideas mediante la técnica de torbellino de ideas y cómo se pueden expandir esas ideas en frases y oraciones que ordenamos según la importancia que creemos que tienen dentro del párrafo o apartado. Este orden de oraciones, como veremos, está sujeto a cambios o alteraciones, pues parte de este proceso consiste precisamente en avanzar en la redacción de un texto, pero también en volver hacia atrás y revisar si el conjunto de ideas organizadas en oraciones de apoyo responde tanto a la oración temática como a la oración de cierre o conclusión, según la estructura del párrafo vista en la sección anterior. En esta etapa, que llamaremos *el borrador*, comenzaremos a trabajar con más detalle en la redacción del párrafo, atendiendo al contenido y al estilo, con más énfasis en la claridad y formulación de ideas y conceptos.

El contenido de cada párrafo, como hemos visto anteriormente, se forma mediante la expansión de ideas, pero, por lo general, necesitamos más información que nos ayude a formar conceptos amplios y claros sobre lo que queremos expresar. Para ello, nos valdremos de datos obtenidos de libros, artículos o revistas que traten sobre el tema y que sean susceptibles de completar las oraciones que conformen el párrafo. Al incluir estos datos, debemos asegurarnos de dar el crédito al autor del material que utilicemos (véase la sección anterior). Ahora empezaremos a trabajar en el borrador, utilizando uno de los párrafos desarrollados en el esquema sobre el tema de las ventajas de aprender una lengua extranjera, en la sección anterior sobre el desarrollo de ideas.

Redacción del párrafo

En el momento en que nos ponemos a escribir un texto, podemos comenzar escogiendo el párrafo con cuya temática nos sintamos más a gusto o sobre el que más información tengamos. Por lo general, comenzamos con los párrafos de desarrollo. Por ejemplo, tomemos del esquema el conjunto de ideas que explica de qué manera aprender lenguas nos ayuda a mantener una buena salud mental.

5. El aprendizaje de una segunda lengua les ayuda a mantener el cerebro en buen estado de salud.
   - 5.1. El bilingüismo tiene efectos positivos en las funciones cerebrales de los hablantes.
   - 5.2. Los beneficios no sólo se manifiestan entre jóvenes sino también entre personas mayores.
   - 5.3. Reducen la posibilidad de padecer enfermedades mentales como el alzhéimer o la demencia.

La numeración en la que aparece este conjunto de ideas ya nos muestra cierta organización de conceptos, de los cuales el número 5 se refiere a la OT y el resto de los números (5.1, 5.2, 5.3) a las OA. Pero, como no somos expertos que podamos asegurar que la salud del cerebro se mantiene por el simple hecho de hablar idiomas, debemos demostrar con pruebas o evidencias científicas que lo que decimos es cierto. Necesitamos entonces información fidedigna que nos ayude a apoyar nuestros argumentos para luego integrarla ordenadamente en el párrafo y así facilitar el trabajo de lectura al destinatario.

Al realizar una búsqueda exhaustiva sobre los beneficios que tiene el hecho de hablar idiomas, damos con un artículo de carácter científico publicado en los anales de la Asociación Americana de Neurología que presenta los resultados de un estudio efectuado por un grupo de investigadores estadounidenses sobre los efectos positivos del bilingüismo en las funciones cognitivas del cerebro.

Aunque el artículo está dirigido a médicos especializados en neurología, contiene datos valiosos que pueden ayudarnos a proseguir la redacción del párrafo con un conjunto de ideas mucho más elaborado, pero sobre todo con nuevos conocimientos respaldados por una autoridad científica. En este proceso de redacción tendremos que traducir la información no sólo del inglés al español sino también del lenguaje científico al lenguaje divulgativo para hacerla accesible al lector convencional sin que por ello se pierda claridad en el contenido.

Veamos entonces cómo podemos mejorar el contenido de la OT: *El aprendizaje de una segunda lengua les ayuda a mantener el cerebro en buen estado de salud.*

En primer lugar, si desde un principio queremos establecer la autoridad del párrafo, podemos empezar la OT diciendo:

Un estudio británico publicado en 2014 . . .

Enseguida vendrá la oración temática que, dependiendo de la importancia, podemos redactar comenzando por el tema seguido de la idea principal o, viceversa, por la idea principal seguida del tema:

> reveló que las personas que pueden hablar más de una lengua suelen conservar el cerebro en buen estado de salud.

o

> concluyó que el cerebro de quienes aprenden a hablar más de una lengua se suele conservar en mejor estado de salud que el de una persona monolingüe.

Si nos parece que lo que más nos interesa resaltar son las personas bilingües, la OT quedaría así:

> Un estudio británico publicado en 2014 demostró que *las personas que pueden hablar más de una lengua* suelen conservar el cerebro en buen estado de salud.

Pasemos ahora a redactar el resto del párrafo, ordenando las OA según un cierto orden cronológico. En el esquema las tenemos ordenadas de la siguiente manera:

- El bilingüismo tiene efectos positivos en las funciones cerebrales de los hablantes.
- Los beneficios no sólo se manifiestan entre jóvenes sino también entre personas mayores.
- Reducen la posibilidad de padecer enfermedades mentales como el alzhéimer o la demencia.

Pero antes de expandir la información de estas OA, podemos hacer la lectura más interesante hablando más sobre el origen de la fuente del artículo con más datos sobre la procedencia de los autores y la publicación.

> Los autores del estudio que apareció en la revista estadounidense *Annals of Neurology*, pertenecen al prestigioso Centro de Envejecimiento Cognitivo y Epidemiología Cognitiva de la Universidad de Edimburgo.[9]

A la primera oración de apoyo (*El bilingüismo tiene efectos positivos en las funciones cerebrales de los hablantes*) podemos añadir información adicional sobre los efectos saludables de hablar idiomas.

> El bilingüismo tiene efectos positivos en las funciones cerebrales, *entre otros, la reducción del desgaste cognitivo del cerebro provocado por el paso del tiempo.*

En la segunda oración de apoyo (*Los beneficios no sólo se manifiestan entre jóvenes sino también entre personas mayores*) podemos incluir información de cómo se obtuvo este resultado o volver a redactar la oración con datos extraídos del artículo.

[9] Este modelo, en el cual podemos apreciar cómo se conectan las oraciones entre sí, nos permite abrir un paréntesis para mencionar que este tipo de conexión de oraciones y otros recursos lingüísticos y estilísticos los estudiaremos con más detalle en las secciones Criterios de textualidad, Estructuras gramaticales y Técnicas de combinación de oraciones en este mismo capítulo.

> Los beneficios de ser bilingüe no sólo se manifiestan entre niños y jóvenes sino también entre personas mayores, *según lo indican los resultados del estudio, en el que participaron más de 800 personas en dos períodos: el primero en 1947 a la edad de 11 años y el segundo entre 2008 y 2010* a los 70 años.

Con la tercera y última oración de apoyo (*Reducen la posibilidad de contraer enfermedades mentales como el alzhéimer o la demencia*) se le agrega un efecto positivo más al bilingüismo. Si nos parece que el párrafo se está haciendo muy largo, también podemos transformarla en oración de cierre o conclusión mediante el conector conclusivo *en definitiva.*

> *En definitiva, el aprendizaje de idiomas a cualquier edad ayuda a conservar al día nuestras habilidades cognitivas y* a reducir la posibilidad de padecer enfermedades mentales como el alzhéimer o la demencia.

Una vez redactadas las cuatro oraciones de apoyo, podemos conectarlas junto con la oración temática y obtener así el párrafo completo.

> Un estudio británico publicado en 2014 demostró que *las personas que pueden hablar más de una lengua* suelen conservar el cerebro en buen estado de salud. Los autores del estudio, que apareció en la revista estadounidense *Annals of Neurology*, pertenecen al prestigioso Centro de Envejecimiento Cognitivo y Epidemiología Cognitiva de la Universidad de Edimburgo. El bilingüismo tiene efectos positivos en las funciones cerebrales, *entre otros, la reducción del desgaste cognitivo del cerebro provocado por el paso del tiempo.* Los beneficios de ser bilingüe no sólo se manifiestan entre niños y jóvenes sino también entre personas mayores, *según lo indican los resultados del estudio, en el que participaron más de 800 personas en dos períodos: el primero en 1947 a la edad de 11 años y el segundo entre 2008 y 2010* a los 70 años (Bak 959).[10] En definitiva, el aprendizaje de idiomas a cualquier edad ayuda a conservar al día nuestras habilidades cognitivas y a reducir la posibilidad de contraer enfermedades mentales como el alzhéimer o la demencia.

Nótese que las oraciones del párrafo se conectan entre sí mediante procedimientos de cohesión, que son recursos lingüísticos empleados para unir una oración con otra. Entre estos procedimientos tenemos el uso de signos de puntuación (véase apéndice 2, pp. 219–223), conectores textuales (véase apéndice 4, pp. 231–232) y los mecanismos de textualidad (uso de pronombres, elipsis, sinónimos, etc.),[11] que iremos viendo con más detalle en cada capítulo.

En el párrafo anterior, por ejemplo, se han empleado como procedimientos de cohesión los signos de puntuación, sobre todo comas, varios puntos y seguido, un signo de dos puntos, un par de paréntesis y un punto final. Como este párrafo tiene rasgos descriptivos, requiere muy pocos conectores textuales que guíen al lector a través del texto. Sólo al final utilizamos el conector *en definitiva* que, además de anunciar el final del párrafo, resume su contenido. En cuanto a los mecanismos de

[10] T. H. Bak, J. J. Nissan, M. M. Allerhand and I. J. Deary, "Does Bilingualism Influence Cognitive Aging?", *Annals of Neurology*, 75(2014), pp. 959–963.

[11] Consulte la sección Criterios de textualidad de cada capítulo.

textualidad, en este apartado se recurre a un pronombre neutro, un pronombre demostrativo, un par de pronombres relativos, uno simple y otro compuesto, y sinónimos de las palabras niños y personas mayores (véase las palabras resaltadas de color gris en el párrafo anterior).

Ahora sólo queda revisar de nuevo el contenido, tomando en cuenta los siguientes criterios:

- que las oraciones que componen el párrafo tengan cohesión y coherencia, es decir que guarden un significado común.
- que no falte ni sobre información que impida la comprensión general del párrafo.
- que, dependiendo de la función del párrafo, tenga una longitud razonable.
- que el contenido del párrafo se pueda integrar fácilmente al resto del texto.

ACTIVIDAD 2.18

Vuelva a las actividades 2.9 y 2.10 y con la información que haya obtenido, redacte el borrador siguiendo los pasos que hemos dado para escribir el párrafo anterior. Cuando haya terminado, en parejas intercambien el borrador y revísenlo siguiendo los criterios anteriores.

Redacción del texto

Tras haber trabajado en la estructura interna de un párrafo de desarrollo, ahora explicaremos el modo en que podemos construir el texto entero a partir del conjunto de párrafos que lo componen. Como hemos visto, la estructura del texto es similar a la del párrafo, es decir, comienza con un párrafo de *introducción*, le siguen varios párrafos *de desarrollo* que, a su vez, pueden funcionar como párrafos *de transición*, y termina con un párrafo *de cierre o conclusión*. En esta sección nos concentraremos sobre todo en la redacción de los dos párrafos más importantes, aquellos que nos indican el inicio y el final del texto, esto es, el párrafo *introductorio* y el *de cierre* o *conclusión*.

En efecto, tanto el párrafo de introducción como el de cierre son de vital importancia, pues de ellos depende el éxito de cautivar toda la atención del lector que, interesado desde el principio, continuará leyendo hasta llegar al final del texto, en el que verá resumidos los aspectos más importantes contenidos en cada párrafo. Esto nos lleva a recordar que un párrafo bien redactado deberá tener coherencia temática no sólo interna (como hemos visto en el segmento anterior) sino también externa, es decir que debe ser coherente con todo el tema expuesto en el texto.

En primer lugar, se sugiere que, al comenzar a elaborar un texto, el párrafo de introducción se deje hasta el final, pues, para entonces, ya tendremos una idea más clara del contenido de cada uno de los párrafos que componen el escrito, lo que nos facilitará la tarea de explicar en unas cuantas líneas el asunto que abordaremos. Cuando llegue el momento de redactar este primer párrafo, trataremos de detallar de manera clara y concisa, pero sobre todo atractiva, los puntos que se cubrirán a lo largo del texto. Como veremos en cada uno de los capítulos de este libro, existen diferentes maneras de redactar un párrafo introductorio. En este segundo capítulo trabajaremos con uno de los apartados más comunes en el que de manera general se expone un hecho o acontecimiento que se irá enfocando gradualmente en algo mucho más específico, concretamente la idea general del texto.[12]

Que el siguiente párrafo de introducción sobre el aprendizaje de lenguas sirva de modelo para ilustrar este primer tipo de párrafo.

> En la actualidad, todo el mundo sabe que hablar más de una lengua nos puede traer muchos beneficios. Podemos viajar por todo el mundo e interactuar con gente que no habla nuestro idioma, leer libros o revistas extranjeras en su lengua original o encontrarnos un empleo bien remunerado en una de las grandes capitales del mundo. Sin embargo, lo que nos puede resultar mucho más interesante es saber que las personas bilingües, trilingües o políglotas, según sugiere un estudio, suelen mantener el cerebro en excelente estado de salud.

ACTIVIDAD 2.19

Lea el siguiente grupo de oraciones y ordénelas partiendo de lo general a lo específico hasta formar un párrafo introductorio.

1. Sin embargo, para lograr entender el alcance de la escritura, debemos concebirla como una labor multidisciplinaria en la que confluyen variadas teorías con propósitos diferentes.
2. El aprendizaje de esta habilidad requiere de una serie de acciones relacionadas con un programa de estudios y con una formación intensa y continua.
3. La escritura es una tarea difícil pero necesaria para el desarrollo académico de un estudiante.
4. Las gramáticas, diccionarios y manuales de redacción son herramientas indispensables para transmitir conceptos teóricos sobre las destrezas lectora y escrita.

ACTIVIDAD 2.20

Lea las siguientes tres oraciones temáticas y escoja una de ellas a la que le añadirá tres oraciones de apoyo, partiendo de lo general a lo específico hasta formar un párrafo introductorio.

1. La lengua española siempre ha gozado de cierta popularidad entre todas las lenguas occidentales; sin embargo, en este nuevo milenio, esa popularidad ha logrado consolidarse alrededor del mundo.
2. El uso amplio o reducido de palabras que empleamos al hablar o escribir se debe a las condiciones económicas y socioculturales en las que hemos sido educados.
3. El acuciante deterioro de las normas éticas entre los medios de comunicación hace necesario el papel del *ombudsman* o defensor del lector como garante de la calidad y transparencia periodística.

ACTIVIDAD 2.21

Vuelva a leer el esquema sobre la disciplina que haya escogido en la actividad 2.9 y, siguiendo el modelo anterior, redacte el párrafo de introducción con la tesis general del texto.

En cuanto al párrafo de cierre o conclusión, también es de vital importancia pues, además de sintetizar los aspectos abordados, servirá como recordatorio del tema

[12] A partir del capítulo 3 aprenderemos a escribir la tesis de textos tanto expositivos como argumentativos.

central del texto. También se le puede añadir algún otro comentario o pregunta retórica que, de algún modo, haga reflexionar al lector sobre lo que acaba de leer. Al momento de redactar este párrafo de cierre, podemos repetir con otras palabras el propósito del texto enunciado en el párrafo de introducción, añadiéndole comentarios que ayuden a resaltar el objetivo fijado en el desarrollo de este escrito.

Observe el siguiente modelo de un párrafo de cierre o conclusión.

En resumen, las personas bilingües, trilingües o políglotas tienen frente a ellas un amplísimo horizonte de posibilidades que se pierde quien sólo habla su lengua nativa, pues se priva del placer de conocer a hablantes y culturas de otros países, de la oportunidad de trabajar en el extranjero, pero sobre todo de mantener en forma las funciones cognitivas de su cerebro. En definitiva, hablar un idioma de más no le hace daño a nadie.

ACTIVIDAD 2.22

Lea el siguiente grupo de oraciones y ordénelas hasta formar un párrafo de cierre.

1. La misión del docente será controlar el proceso de elaboración de textos de sus aprendices y supervisar los pasos que siguen para llevarlo a cabo.
2. El uso de la gramática como herramienta lingüística es necesario pero no indispensable para el dominio de la escritura.
3. En conclusión, la enseñanza de la escritura mediante el proceso de escritura parece dar buenos resultados entre los aprendices, quienes aprenden a redactar textos de manera recurrente y reflexiva.
4. Esto significa que, si los estudiantes notan que necesitan volver a escribir uno o dos párrafos, lo harán teniendo en cuenta las estrategias utilizadas en las fases de planificación, redacción y corrección del escrito.

ACTIVIDAD 2.23

Lea las siguientes tres oraciones temáticas y escoja una de ellas, a la que le añadirá tres oraciones de apoyo partiendo de lo general a lo específico hasta formar un párrafo de conclusión.

1. En suma, es indudable que la lengua española ha logrado alcanzar una enorme popularidad a nivel mundial.
2. En conclusión, las condiciones económicas y socioculturales en las que nos han educado reflejan la cantidad de vocabulario que utilizamos al hablar o escribir.
3. En definitiva, como hemos visto, si queremos mantener la calidad y transparencia de nuestros periódicos y revistas es indispensable que el *ombudsman* o defensor del lector se mantenga vigilante a cualquier transgresión de las normas éticas cometida por los medios de comunicación.

ACTIVIDAD 2.24

Vuelva a leer el esquema sobre la disciplina que haya escogido en la actividad 2.9 y, siguiendo el modelo anterior, redacte el párrafo de cierre o conclusión que resuma el contenido y haga resaltar el tema central del texto.

Consejo práctico:	Conectores adversativos		Conectores consecutivos	
Cuando escribimos un texto, nos valemos de conectores que ayudan al lector a entender la relación que existe entre dos elementos o más de una oración. En cada capítulo iremos viendo diferentes tipos de conectores que solemos emplear en textos expositivos.	aunque a pesar de (que) en cambio en tanto que mientras que pero pese a (que) sino (que)	Ahora bien, Aun así, A pesar de eso/todo Sin embargo, En cambio, No obstante, Por el contrario,	así que con lo que de ahí que de forma / manera / modo (que) por lo que pues	Así pues, A consecuencia de, En consecuencia, Por consiguiente, Por ende, Por eso, Por esa causa / razón, Por tal motivo,

ACTIVIDAD 2.25

Con el fin de ver cómo funcionan estos conectores dentro de un texto, le proponemos que, a partir de esta lista de conectores adversativos y consecutivos, localice aquellos que aparecen en el texto sobre la dificultad de escribir bien en los programas de posgrado (véase pp. 48–49).

Criterios de textualidad

Cohesión: *deícticos*

Los elementos esenciales de la textualidad son la *cohesión* y la *coherencia*.

La *cohesión* es la propiedad por la cual un texto se hace comprensible para el lector, gracias a la relación de componentes gramaticales y léxicos unidos entre sí mediante mecanismos lingüísticos y discursivos que permiten mantener la continuidad desde el principio hasta el final del texto.

La *coherencia* es la propiedad pragmática que, gracias a los elementos de cohesión, permite que un lector pueda interpretar un texto mediante el conocimiento del mundo tanto real como imaginario que éste posea.

Esto significa que, dependiendo del contexto en el que se sitúe el acto comunicativo, el lector será capaz de discernir entre una situación real o imaginaria. Por ejemplo, supongamos que una revista de ciencia decide publicar un artículo sobre la existencia de seres humanos alados sin pruebas científicas que lo confirmen, diremos entonces que el texto tiene problemas de coherencia; no los tendrá, si el texto en vez de ser un artículo es una historieta de ciencia ficción con todo tipo de héroes capaces de volar.

Luego, la diferencia entre *cohesión* y *coherencia* estriba en que la primera se percibe de golpe en la superficie del texto, mientras que la *coherencia*, por sus propiedades pragmáticas, obliga al lector a descubrirla dentro del texto mediante la interpretación del contexto.

Para entender mejor estas dos propiedades textuales, trabajaremos a partir de una pequeña reseña de una película basada en la vida del revolucionario argentino Ernesto Che Guevara.

En primer lugar, veremos que al redactar, por ejemplo, la reseña de una película, conviene asegurarnos de que todos los componentes gramaticales y léxicos se interconecten entre sí, evitando la repetición constante de palabras que hagan el texto tedioso para el lector.

ACTIVIDAD 2.26

Lea con detenimiento el inicio de los siguientes dos textos e indique cuál de los dos le parece más adecuado.

□	Ernesto Guevara nació en la ciudad de Rosario, Argentina en 1928. Ernesto Guevara era más conocido como *Che* Guevara. Ernesto Guevara fue un comprometido médico activista. Ernesto Guevara fue también escritor. La convicción de Ernesto Guevara llevó al Che Guevara a participar en la revolución cubana en 1956. Después de trabajar unos años en Cuba, Ernesto Guevara decidió levantar guerrillas en el Congo y Bolivia. Ernesto Guevara murió ejecutado en Bolivia en 1969.
□	Ernesto Guevara, más conocido como *Che* Guevara, nació en la ciudad de Rosario, Argentina en 1928. Fue un comprometido médico activista y escritor cuya convicción lo llevó a participar en la revolución cubana en 1956. Después de trabajar unos años en Cuba, decidió levantar guerrillas en el Congo y en Bolivia, donde murió ejecutado en 1969.

Si ha escogido el segundo, significa que ha notado que las frases y oraciones que lo conforman se interconectan adecuadamente entre sí mediante los recursos que le dan, precisamente, cohesión al texto. Vuelva a comparar los dos breves textos y diga cómo se han logrado evitar las repeticiones y dé un ejemplo.

____

____

En el siguiente análisis, aprenderemos a distinguir los recursos de los que Javier Sánchez se vale para darle cohesión al texto sobre los escritores optimistas. En primer lugar, lea los dos siguientes fragmentos del texto, sin hacer caso a los corchetes que encierran algunas palabras. Luego, resuelva los siguientes ejercicios.

Es de sobra conocido que el optimismo ayuda a ser feliz en la vida cotidiana. Ser optimistas va ligado a ser felices, [lo que] trae repercusiones positivas tanto a nivel mental, como físico, o incluso laboral. [Lo que] no se había comprobado hasta la fecha es que también puede ser decisivo a la hora de escribir en una lengua extranjera. Así [lo] demuestra una investigación realizada a un grupo de 200 estudiantes voluntarios de la licenciatura de Filología Inglesa y del grado de Estudios Ingleses, [quienes] han formado parte de un estudio sobre escritura académica en inglés. [Sus] textos en lengua inglesa se contrastaron con opiniones personales sobre el género académico a través de entrevistas personales, arrojando unos datos [que] confirman que una actitud positiva ante la vida académica en general, y ante la escritura en particular, ayuda a mejorar notablemente la nota final en un examen.
El trabajo demuestra que los alumnos [que] están contentos con [lo que] estudian, [los que] valoran positivamente la escritura como forma de expresión y [los que] se muestran optimistas ante la búsqueda de un futuro empleo, escriben mejor en inglés que sus compañeros más pesimistas. De los alumnos [que] sacan mejores notas en expresión escrita, alrededor del 70 por ciento de [ellos] muestran actitudes positivas frente al inglés, la universidad o [sus] propias habilidades académicas.

Ahora que los ha terminado de leer, averigüe el significado de los corchetes que encierran algunas palabras. Estos signos indican que hay un recurso de cohesión.

Referencias y referentes

Las palabras que aparecen entre corchetes, que llamaremos *referencias*, también conocidos como deícticos, son un sustituto de otras palabras que aparecen como antecedentes en el texto, y que llamaremos *referentes*.

ACTIVIDAD 2.27

Siguiendo el modelo que aparece a continuación, establezca la relación entre las referencias y los referentes que aparecen en el texto.

Referente	Referencia
Ser optimista ...	[*lo que*]
	[ ]
	[ ]
	[ ]
	[ ]
	[ ]
	[ ]
	[ ]
	[ ]
	[ ]
	[ ]
	[ ]

Como se habrá dado cuenta, casi todas las referencias son determinantes y pronombres personales[13] que permiten reemplazar una palabra (sobre todo nombres o grupos nominales concretos o abstractos[14]) por otra palabra y evitar así reiteraciones que podrían confundir al lector.

ACTIVIDAD 2.28

Busque dentro del texto de Javier Sánchez (véase p. 61) los sinónimos de las siguientes palabras.

contentos	
estudio	
compañeros	

[13] Determinantes y pronombres personales aparecen en el tema sobre *El sujeto* en la página web del libro.
[14] El nombre aparece en el tema sobre *El sujeto* en la página web del libro.

Otro mecanismo de cohesión empleado en la redacción de un texto consiste en incluir marcas de referencia generadas a partir del tema sobre el que se esté escribiendo. Estas marcas servirán para enlazar la presentación global del contenido entre todos los párrafos, con el fin de hacerle la lectura mucho más cómoda al lector. En otras palabras, la inserción de estas marcas hará que el lector recuerde continuamente el tema central del texto o de otros párrafos, repitiéndolo con palabras o frases similares en el conjunto de todos los párrafos.

ACTIVIDAD 2.29

En pares, localicen las palabras y frases en letras cursivas que aparecen en el texto sobre la dificultad de escribir bien en los programas de posgrado que aparece en las páginas 48–49. Una vez que las hayan localizado, busquen las marcas de referencia que se emplean para resaltar la conexión semántica que guardan los párrafos entre sí.

Estructuras gramaticales

La oración simple: el predicado

En esta sección aprenderemos a identificar la estructura de las oraciones impersonales. Saber identificarlas no sólo nos servirá para entender el funcionamiento interno de la oración, sino también para aprender a expresar nuestras ideas de manera clara y sistemática.[15]

Oraciones impersonales

En lengua española se suelen utilizar oraciones sin sujeto llamadas *oraciones impersonales*. Esto se debe a que están construidas con verbos unipersonales, es decir, que se conjugan únicamente en tercera persona del singular. La mayoría de estos verbos expresan fenómenos meteorológicos: *llover, nevar, tronar, relampaguear, granizar, amanecer*, etcétera.[16] Ejemplos:

Ø Llovió en Cuernavaca toda la noche. verbo unipersonal: llover	El verbo *llover* **sólo** se conjuga en la 3ª persona del singular.

Ø *Amanece a las seis de la mañana.* verbo unipersonal: amanecer	El verbo *amanecer* **sólo** se conjuga en la 3ª persona del singular.

Los verbos impersonales *llover, granizar* o *nevar* suelen venir acompañados de adverbios de cantidad, lugar o tiempo. Se considera un error indicar la cantidad de lluvia o nieve con estos verbos (~~*llovieron 5 cm de lluvia*~~.). En cambio, se suele utilizar el verbo *caer*. Ejemplos:

[15] Explicaciones y ampliaciones detalladas sobre este tema gramatical están disponibles en la página web del libro.

[16] El verbo *soplar*, entre cuyos significados se halla el que se refiere al viento que corre, se considera un verbo personal, por lo que se concuerda con el sujeto *viento* (e.g. el viento sopló muy fuerte).

Llueve muchísimo en Vancouver. *verbo impersonal: llover*	*Cayeron 5 cm de lluvia, granizo o nieve.* *verbo personal: caer*

Existen también oraciones impersonales formadas con los verbos *haber* y *hacer*[17] en tercera persona del singular, que carecen de sujeto expreso ni lo tienen sobreentendido.[18]

El verbo *haber* se utiliza como impersonal cuando se refiere a fenómenos naturales o a la existencia de algo o alguien. Ejemplos:

Ø *Hay* viento. *verbo impersonal: haber*	El verbo *haber* en forma impersonal **sólo** se conjuga en la 3ª persona del singular.

Ø *Había* pocos estudiantes en clase. *verbo impersonal: haber*	El verbo *haber* en forma impersonal **sólo** se conjuga en la 3ª persona del singular.

El verbo *hacer*, a su vez, se utiliza como impersonal para expresar fenómenos naturales o períodos de tiempo. Se forma con nombres o adjetivos que suelen venir acompañados de actualizadores, modificadores o enunciados. Ejemplos:

Ø *Hace* un viento espantoso. *verbo impersonal: hacer*	El verbo *hacer* en forma impersonal **sólo** se conjuga en la 3ª persona del singular.

Hoy Ø *hace* muy bueno. *verbo impersonal: hacer*	El verbo *hacer* en forma impersonal **sólo** se conjuga en la 3ª persona del singular.

Ø *Hace* 30 años que vivo aquí. *verbo impersonal: hacer*	El verbo *hacer* en forma impersonal **sólo** se conjuga en la 3ª persona del singular.

atención	
	Aunque los hispanohablantes de ciertas regiones, tanto de Europa como de América, suelen hacer concordar el verbo *haber* con el complemento directo, recomendamos que utilice la forma del singular.

Ø *Había* (~~*habían*~~) muchos turistas en Praga. CD	El verbo *haber* en forma impersonal **sólo** se conjuga en la 3ª persona del singular.

[17] Existen otros verbos, como *bastar, sobrar, parecer*, que presentan características muy similares.

[18] La conjugación de estos verbos en tercera persona del singular contrasta con otras lenguas, como el inglés, el francés o el alemán, en los que se requiere el uso del pronombre personal (*il pleut, it rains, es regnet*).

También los verbos copulativos *ser* y *estar* sirven como impersonales para referirse a fenómenos naturales o intervalos de tiempo. Estos se forman con adjetivos, complementos preposicionales o adverbios de tiempo. Ejemplos:

Hoy Ø *está* muy soleado. *verbo impersonal: estar*	El verbo *estar* en forma impersonal **sólo** se conjuga en la 3ª persona del singular.

Aún Ø *era* de día cuando salimos. *verbo impersonal: ser*	El verbo *ser* en forma impersonal **sólo** se conjuga en la 3ª persona del singular.

Ya Ø *era* demasiado tarde para llamarlo. *verbo impersonal: ser*	El verbo *ser* en forma impersonal **sólo** se conjuga en la 3ª persona del singular.

En la escritura, se recurre con frecuencia a las llamadas *oraciones impersonales reflejas* que carecen de sujeto y se construyen con la partícula *se* en tercera persona del singular. El pronombre *se* no tiene otra función que acompañar al verbo y ocultar al agente humano. Estas oraciones se pueden construir con verbos copulativos, transitivos e intransitivos.[19] Ejemplos:

Se es joven sólo una vez en la vida. *verbo copulativo: ser*	El verbo *ser* se conjuga en la 3ª persona del singular como oración impersonal refleja.

Se invita a todos los padres de familia. *verbo transitivo: invitar*	El verbo *invitar* se conjuga en la 3ª persona del singular como oración impersonal refleja.

Aquí *se come* muy bien. *verbo intransitivo: comer*	El verbo *comer* se conjuga en la 3ª persona del singular como oración impersonal refleja.

Como recurso estilístico, se suele emplear esta forma impersonal con verbos como *decir, necesitar, poder, deber, soler,* para encubrir el sujeto y facilitar la generalización de ideas y conceptos.[20] Ejemplos:

No *se debe* politizar este asunto. *verbo transitivo: deber*	El verbo *deber* se conjuga en la 3ª persona del singular como oración impersonal refleja.

¿Cómo *se puede* atraer al público? *verbo transitivo: poder*	El verbo *poder* se conjuga en la 3ª persona del singular como oración impersonal refleja.

[19] Este tipo de verbos aparece en el tema sobre *Tipos de oraciones básicas* en la página web del libro.

[20] Con esta forma se puede reemplazar otra estructura impersonal formada con el verbo ser: *es posible hacer = se puede hacer,* que suele utilizarse con más frecuencia.

Debemos tener cuidado de no confundir las *oraciones impersonales* con las *oraciones pasivas reflejas* por la presencia de la partícula *se*. En este último tipo de oraciones el sujeto no se omite. La función de sujeto la desempeña un nombre que suele ser un objeto inanimado que concuerda con el verbo. Ejemplos:

El Premio *se reparte* entre los participantes. *verbo transitivo: repartir*	El verbo *repartir* concuerda con el sujeto *El premio* en 3ª persona del singular. **Nota**: Las pasivas reflejas se consideran como oraciones pasivas **sin** complemento agente (e.g. *El premio es repartido ~~por los jueces~~ entre los participantes*).

Sus novelas *se venden* como pan caliente. *verbo transitivo: vender*	El verbo *vender* concuerda con el sujeto *Sus novelas* en 3ª persona del plural. **Nota**: Las pasivas reflejas se consideran como oraciones pasivas **sin** complemento agente[21] (e.g. *Sus novelas son vendidas ~~por los libreros~~ como pan caliente*).

EJERCICIO 2.1

A. Revise estas oraciones e indique con esta marca (✓) si están correctas; si no, corrija los errores. Atención, algunas oraciones pueden resultar engañosas.

1. Anoche sopló vientos del norte y luego llovieron 5 centímetros de lluvia.
   Anoche soplaron vientos del norte y luego llovió muchísimo.
2. Hacen dos décadas habían pocos procesadores de datos en el mercado.
   ____
3. El otro día amanecí con un terrible dolor de cabeza.
   ____
4. Habíamos muchos técnicos en el laboratorio.
   ____
5. El cielo tronaba y llovía todos los días.
   ____

B. Lea y determine qué verbos del recuadro se relacionan mejor con cada oración. Luego, conjúguelo con *se*.

entender – necesitar – ~~asegurar~~ – considerar – hablar

1. *Se asegura* que la evaluación es una herramienta indispensable para mejorar la calidad de la enseñanza.
2. ¿Qué ______________ por calidad de la enseñanza?
3. ______________ la calidad de la enseñanza como una vía hacia la auto superación personal.
4. Por desgracia, ______________ más de un aumento de educación en cantidad que en calidad.
5. Por eso ______________ tomar medidas para mejorar la calidad de la enseñanza.

[21] El complemento agente se desarrolla en la tema de *La oración simple: el predicado* en la página web del libro.

EJERCICIO 2.2

Lea las siguientes frases, póngalas a cada una en orden lógico y reemplace el verbo en infinitivo por la oración impersonal o pasiva refleja que mejor complete la oración.

1. en marcha / el programa de enseñanza de lenguas / poner /el año pasado
   El programa de enseñanza de lenguas se puso en marcha el año pasado.
2. el test de lengua / una pequeña parte del proceso de evaluación / considerar
   ____
3. evaluar / de los aprendices / junto al test / la competencia lingüística
   ____
4. corregir / y devolver / más tarde / a los estudiantes / los resultados.
   ____
5. con este test / mejorar la calidad de la enseñanza / buscar
   ____

Técnicas de combinación de oraciones

Segmentación de oraciones

Para reforzar aún más nuestros conocimientos sobre cada una de las partículas gramaticales y su funcionamiento dentro de la oración, el método de combinación de oraciones en una de sus variantes nos propone hacer la operación contraria, es decir que, en vez de combinar oraciones, las segmentemos para descubrir el modo en que están estructuradas. Para ello, recurriremos a la estructura de las oraciones copulativas para separar los elementos nominales (adjetivos, complementos preposicionales, aposiciones, etc.) que modifican a los nombres en la oración.

Desarrollaremos una actividad práctica de segmentación de oraciones que nos servirá de modelo para resolver los siguientes ejercicios.

EJERCICIO 2.3

Segmente la siguiente oración según las instrucciones que se le vayan dando.

La gramática castellana de Antonio Nebrija tuvo un impacto significativo en la evolución de la lengua española.

1. Tras haber leído esta oración simple, transcribiremos los elementos que contienen la información más completa y sujeta a ser modificada, es decir, el sujeto y el verbo conjugado, a los que llamaremos oración principal.[22]
   La gramática castellana tuvo un impacto en la evolución.
2. Ahora segmentaremos la oración con el grupo nominal que modifica la oración principal.
   La gramática castellana fue de Antonio Nebrija.
3. Ahora le toca a usted, separe el elemento que modifica el nombre impacto.[23]
   ____

[22] Esta frase constituirá la oración principal que en la mayoría de los ejercicios de esta parte del capítulo colocaremos al principio en la línea 1). El profesor le indicará si en algún caso se puede cambiar el orden de colocación.

[23] Las siguientes frases se ordenarán en forma descendente, según el orden en que aparezcan los diferentes segmentos dentro de la oración.

4. Y por último, vuelva a hacer lo mismo con el elemento que modifica el nombre *evolución*.

____

Segmente los elementos que modifican las siguientes oraciones. Para ayudarle a resolver cada ejercicio, la oración principal ya aparece escrita en la línea 1).

> Modelo: La gramática castellana fue escrita como un estudio de las reglas de la lengua por Antonio Nebrija en España en 1492.
> 1) *La gramática castellana fue escrita como* un estudio.
> 2) *El estudio era* de las reglas de la lengua.
> 3) *La gramática castellana fue escrita por* Antonio Nebrija.
> 4) *La gramática castellana fue escrita* en España.
> 5) *La gramática castellana fue escrita* en 1492.

EJERCICIO 2.4

A. La escritura es el medio gráfico propio del ser humano para conservar y transmitir información.
1. *La escritura es un medio.*
2. __________
3. __________
4. __________
5. __________
6. __________

B. El iPad es un dispositivo electrónico tipo Tablet lanzado por la compañía Apple en enero de 2010.
1. *El iPad es un dispositivo.*
2. __________
3. __________
4. __________
5. __________
6. __________

C. El papel se obtiene de pulpa de celulosa a base de maderas blandas como el pino y el abeto.
1. *El papel se obtiene de pulpa de celulosa.*
2. __________
3. __________
4. __________
5. __________

D. Internet, conjunto descentralizado de redes de comunicación interconectadas, ha transformado de manera significativa el estilo de vida de millones de personas en todo el mundo.
1. *Internet ha transformado el estilo de vida de millones de personas.*
2. __________
3. __________
4. __________
5. __________
6. __________

E. Ignacio Bosque, lingüista español, organizó un comité para la creación de una nueva gramática descriptiva hispanoamericana y la elaboración de un diccionario combinatorio del español contemporáneo en 2004.
1. *Ignacio Bosque organizó un comité.*
2. __________
3. __________

4. ______________________________
5. ______________________________
6. ______________________________
7. ______________________________

Documento final

Puesta en práctica

Textos expositivos básicos

Termine de redactar un ensayo o composición de entre 400 y 500 palabras sobre la disciplina que haya escogido en la actividad 2.9. Durante la redacción, incluirá las citas que crea necesarias en los párrafos y preparará la lista de artículos utilizados siguiendo el sistema de estilo MLA y los pasos indicados en la sección Inserción de citas y lista de referencias bibliográficas (véase pp. 51–52). Según lo indique el profesor, podrá redactar otro texto diferente, escogiendo uno de los siguientes temas desarrollados en la sección sobre redacción del párrafo y el texto, actividad 2.23:

- La lengua española siempre ha gozado de cierta popularidad entre todas las lenguas occidentales; sin embargo, en este nuevo milenio, esa popularidad ha logrado consolidarse alrededor del mundo.
- El uso amplio o reducido de palabras que empleamos al hablar o escribir se debe a las condiciones económicas y socioculturales en las que hemos sido educados.
- El acuciante deterioro de las normas éticas entre los medios de comunicación hace necesario el papel del *ombudsman* o defensor del lector como garante de la calidad y transparencia periodística.

Para ello, ponga en práctica todos los pasos esenciales del proceso de escritura que hemos visto a lo largo de este capítulo para completar todo el texto.

No olvide ...

- planificar y generar ideas sobre el tema que haya escogido;
- preparar el esquema que cubra el número aproximado de párrafos;
- cerciorarse de que en cada párrafo se desarrolle la oración temática y oraciones de apoyo;
- detectar los párrafos que necesitan datos e información para apoyar el tema central del texto;
- utilizar técnicas de inserción de citas según MLA dentro del/los párrafos;
- preparar el borrador del texto;
- de preferencia, dejar la redacción del párrafo de introducción y de cierre o conclusión hasta el final;
- introducir conectores adversativos o consecutivos dentro del texto si es necesario;
- revisar todo el documento asegurándose de que en cada párrafo se desarrolle una idea desprendida del esquema y de que al mismo tiempo haya conexión entre los demás párrafos, buscando que exista coherencia en cada uno de ellos, así como en el texto completo;
- revisar y hacer correcciones de estructuras morfosintácticas de las oraciones (concordancia de sujeto y predicado) mal formuladas dentro de cada uno de los párrafos;

- revisar y hacer correcciones sobre el uso de vocabulario dentro de cada uno de los párrafos;
- revisar todo el documento asegurándose que en cada párrafo se desarrolle una idea desprendida del esquema y que al mismo tiempo haya conexión entre los demás párrafos, así como en el texto completo.[24]

Evaluación: hoja de chequeo

Utilice la siguiente hoja de chequeo para revisar la redacción del texto y, si es necesario, considerar cambios que lo mejoren.

Califica de...	
1 (insatisfactorio):	uso inadecuado de técnicas de redacción; necesita más desarrollo
2 (satisfactorio):	uso aceptable de técnicas de redacción; necesita un poco más de desarrollo
3 (muy bien):	uso adecuado de todas las técnicas de redacción con muy pocos errores
4 (excelente):	uso excepcional de todas las técnicas de redacción sin ningún error

	1	2	3	4
El párrafo introductorio presenta el tema a través de una oración temática (véase pp. 54–56).				
La oración temática del párrafo introductorio contiene dos o más oraciones de apoyo con buena cohesión y coherencia (véase pp. 53–54).				
Cada párrafo del cuerpo del texto desarrolla una idea principal (véase pp. 47–48).				
La idea principal de cada párrafo contiene oraciones de apoyo bien construidas (véase pp. 47–48).				
Se han empleado adecuadamente palabras de alta, mediana y baja frecuencia.				
En la redacción del ensayo se emplean adecuadamente conectores textuales que muestran la relación entre todos los párrafos que conforman el texto (véase p. 60).				
Se ha obtenido información de fuentes externas que apoyen las ideas desarrolladas en cada párrafo del cuerpo del texto (véase pp. 50–53).				
Se ha insertado adecuadamente la información de fuentes externas a lo largo del ensayo según las normas de estilo de la MLA (véase p. 15).				
El párrafo de cierre o conclusión resume las ideas principales como recordatorio del tema central del ensayo (véase pp. 58–59).				
La construcción de frases y oraciones sigue las reglas gramaticales (véase pp. 63–66).				
Se incluyen al final del texto las referencias bibliográficas según las normas de estilo de la MLA (véase p. 15).				

[24] Para mejorar la calidad del ensayo, se recomienda que intercambie su texto con uno de sus compañeros para que, con ayuda de la hoja de revisión de textos expositivos, se proporcionen mutuamente *feedback*. Consulte la hoja de revisión de textos expositivos (apéndice 5, pp. 235–236).

Reflexión pedagógica

Piense qué ha aprendido en este capítulo. Para ello, utilice la siguiente tabla para indicar qué cosas cree que necesita revisar para pasar al siguiente capítulo. Cuando termine, comparta el resultado con su compañero.

• El vocabulario relacionado con la escritura académica	
• La inferencia sobre el tema de la lectura sobre los escritores optimistas	
• La toma de apuntes	
• La generación de ideas mediante el torbellino de ideas	
• La obtención de información de artículos de periódicos y a citar las fuentes que consulte	
• El desarrollo de la estructura básica de un párrafo y de todo el texto íntegro	
• El borrador de un párrafo introductorio, de desarrollo y de cierre o conclusión	
• La estructura gramatical de la oración simple	
• Los principios básicos de la técnica de combinación de oraciones en su variante de segmentación	
• La puesta en práctica del desarrollo de textos expositivos	

3 El consumo en la era digital

EN ESTE CAPÍTULO ...

- **aprenderá vocabulario relacionado con el consumo o comercio electrónico;**
- **anticipará e inferirá el tema del consumo tanto tradicional como digital;**
- **aprenderá a trabajar con mapas de aspectos comunes (diagrama de Venn);**
- **aprenderá a desarrollar la estructura de un texto expositivo de comparación y contraste;**
- **aprenderá cómo integrar fuentes originales dentro de un texto;**
- **aprenderá a preparar el borrador de un párrafo introductorio con tesis y otro de cierre o conclusión, que integran un texto expositivo de comparación y contraste sobre el tema del consumo digital;**
- **repasará el funcionamiento básico de la oración compuesta;**
- **aprenderá a combinar oraciones compuestas mediante la técnica de combinación de oraciones;**
- **pondrá en práctica el desarrollo de textos expositivos de comparación y contraste.**

Lectura académica

En preparación ...

En la actualidad, la formación académica y personal de los estudiantes supone una toma de conciencia de la realidad circundante que nos lleva de continuo a entender cómo funciona el mundo y a tomar decisiones que afectan directa o indirectamente nuestra vida y la de nuestros seres queridos. Una de esas realidades palpables es la necesidad imperiosa de consumir productos y servicios que hoy en día podemos adquirir en tiendas y supermercados o, más fácilmente, por internet. En efecto, en este nuevo milenio asistimos a una drástica transformación en el modo de consumir. Las nuevas tecnologías han ido relegando a un segundo plano el consumo tradicional, sobre todo personalizado, dando paso a un avasallador consumo digital que promete hacer la vida del consumidor virtualmente más fácil e incluso más barata.

En este tercer capítulo, veremos el estado de cosas del consumo tradicional y hasta qué punto el consumo digital ha logrado satisfacer todas nuestras necesidades. Esos cambios los analizaremos en una serie de esquemas gráficos con los que podremos establecer comparaciones y contrastes de las tendencias del consumidor medio, que somos todos, en pleno siglo XXI.

ACTIVIDAD 3.1

En el siguiente recuadro aparece la información necesaria para terminar de completar el cuadro comparativo entre el consumo tradicional y el consumo digital. Según su experiencia como consumidor, intente clasificar los datos según correspondan al tipo de consumo.

Bastante elevados	*Sencillos y semiautomáticos*	*Con cada nuevo usuario de internet*
Algo lento	*Entre bajos y moderadamente bajos*	*Complicados, costosos, requiere personal*

Características	Consumo tradicional	Consumo digital
Horarios comerciales	*Tienda: 52 semanas × 6 días × 8 horas = 2.496 horas/año*	*Omnipresente: 365 días × 24 horas = 8.760 horas/año*
Establecimiento	*Tiendas, sucursales, oficinas . . .*	*Cualquier computadora conectada a internet en cualquier rincón del mundo*
Costos de publicidad		
Gestión y seguimiento de clientes		
Crecimiento orgánico		

Cuando haya terminado de completar el cuadro, compare el resultado con uno de sus compañeros y dígale qué criterios ha utilizado para escoger cada dato.

ACTIVIDAD 3.2

Los datos que aparecen en el gráfico 3.1 muestran la frecuencia de uso de compra por nivel de educación de la población española en diferentes períodos del año. Observe con detenimiento los porcentajes y responda a las siguientes preguntas.

1. ¿Qué niveles de educación entre la población española muestran el porcentaje más elevado en relación con la frecuencia de uso de compra tanto anual, trimestral como mensual?

 ____

2. Mencione los posibles factores que contribuyen a aumentar el poder adquisitivo de este sector de la población.

 ____

3. ¿A partir de qué nivel de educación se nota un considerable aumento porcentual en relación con la frecuencia de uso de compra y a qué cree que obedece ese aumento?

 ____

 ____

Cuando haya terminado, compare las respuestas con las de su compañero.

Gráfico 3.1 Uso de comercio electrónico por nivel de educación y frecuencia de uso de compra, año 2018 (porcentajes).
Fuente: Instituto Nacional de Estadística, España

ACTIVIDAD 3.3

Los datos que aparecen en el gráfico 3.2 muestran las actividades realizadas en internet tanto por mujeres como por hombres españoles en los últimos 12 meses. Observe con detenimiento los porcentajes y responda a las siguientes preguntas.

Gráfico 3.2 Personas que han comprado por internet en los últimos 12 meses por sexo y tipo de producto, año 2018 (porcentajes).
Fuente: Instituto Nacional de Estadística, España

1. ¿Qué productos o servicios parecen llamar más la atención a las mujeres y qué porcentaje tienen en relación con el de los hombres?

____

____

____

2. Indique los productos o servicios preferidos de los hombres que muestran el porcentaje más elevado en relación con el de las mujeres.

____

____

3. Mencione los tres productos o servicios que gozan de mayor preferencia entre ambos sexos y qué diferencia porcentual hay entre unos y otros.

____

____

Cuando haya terminado, compare las respuestas con las de su compañero.

Desarrollo léxico

Frecuencia léxica

Hemos dicho en capítulos anteriores que un marcador de riqueza léxica es la utilización de palabras de baja frecuencia estadística, además de términos académicos, en la escritura de un texto. En la presente sección de este capítulo seguiremos trabajando con este tipo de palabras para continuar enriqueciendo nuestro bagaje léxico.

ACTIVIDAD 3.4

En la siguiente actividad, explorará el significado de algunas palabras clave extraídas de dos textos sobre el consumo y la lectura digitales que encontrará un poco más adelante.

A. Relacione las siguientes palabras, poniendo la letra en la definición correspondiente.

Palabra	Definición	
a) alza	• empleado que tiene a su cargo atender a los clientes en las tiendas	*c*
b) devolución	• conjunto de objetos enviados de una vez	
c) dependiente	• encargo de mercancías hecho a un fabricante o vendedor	
d) envío	• sitio en el que se va a buscar a alguien o algo donde se sabe que se encuentra para llevarlo consigo	
e) impacto*	• entrega de un dinero o especie que se debe	
f) intermediario	• aposento, cuarto o pieza que está detrás de la tienda	
g) ofertantes	• aumento del valor de los precios, las monedas, etc.	
h) pago	• proveedor que media entre dos o más personas, y especialmente entre el productor y el consumidor de géneros o mercancías	
i) pedido	• que ofrecen en venta un producto o servicio	
j) proveedor	• acción de entregar al vendedor una compra por no estar conforme con ella, obteniendo el reintegro del dinero	
k) punto de recogida	• persona o empresa que provee o abastece de todo lo necesario para un fin a grandes grupos, asociaciones, comunidades, etc.	
l) trastienda	• efecto producido en la opinión pública por un acontecimiento, una disposición de la autoridad, una noticia, una catástrofe, etc.	

B. Ahora que ya sabe el significado de estos términos, lea las siguientes oraciones y rellene el espacio en blanco con la palabra correspondiente. En algunos casos se requiere usar el plural de la palabra.

1. El consumidor actual puede hacer un *pedido* en línea prácticamente en cualquier momento del día y en cualquier día de la semana.
2. En los últimos años, se ha producido un ____________ generalizada de las compras en línea, con todo tipo de ____________ de una gran variedad de productos y servicios.
3. Muchos negocios de comercio electrónico han eliminado la necesidad de tener un espacio físico para la tienda y la ____________, así como para el almacenamiento de las mercancías, lo cual ha tenido un gran ____________ en los costes de alquiler o manutención de locales comerciales.
4. Algunos comercios combinan la posibilidad de hacer el ____________ por correo o paquetería, con la opción de que el consumidor acuda personalmente a un ____________ por el artículo comprado.
5. El comercio electrónico ha permitido que muchas pequeñas empresas sean los ____________ directos de los consumidores, evitando así los ____________, con la consiguiente disminución en los precios de venta.
6. No sólo los métodos de ____________ en línea (normalmente con tarjeta de crédito), sino también un sistema simplificado de ____________ de los productos que no satisfacen al cliente, han dinamizado en gran medida el comercio electrónico.

C. En la siguiente lista de palabras, identifique para cada una la que es su sinónimo y márquela.

1. **acogida**	aplauso	toma	señal	recibimiento
2. **apoderarse**	empoderarse	empeñarse	apropiarse	responsabilizarse
3. **auge**	apogeo	acuático	decadencia	fuego
4. **desafío**	reto	desfile	desecho	afilado
5. **diferenciar***	restar	afianzar	distinguir	disminuir
6. **entorno**	regreso	ambiente	giro	turno
7. **fase***	cara	conjunto	hecho	etapa

D. Elija la palabra del cuadro que corresponda a cada uno de los seis grupos de colocaciones que aparecen a continuación. Después, utilice las colocaciones correctas para completar la oración.

poner / ~~potencial~~ / otorgar / diferencia* / burbuja /vertiginoso

1. cliente / crecimiento / ambiente — *potencial*
2. ritmo / cambio / aumento — ____________
3. ____________ — inmobiliaria / financiera / especulativa
4. ____________ — de relieve / a prueba / en marcha
5. ____________ — significativa / marcada / sutil
6. ____________ — un crédito / un permiso / un subsidio

Aunque al principio algunos analistas consideraron que las ganancias del llamado comercio electrónico no serían más que una *burbuja* especulativa, el ____________ vertiginoso y constante de los ____________ potenciales que consumen en línea ha puesto ____________ una nueva manera de adquirir bienes y servicios, que muestra una ____________ significativa con respecto a las maneras tradicionales de consumo.

E. De las diferentes colocaciones de cada uno de los seis grupos anteriores, escriba sobre la línea entre paréntesis la palabra o combinación de palabras que haga referencia a los términos destacados en negritas.

1. Es increíble **la gran velocidad** con la que las nuevas tecnologías han modificado la manera de interactuar entre las personas, y el modo de acceder a información, bienes y servicios. (*El ritmo vertiginoso*)

2. Aún ahora, muchas instituciones financieras se muestran recelosas **para hacer préstamos** (____________________) a pequeñas empresas de comercio electrónico.
3. La **distinción** (__________________) entre los diferentes dispositivos de lectura de libros electrónicos del mercado es **tenue** (________________).
4. La gran crisis económica de 2008 se debió, en buena parte, al **incremento explosivo** (____________________) del precio de **bienes inmuebles** (________________________________).
5. **El multimillonario** (_____________________) no descartó **la posibilidad de invertir** (____________________) en el proyecto del nuevo aeropuerto.
6. Las cifras más recientes sobre las ventas de libros digitales y en papel **subrayan** (________________) que ambos formatos coexisten sin que ninguno tienda a eliminar al otro.

¿Qué nos dice el diccionario?

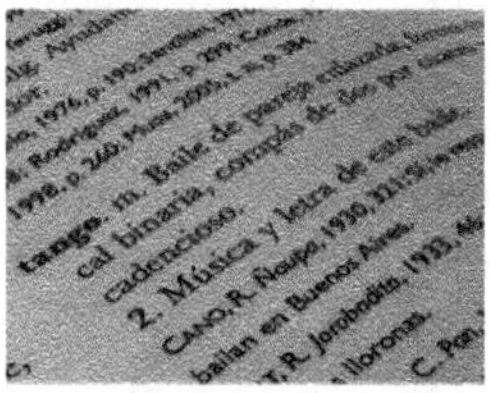

Los siguientes grupos de palabras tienen una escritura muy similar, pero significados diferentes. Consulte el DLE en línea para conocer el verdadero significado de cada una. Después, subraye en cada frase la palabra que complete correctamente el sentido de la oración.

calidad / cualidad – ofrecer / ofertar – proseguir / perseguir – senda / sendos(as) asimismo / a sí mismo – consumir / consumar

1. La paciencia es una *calidad* / *cualidad* importante para saber escuchar a las personas. Se dice que quien puede empatizar con otros, es alguien que se conoce bien *asimismo* / *a sí mismo*.
2. Las ediciones en formato digital de muchos libros hacen promociones en línea para *ofrecerlos* / *ofertarlos* con descuentos significativos de precio que en nada reducen la *calidad* / *cualidad* de la edición.
3. Se prevé que el aumento del volumen de las ventas en línea *proseguirá* / *perseguirá* en los próximos años. Nada parece poder detener el apetito de *consumir* / *consumar* productos, bienes y servicios mediante las aplicaciones de los diversos dispositivos electrónicos.
4. El libro está compuesto de diez capítulos con *sendas* / *sendos* títulos cautivantes que *ofrecen* / *ofertan* al lector una visión muy completa del panorama actual del consumo en línea.
5. Las vulnerabilidades de las redes sociales han sido señaladas muchas veces. *Asimismo* / *A sí mismo*, se ha hablado de los peligros reales de internet que han llevado a muchas policías nacionales a crear grupos especiales que *persiguen* / *prosiguen* delitos específicos en la red.
6. Al declarar como Parque Nacional ese vasto territorio, el gobierno *consumió* / *consumó* el ambicioso proyecto de entregar a la población un área natural protegida que puede recorrerse por las muchas *sendas* / *sendos* que la atraviesan.

Desarrollo de la habilidad lectora

Antes de leer

A continuación, leerá un artículo de fondo sobre patrones de consumo sobre el comercio electrónico que nos muestra cómo el consumo tradicional ha tenido que irse adaptando ante los vertiginosos cambios del consumo digital. Pero, antes de hacerlo, ponga a prueba sus conocimientos sobre el consumo.

ACTIVIDAD 3.5

El proceso de compra tradicional ha cambiado muchísimo debido a la llamada "digitalización del consumo". A partir de las tres fases de compra: *precompra*, *compra* y *poscompra*, decida junto con un compañero en qué subfases cree que el consumidor medio interviene en este proceso de compra.

Fase de precompra	Fase de compra	Fase de poscompra
El consumidor identifica sus propias necesidades . . .	*El consumidor realiza la compra*	*El consumidor evalúa el producto o servicio y comenta . . .*
~~*El consumidor identifica sus propias necesidades*~~*. . . –* ~~*realiza la compra*~~ *– elige opciones según diferentes criterios (precio, calidad, marca, etc.) –* ~~*evalúa el producto o servicio y comenta*~~ *– busca el producto o servicio mediante un motor de búsqueda – proporciona comentarios a favor o en contra del producto y de la experiencia de compra – lee comentarios de otros usuarios sobre la calidad de un producto o servicio – elige el tipo de entrega (por correo, en tienda física o punto de recogida) – recurre al servicio de devoluciones por correo electrónico – escoge el modo de pago (efectivo, tarjeta o en línea).*		

ACTIVIDAD 3.6

Lea las siguientes afirmaciones y diga si está *muy de acuerdo* (4), *de acuerdo* (3), *en desacuerdo* (2) o *muy en desacuerdo* (1), colocando el número correspondiente en el espacio en blanco.

1. El comercio electrónico permite que el consumidor entre en contacto con un gran número de fabricantes de productos y proveedores de servicios.	4
2. Por desgracia, el consumo digital o comercio electrónico nos hace perder la capacidad de tener contacto físico con el producto que deseamos adquirir.	
3. La reducción de costes operacionales y administrativos por parte de la empresa hace que el cliente pague menos por el producto o servicio que solicita.	
4. El servicio de posventa en una transacción electrónica puede resultar malo, sobre todo cuando se trata de la devolución de un producto proveniente del extranjero.	
5. Al adquirir productos y servicios por internet corremos el riesgo de robo de identidad y otros peligros cuando proporcionamos nuestros datos personales.	

Cuando haya terminado, compare las respuestas con las de su compañero y comenten al respecto.

ACTIVIDAD 3.7

Ahora comience a leer el texto y, mientras lee, subraye o marque con rotuladores de diferentes colores la información que le parezca más importante en cada párrafo. Si encuentra una palabra que no entiende, rodéela con un círculo y más tarde busque su significado en un buen diccionario monolingüe.

El consumo en la era digital

[1] La proliferación de los grandes almacenes, los supermercados y, posteriormente, de los centros comerciales durante el siglo XX supuso un cambio importante en la manera de comprar. En lugar de pedir al dependiente lo que quería y que este lo fuera a buscar a la trastienda, el consumidor tenía al alcance de su mano varios productos, de categorías distintas, expuestos con sus respectivos precios, para que le fuera sencillo escoger. En el siglo XXI, gracias a internet, estamos presenciando una nueva «revolución» en el consumo. Hoy en día, los consumidores pueden realizar sus compras desde cualquier lugar y en cualquier momento del día. Además, tienen la posibilidad de recibir el pedido en su domicilio o enviarlo a un punto de recogida cercano. En este artículo, analizamos el impacto que las nuevas tecnologías digitales están teniendo sobre el consumo, los consumidores y la manera de operar de las empresas.

[2] El uso generalizado de internet y los *smartphones*, el aumento de la velocidad de conexión a internet o la proliferación de nuevos medios de pago electrónicos están permitiendo un rápido crecimiento del comercio electrónico (*e-commerce*). Algunas cifras ayudan a poner de relieve la importancia de este fenómeno. En China, el mercado *e-commerce* más grande del mundo, el 17% de las ventas al por menor ya se realizan a través de internet, y en EE.UU. las ventas por internet suponen cerca del 9% del total.[1]

[3] Las compras por internet también se han popularizado en Europa. En 2016, el 55% de los europeos compró por internet, frente al 30% en 2007. Es más, en algunos países de la UE, el comercio electrónico aún está más extendido (véase el primer gráfico). Por ejemplo, en el Reino Unido, los países nórdicos y Alemania más del 70% de los individuos realizan compras por internet. En otros países, como España, la proporción es inferior al promedio europeo[2] aunque la tendencia es claramente al alza y el aumento es generalizado por grupos de edad (véase el segundo gráfico).[3] Además, de cara al futuro, dado que las generaciones más jóvenes (entre 16 y 44 años) son las que están más «digitalizadas», el potencial de crecimiento del *e-commerce* es sumamente elevado.

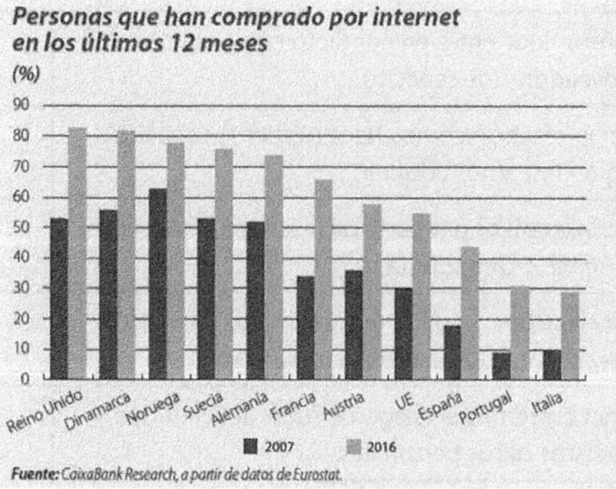

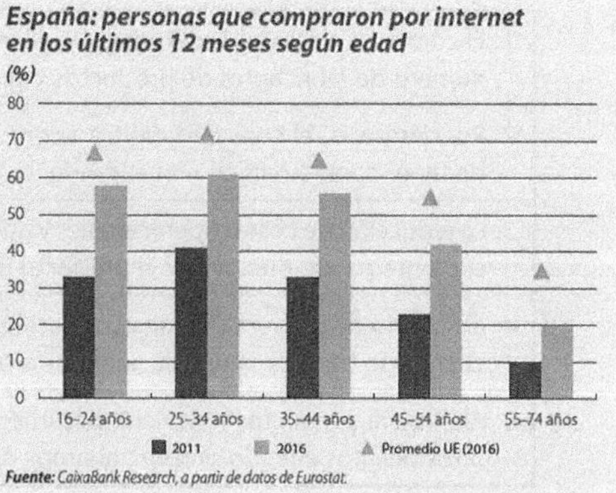

[4] Esta rápida «digitalización del consumo» está transformando todas las fases del proceso de compra tradicional (véase el esquema). En primer lugar, porque otorgan a los consumidores un papel cada vez más relevante, especialmente en la fase inicial del proceso de compra. Hoy en día, los consumidores tienen a su alcance una mayor variedad de productos y servicios en todas las categorías, los cuales se ofertan a diferentes precios. A medida que el consumidor está más conectado, tiene mayor poder de decisión, dado que puede comparar fácilmente precios y calidades entre distintos ofertantes de todo el mundo, saber más sobre el fabricante o el producto en cuestión, y conocer la opinión de otros consumidores antes de decidirse por un producto o servicio. En este contexto están ganando peso las plataformas de comercio electrónico. A través de ellas, los consumidores pueden comprar en cualquier momento y desde cualquier lugar. Esta mayor conveniencia ha pasado a formar parte de las expectativas del consumidor, que espera que el proceso de compra de todos los productos y servicios que consume, tanto *online* como *offline*, sea igual de rápido y eficiente. Asimismo, el consumidor también espera poder personalizar cada vez más productos y servicios, y que las interacciones con la marca le sean relevantes.[4]

[5] Por su parte, en la fase de posventa también están ocurriendo cambios. Actualmente, los consumidores tienen más opciones a su alcance para devolver los productos que no desean y ser atendidos en todo momento (a través de varios canales) cuando tienen un problema o sus expectativas no se han cumplido. Además, pueden compartir sus experiencias en relación con un producto o servicio en las redes sociales y plataformas de reseñas, lo que genera contenido para la fase inicial de otros consumidores.

[6] Además de los cambios en las fases del proceso de compra, con la digitalización también se han popularizado nuevos patrones de consumo, como la creciente preferencia por el «acceso a un bien» en lugar de «tenerlo en propiedad». En este sentido, el desarrollo de plataformas digitales que ponen en contacto a individuos y activos ha facilitado la creación de mercados *online* para el uso temporal de bienes y la prestación de servicios entre particulares (*peer-to-peer*), lo que se conoce como la economía del consumo colaborativo (*sharing*) y de servicios *on-demand* que, sin duda, supone un nuevo paradigma en el ámbito del consumo.[5]

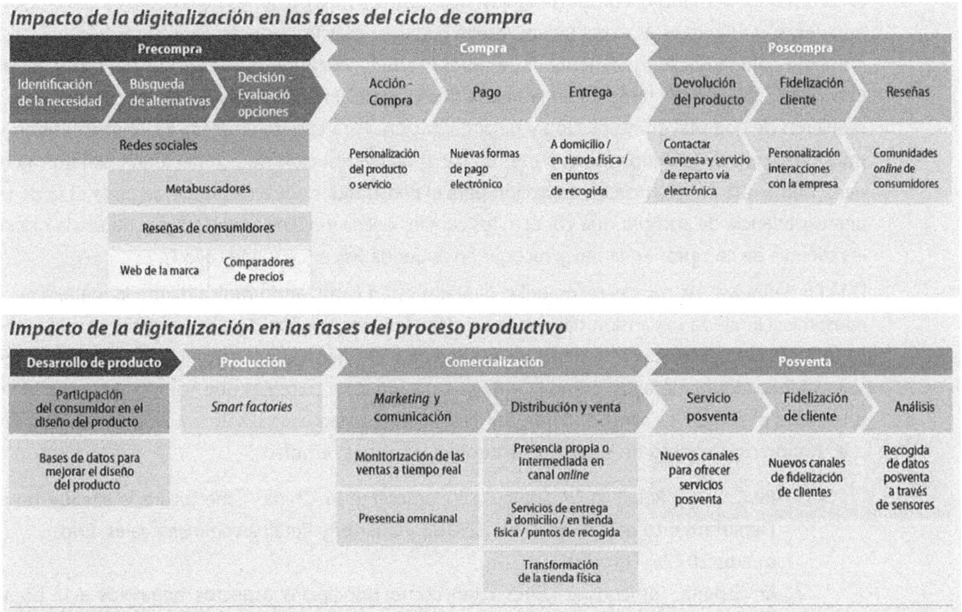

Fuente: *CaixaBank Research.*

[7] Desde el punto de vista de las empresas (oferta), las nuevas tecnologías digitales también están transformando de forma radical el entorno en el que se desenvuelven. Por un lado, la digitalización ya ha reducido notablemente las barreras de entrada en muchos sectores de actividad, lo que ha incrementado muy significativamente la competencia. Por otro lado, internet ha propiciado la aparición de nuevas empresas puramente digitales que ofrecen nuevas maneras de servir al cliente, lo que ha desplazado modelos de negocio tradicionales. Ante estos cambios, empresas establecidas se han visto empujadas a revaluar la manera en que operan y modificar su proceso productivo para adaptarse a este nuevo entorno digital y seguir siendo competitivas.

[8] Por ejemplo, en la fase inicial del proceso productivo, destaca la creciente participación del consumidor en el diseño del producto, generalmente a través de plataformas digitales o del envío de sugerencias. Ello, por un lado, facilita la diferenciación del producto. Por otro, proporciona a la empresa un mayor conocimiento de las preferencias del consumidor. Asimismo, el uso del *big data* permite a las empresas mejorar el proceso de desarrollo de producto al ayudar a detectar nuevos segmentos de mercado y determinar la estrategia de fijación de precios. Del mismo modo, la adopción de nuevas tecnologías digitales también está brindando oportunidades para mejorar la eficiencia del proceso productivo. Por ejemplo, las fábricas inteligentes (*smart factories*) permiten adaptar la estrategia de producción a tiempo real con la información que llega de los diferentes puntos de venta (véase el Dossier «Industria 4.0» del IM11/2016).

[9] También se han ajustado sustancialmente las estrategias de comunicación con el cliente. Hoy en día, disponer de herramientas de comunicación en varios canales (especialmente el *online*) se ha vuelto imprescindible en cualquier campaña de *marketing*. No sólo eso, sino que la estrategia debe ser integral en todos los canales, por ejemplo, utilizando los canales *online* para atraer clientes a la tienda física (y viceversa). Igualmente, el análisis de datos puede ayudar a las empresas a diferenciar entre perfiles de consumidores y adaptar la publicidad a los intereses del cliente.

[10] El impacto de la digitalización es quizás más evidente en la fase de comercialización, donde empresas tradicionales han pasado a ofrecer sus productos y servicios también en plataformas de venta electrónica, tanto propias como de intermediarios. Ello requiere de esfuerzos constantes para mejorar la experiencia del cliente, y hacer que el proceso de compra sea lo más conveniente posible, proporcionando distintas opciones de pago y entrega. En este sentido, el reto logístico es mayúsculo: el consumidor demanda tiempos de espera más cortos y más opciones de recogida y devolución de pedidos, y satisfacer estas expectativas resulta cada vez más importante para hacer frente a la creciente competencia. Igualmente, las empresas están realizando esfuerzos por renovar y elevar la experiencia de compra también en la tienda física, especialmente para aquellos productos que requieren de una mayor interacción y personalización. Para ello, se empieza a poner énfasis en la transformación de la tienda física, de ser un canal de distribución tradicional a una plataforma de descubrimiento, experiencia e interacción para el consumidor. Otra estrategia seguida es la de crear una experiencia de compra que conecte los canales *online* y *offline*, por ejemplo, dando la opción a los clientes de comprar en la red y recoger en la tienda física (*click and collect*).

[11] En definitiva, las nuevas tecnologías digitales están cambiando radicalmente la manera de consumir. La rápida expansión del comercio electrónico es prueba de ello, pero el impacto está yendo más allá. Hacer que esta transformación digital alcance todo su potencial dependerá de cómo se gestionen ciertos desafíos, como la implementación de estrategias que garanticen la seguridad y privacidad digital de los consumidores, la adaptación del marco legal a un entorno de rápido cambio o la gestión del impacto de las nuevas tecnologías sobre el empleo.

1. PwC, Total Retail 2017 Survey, «e-Commerce in China – the future is already here» y Departamento de Comercio de EE.UU., «Quarterly Retail *e-commerce* sales, 2nd quarter2017», Eurostat.
2. En España, los consumidores citan como principales aspectos negativos a la hora de realizar compras *online* la preferencia del consumidor de ver y tocar el producto

primero, los gastos de envío no gratuitos, la dificultad para hacer devoluciones y el tiempo de espera para recibir el producto, véase Observatorio Cetelem *eCommerce* 2016.

3. World Economic Forum White Paper (2016), «Digital Transformation of Industries (in collaboration with Accenture): Digital consumption».
4. Solo en EE.UU. se estima que 110 millones de personas (el 34% del total de la población) ya participan en la economía colaborativa (WEF, 2016).
5. World Economic Forum and Accenture, 2017. Shaping the future of retail for consumer industries.

Roser Ferrer, "El consumo en la era digital", Dossier: Consumo: nuevas tendencias, IM10 (2017), pp. 36–37, CaixaBank Research. Disponible en: <www.caixabankresearch.com/es/economia-y-mercados/actividad-y-crecimiento/consumo-era-digital>.

Después de leer

ACTIVIDAD 3.8

Ahora en parejas o en grupos de tres personas, lean las tres preguntas siguientes y discutan al respecto.

1. ¿Coinciden sus afirmaciones de la actividad 3.6 con el contenido del texto? Vea hasta qué punto sus opiniones coinciden con la información contenida en el artículo. Luego, comente el resultado con uno de sus compañeros o en un grupo de tres.
2. En su opinión, ¿qué cambio supone el consumo colaborativo (peer-to-peer, P2P) en relación con el simple intercambio de mercancías o servicios que ofrece el comercio tradicional?
3. ¿De qué manera cree que la participación activa del cliente en línea ha servido para actualizar las técnicas de marketing dentro de las empresas para atraer a la clientela?

ACTIVIDAD 3.9

Con la información que haya seleccionado en la actividad 3.7, escriba en hoja aparte un párrafo breve de entre nueve y diez líneas sobre las ventajas y desventajas de comprar en línea mediante una plataforma de comercio electrónico como Amazon o eBay. Para ello, intente redactarlo con sus propias palabras, reemplazando palabras clave del original por sinónimos y pronombres.[1]

ACTIVIDAD 3.10

Una vez que haya terminado, intercambie el párrafo con uno de sus compañeros y cerciórese de que haya reemplazado palabras del texto original por sinónimos.[2]

Principios básicos para el desarrollo de textos

Desarrollo de ideas

Mapa de aspectos comunes

Al comenzar a generar ideas en la planificación de un texto sobre comparación y contraste, resulta oportuno valernos de la técnica de mapas de aspectos comunes,

1 Consulte la sinonimia en la sección Criterios de textualidad del capítulo 1, p. 24, y la sección Referencias y referentes del capítulo 2, pp. 62–63.

2 Utilice la hoja de revisión del párrafo (véase apéndice 5, p. 233).

inspirada en el conocido diagrama de Venn, un organizador gráfico que nos permite entender la relación existente entre dos o más temas de análisis. Este mapa consiste en la representación de dos o más círculos que se superponen hasta formar una intersección en la que se escriben todas las cosas que dos o más temas tienen en común. Así, en cada círculo haremos una lista de las diferencias que caracterizan cada tema a tratar y otra lista de las similitudes en la unión de todos los círculos.

Dependiendo de la intención que se le quiera dar al texto, tendremos que decidir si trabajamos más con las diferencias o con las similitudes o con una combinación de ambas. Una vez completado el mapa, conviene reducir la lista al mínimo hasta quedarnos con las diferencias o similitudes necesarias para establecer puntos de comparación. Al hacerlo nos será mucho más fácil delimitar la información que necesitamos investigar para entender a fondo la relación existente entre los temas de análisis.

ACTIVIDAD 3.11

Como nos advierten en la lectura sobre el consumo digital (véase pp. 80–83), existen grandes diferencias entre el consumo tradicional y el consumo electrónico, pero también similitudes. Intente recordarlas y apúntelas en el siguiente mapa de aspectos comunes. Luego, compare su mapa con el de su compañero.

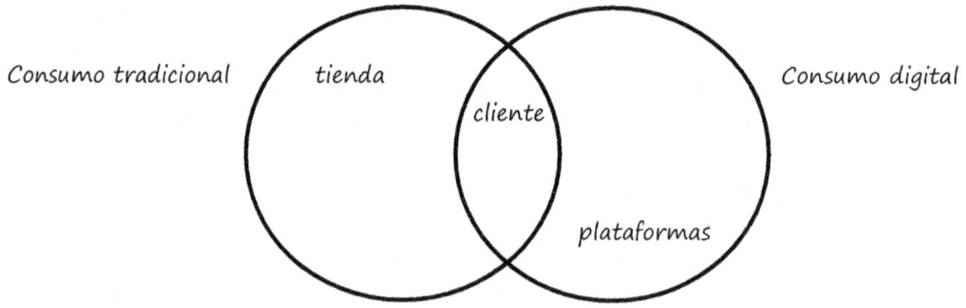

ACTIVIDAD 3.12

Con la irrupción de la tecnología en el consumo, las empresas han tenido que adaptarse a los cambios impuestos por la digitalización en la venta y distribución de productos y servicios. A partir de los datos estadísticos que aparecen en la actividad 3.3, piense en todas las diferencias y similitudes de consumo en línea que existen entre hombres y mujeres y apúntelas en el siguiente mapa de aspectos comunes.

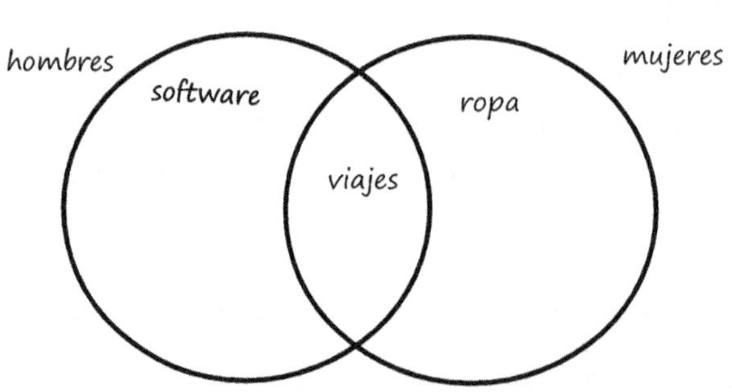

ACTIVIDAD 3.13

A partir de las ideas generadas en el mapa anterior, prepare en hoja aparte un esquema para un ensayo. Para ello, sugerimos que consulte el desarrollo del esquema en la página 45 del capítulo 2. Éste le servirá como anteproyecto para el primer borrador de un ensayo sobre las diferencias y similitudes de consumo digital entre los dos géneros, que irá desarrollando a lo largo de este capítulo. Más adelante, cuando abordemos la sección sobre el desarrollo de la habilidad escrita, empleará este esquema para añadir más ideas y detalles sobre el tema.

Estructura de textos

Texto expositivo sobre comparación y contraste

La lectura sobre el consumo en la era digital nos ha servido para reconocer los vertiginosos cambios que ha sufrido el consumo tradicional debido a la irrupción de las nuevas tecnologías en el comercio electrónico. Si observamos el contenido de esa misma lectura como modelo de redacción, veremos que presenta las características de un texto expositivo en el que se establecen comparaciones y contrastes entre dos tipos de consumo, mostrando una serie de diferencias y similitudes con el fin de explicarle al lector cómo el comercio electrónico ha llegado a superar las antiguas prácticas del comercio tradicional. El análisis comparativo de este texto también nos muestra cómo, por ejemplo, las prácticas de venta aparentemente similares en ambos casos se han vuelto completamente diferentes o, al contrario, cómo el servicio de atención al cliente aparentemente diferente comparte bastantes similitudes.

A lo largo de nuestra carrera universitaria o profesional será inevitable que en numerosas ocasiones nos pidan que hagamos análisis comparativos sobre infinidad de temas de análisis. Así que, como el proceso de comparación y contraste es una práctica común de pensar y de desarrollar temas, es muy importante saber redactar este tipo de textos de manera bien organizada. Al hacerlo, nos daremos cuenta de que no se trata simplemente de indicar similitudes o diferencias o ventajas y desventajas sobre un determinado tema sino de informar, explicar o persuadir al lector.

ACTIVIDAD 3.14

Lea el siguiente texto sobre la dificultad a la que se enfrenta un lector al tener que elegir entre un libro en papel y uno digital. Cuando haya terminado, en parejas o en grupos de tres, respondan a las siguientes preguntas.

[1] Tanto los lectores asiduos de novelas como los recurrentes aficionados al cómic, testigos de todos los avances tecnológicos de nuestra época, seguramente alguna vez se han visto obligados a entrar en el debate de elegir entre el libro en papel y el libro digital a sabiendas de que los beneficios o inconvenientes de cada formato dependerán de los gustos o intereses del usuario.

[2] El formato en papel, por ejemplo, resulta mucho más atractivo a quienes les gusta tocar la portada dura de un libro con hojas de papel impresas con imágenes y, si es posible, con el autógrafo del autor de su novela favorita; resulta atractivo también a quienes disfrutan la sensación física de darle vuelta a cada página del libro hasta consumirlas todas dejando a su paso pequeñas notas escritas con su puño y letra a los lados de los pasajes favoritos del libro. Una enorme ventaja del formato en papel es que no se necesita recargar baterías y el precio que se

paga por este dependerá del tipo de edición en que se adquiera: portada dura, portada blanda, nuevo o de ocasión.

[3] Por otro lado, el formato digital, sin muchos atributos físicos, pero sí práctico y funcional, puede resultar a largo plazo más económico y muchísimo menos voluminoso que una colección de libros en papel, pues la inversión en un sofisticado dispositivo electrónico permite que el usuario no sólo ahorre una fortuna en libros, sino que también almacene una biblioteca tan inmensa que ni el más ávido de los lectores podría terminar de leer. Además, la mayoría de estos ligeros artefactos cuenta también con conexión a Internet, diccionarios, notas y funciones de búsqueda y consultas. Sin lugar a duda, el libro digital reduce los inconvenientes de cargar con el peso de la lectura en papel y aumenta el placer de leer a cualquier hora y en cualquier lugar siempre y cuando la batería del dispositivo electrónico esté debidamente cargada.

1. ¿Cuál es la idea principal de estos tres párrafos? Localícenla y subráyenla.
2. ¿Qué información emplea el autor para persuadir al lector? Localícenla y subráyenla.
3. ¿De qué manera está organizada dicha información? Explíquelo.

Estructura de textos expositivos: comparación y contraste

A partir de este capítulo veremos que los textos expositivos sobre comparación y contraste, como la mayoría de los textos expositivos o argumentativos, presentan la misma estructura descrita en el capítulo anterior (véase pp. 46–47), esto es, un párrafo introductorio, dos o más párrafos de desarrollo y un párrafo de cierre o conclusión. El párrafo introductorio sirve para establecer la tesis,[3] que perfila los puntos más importantes sobre los que se enfocará el escrito. Los dos o más párrafos de desarrollo que contenga el texto incluirán sendas oraciones temáticas relacionadas directamente con la tesis. En el caso concreto de ensayos sobre comparación y contraste en los que se establecen precisamente diferencias y similitudes, por ejemplo, entre el consumo tradicional y el consumo digital, la organización de ideas puede resultar algo complicada.

Por eso, cuando comparemos o contrastemos cosas, personas, prácticas, etcétera, sobre todo en ensayos de entre 300 y 500 palabras, intentaremos limitar el número de comparaciones a dos o a cuatro, como se sugiere en el desarrollo de mapas de aspectos comunes (véase pp. 83–84). Al hacerlo, nos resultará mucho más fácil escoger los puntos más importantes para apoyar la idea central de un texto.

Por lo general, al establecer diferencias o similitudes solemos poner más énfasis en una de las dos, es decir que dedicamos más tiempo ya sea a comparar o a contrastar, según lo que queramos escribir. Si, por ejemplo, comparamos dos cosas parecidas, se sugiere que establezcamos las similitudes entre ellas, pero que nos enfoquemos más en las diferencias. Al contrario, si comparamos dos cosas distintas, se sugiere que establezcamos las diferencias entre ellas, pero que nos enfoquemos más en las similitudes menos obvias.

En el proceso de escritura se distinguen dos modelos básicos de organización para el desarrollo de textos o ensayos expositivos sobre comparación y contraste. Aunque a estos dos modelos de estructura se les conoce con nombres diferentes, a uno lo llamaremos modelo por temas de análisis, y al otro modelo por puntos de comparación.

[3] En la sección sobre Desarrollo de la habilidad escrita en el presente capítulo (véase pp. 91–95), dedicaremos especial atención a la redacción de la tesis de un ensayo en general y de un ensayo de comparación y contraste en particular.

Cuando redactamos un ensayo por temas de análisis, cada párrafo en el cuerpo principal del escrito se enfoca en un tema en particular y analiza en secuencia todas las comparaciones para cada tema. En cambio, en el modelo por puntos de comparación desarrollamos tres o más puntos de comparación para dos temas de análisis, lo que nos da un texto dividido en tres o más párrafos dependiendo del número de comparaciones. El siguiente esquema presenta la estructura de estos dos tipos de modelos.

Modelo por temas de análisis

Introducción

Tema de análisis 1
- punto de comparación 1
- punto de comparación 2
- punto de comparación 3

Tema de análisis 2
- punto de comparación 1
- punto de comparación 2
- punto de comparación 3

Conclusión

Modelo por puntos de comparación

Introducción

Punto de comparación 1
- tema de análisis 1
- tema de análisis 2

Punto de comparación 2
- tema de análisis 1
- tema de análisis 2

Punto de comparación 3
- tema de análisis 1
- tema de análisis 2

Conclusión

El esquema anterior nos muestra claramente las diferencias entre los dos tipos de modelo de estructura. Cuando redactamos un ensayo por tema de análisis, cada párrafo en el cuerpo principal del escrito desarrolla dos o más puntos de comparación por tema de análisis. Cualquiera que sea el número de temas, se sugiere redactarlo siguiendo el mismo orden para no confundir al lector. En el caso del modelo por puntos de comparación, se distinguen claramente tres puntos de comparación y dos temas de análisis. Por eso, se suele utilizar más este último modelo, pues, además de ser útil para organizar temas complejos, presenta una estructura fácil de seguir porque los puntos de comparación y contraste se hacen evidentes a lo largo del ensayo.

Consejo práctico:	Conectores de comparación		Conectores de contraste	
Los conectores de comparación y contraste nos sirven para establecer similitudes y diferencias dentro de un texto expositivo. En muchos casos, algunos de los conectores adversativos funcionan también como conectores de contraste.	así como como comparado a / con igual que más que menos que tan como tanto como	De igual forma De igual manera Del mismo modo En comparación a / con Lo mismo que	en cambio en tanto que mientras (que) pero	Sin embargo, No obstante, Por el contrario,

ACTIVIDAD 3.15

La siguiente lectura es un texto expositivo en el que se emplea uno de estos modelos de estructura. Léalo con detenimiento y, al hacerlo, intente distinguir en cuál de las estructuras anteriores está escrito y responda a las siguientes preguntas.

La resistencia del libro en papel

El crecimiento del libro digital se estanca por segundo año y los expertos reconocen el error en sus previsiones.

[1] ¿Se había creado una burbuja en torno al libro digital? Una vez disipada la atracción de lo nuevo y el vértigo apocalíptico que se apodera de los seres humanos ante toda innovación, los amantes del libro en papel pueden respirar tranquilos. Los pronósticos de que en el 2017 las ventas de libro electrónico en Estados Unidos superarían a las de papel no sólo no se cumplen, sino que los datos del 2014 confirman la tendencia, apuntada ya en el 2013, de que las cifras de crecimiento acelerado del formato electrónico siguen frenándose.

[2] La venta de libros digitales apenas crece en el mercado estadounidense. Si en el primer semestre del año pasado había alcanzado el 23%, la cifra bajó en el último cuatrimestre hasta el 21%, según el último informe Nielsen Books & Consumers, publicado por la revista Publisher Weekly. En cambio, el libro impreso de tapa blanda subió del 42% al 43% en el mismo período y la tapa dura llegó al 25%. (El resto son audiobooks.)

[3] Por temas, los libros digitales más vendidos son los de misterio (32%) y de amor (36%), aunque también en este segmento el libro impreso mantiene su liderazgo (37% y 52%, respectivamente). El informe muestra que los libros digitales pierden terreno en literatura juvenil, a pesar de la buena acogida de series como Divergent o las obras de John Green (Bajo las estrellas.)

[4] El Nielsen Book Scan señala también un aumento de ventas en Estados Unidos del número de ejemplares impresos, con un alza del 2,4% en 2014 (635 millones de unidades), mientras en el Reino Unido bajaba el 1,3%. Dos informes más refuerzan la idea de que al libro en papel aún le queda una larga vida. Las librerías londinenses Foyles y Waterstones han anunciado que las ventas de libro físico aumentaron en Navidad un 8% y un 5% respectivamente respecto al año 2013, lo que llevó a la revista Time a preguntarse si el libro digital había dejado de ser un icono significante de moda.

[5] "¿Prefieres un libro impreso o un e-book?" Esta es la pregunta que la editorial especializada en autoedición ArtGerust hizo a 1.600 jóvenes españoles de edades comprendidas entre los 15 y los 25 años. En el sector de la población más identificado con los tablets, videoconsolas y smartphones, el 65% de los jóvenes lectores prefiere el libro impreso al formato digital. ¿Los motivos? La venta de segunda mano, la textura del papel, su olor, la posibilidad de coleccionarlo, la de compartirlo o llenar las estanterías, la moda retro o que no tienen edad aún para tener una tarjeta de crédito con la que hacer sus compras on line . . .

[6] El comportamiento de los jóvenes y los niños está alimentando el resurgimiento del papel: en EE.UU., las ventas de lo que allí llaman "young adult fiction" subieron un 12% en el 2014, mientras que la "adult fiction" cayó cerca de un 8%.

[7] Como dato complementario, en el Reino Unido sigue el auge de libros físicos para niños y ahora uno de cada cuatro títulos que se vende es literatura infantil. Y para remachar, una autora cuyos vídeos en YouTube la convierten en una estrella seguida por millones de personas, publicó un libro, Girl online (ella puso la firma a un texto escrito por un "negro" [autor fantasma]): por cada libro digital vendió cuatro en papel.

[8] La preferencia de los jóvenes por el papel la confirman otras encuestas. The Bookseller recoge que el 73% de los lectores entre 16 y 24 años prefiere el papel, otro sondeo de la consultora Nielsen señala que sólo el 20% de los norteamericanos de 13 a 17 años compra libros digitales, frente al 23% de los de 18 a 29 años y el 25% de los de 30 a 44 años. Como contrapunto, los expertos citan que el auge del libro físico en Navidad se explica porque pocos deciden regalar libros digitales.

[9] En España, el libro digital es muy poco aceptado. Según la encuesta del CIS realizada a 2.477 personas mayores de 18 años el pasado diciembre, el 79,7% de los lectores asegura que prefiere leer libros en papel que en pantalla. El porcentaje sube al 80,1% en las edades de 18 a 24 años, mientras que el número de españoles que muestra su poca o nula predisposición a leer libros electrónicos en el futuro es muy alta: el 46,6%.

[10] Núria Cabutí, consejera delegada de Penguin Random House, señala que "no es que el libro digital haya bajado en Estados Unidos, sino que ha dejado de aumentar al ritmo que lo hacía antes, con subidas del 20% o el 40%. Ahora sólo aumenta un dígito".

[11] "Lo que sí está pasando —señala la editora— es que no se está cumpliendo la incorporación de los jóvenes y los niños al digital tal como se preveía, pues continúan comprando papel. Este segmento sigue en auge, favorecido por obras que son verdaderos fenómenos literarios".

[12] ¿Cómo quedará repartido? "En unos cuantos años, tal vez un 60% papel y un 40% digital, o un 50%-50%. Lo que sí tiene muy claro mi grupo es que hay que seguir invirtiendo en digital y nuestra estrategia va dirigida a cuidar muy bien los dos formatos. Creo que las cifras forman una curva normal en un momento en que un nuevo tipo de lectura se está introduciendo".

[13] Hay más factores que explican la resistencia del libro físico frente al electrónico. Numerosos estudios señalan que lo leído en lectura analógica se retiene mejor en la memoria que si es leído en pantalla. Otro informe de la University of Texas Southwestern Medical Center señala que leer antes de dormir usando una pantalla activa, es decir, que emite luz (como la de las tabletas o smartphones), altera el ritmo biológico y puede provocar que tardemos más en conciliar el sueño al encontrarnos más activos, menos cansados y por lo tanto, predisponernos a un descanso menos reparador, con un 50% menos de melatonina.

[14] El futuro —se inventarán nuevas tecnologías— es que quienes comparten la lectura en digital y en papel irán creciendo y cada lector elegirá el momento, el lugar, el género literario o el formato que desee a su conveniencia.

Josep Massot, "La resistencia del libro en papel", *La Vanguardia*, Libros, enero 2015. Disponible en: <www.lavanguardia. com/libros/20150120/54425242479/la-resistencia-del-libro-en-papel.html>.

1. ¿Cuál es la idea central del texto? Localícela y subráyela.
2. ¿Cómo introduce el autor el tema? Localícelo y subráyelo.
3. Vuelva a repasar el texto y vea si hay más diferencias que similitudes o viceversa, localícelas y subráyelas.
4. ¿Con cuál de los dos modelos de estructura se establecen comparaciones y contrastes? Identifíquelo y subráyelo en uno de los párrafos de desarrollo.
5. ¿De qué recursos se vale el autor para mostrar las diferencias y similitudes entre los dos tipos de formatos de libros en los párrafos de desarrollo? Localice y subraye algunos de ellos.
6. Identifique y subraye los conectores que emplea el autor para establecer diferencias y similitudes. Para ello, le sugerimos que consulte el recuadro sobre consejos prácticos en la página 87.
7. Lea la conclusión del texto e identifique las frases que resumen los puntos más importantes de la lectura.

Desarrollo de habilidades básicas de investigación

Búsqueda de libros especializados

Cuando escogemos un tema específico sobre el que queremos redactar un ensayo, solemos recurrir a libros especializados que nos ayudan a apoyar la tesis y la mayoría de nuestros argumentos dentro de cada párrafo. En esta sección, aprenderemos a hacer una búsqueda de libros, limitando nuestro enfoque a un tema que se refiera a algo específico dentro de un tema mucho más amplio. Para ello, intentaremos identificar palabras clave que nos permitan hacer una consulta de títulos de libros relacionados con la tesis que queramos desarrollar en nuestro ensayo. Por ejemplo, pensemos en una pregunta a partir del tema amplio del libro digital que nos ayude a hacer una búsqueda: *¿en qué situación se encuentra el libro en papel frente al libro digital?*

Las palabras clave que más resaltan en las preguntas suelen ser sustantivos o grupos preposicionales que podemos ampliar con sinónimos. En el caso de *situación, libro en papel* y *libro digital* podemos añadir *circunstancia, formato impreso* o *formato digital.* Con todas estas palabras clave, empezamos por utilizar el catálogo o motor de búsqueda de la biblioteca de nuestra universidad. Si no obtenemos suficientes resultados, podemos consultar el sitio WorldCat, que contiene el catálogo bibliográfico más grande del mundo.

Aunque fácil de utilizar, vale la pena familiarizarse con todas las funciones que nos ofrece este extraordinario sitio global, sobre todo con la función avanzada, con la que podemos especificar el año de publicación, el contenido, el tipo de formato, el idioma, etcétera. Por ejemplo, al introducir las palabras clave en el cajón de búsqueda, WorldCat generará una lista de libros derivada de estas palabras clave. Uno de los títulos que sobresale es *El ecosistema del libro electrónico universitario* de José Antonio Cordón García y otros autores.

Al pulsar con el ratón sobre el título, WorldCat nos proporciona un resumen del libro que nos permite ver si está relacionado con el tema en el que estamos trabajando y, en algunos casos, nos muestra el índice del libro con los títulos de cada capítulo. Este enorme catálogo mundial cuenta también con una función que genera los nombres de las bibliotecas más cercanas donde podemos pedir prestado el libro en versión tanto digital como impresa.

ACTIVIDAD 3.16

A partir del esquema de la actividad 3.13, haga la búsqueda de al menos dos libros que apoyen las ideas desarrolladas a lo largo del esquema. Para ello se sugiere que siga los siguientes pasos:

1. Prepare una lista de palabras clave con sinónimos que sirva para dar con títulos de libros relacionados con el tema sobre las diferencias y similitudes en el consumo digital por género que necesiten datos o información relevante.
2. Con la lista en mano, haga una búsqueda de dos o tres títulos interesantes en los catálogos de la biblioteca de su universidad o en WorldCat.
3. Escoja los títulos de los libros que más se relacionen con el tema, lea el resumen de la publicación y decida si es útil para el desarrollo del primer borrador.
4. Una vez que haya dado con el título que mejor se relacione con el tema, comparta con un compañero el resultado de su búsqueda.

ACTIVIDAD 3.17

Lea el siguiente fragmento sobre los usuarios y la lectura electrónica. Debajo del fragmento aparecen las instrucciones con la información bibliográfica del extracto que le ayudará a crear citas dentro de un texto y proporcionar la referencia bibliográfica.

> [1] Las personas que leen libros electrónicos se destacan en casi todos los aspectos por encima de otros tipos de lectores: el 88% de los que leen libros electrónicos en los últimos 12 meses también leen libros impresos. Y en comparación con otros lectores de libros, leen más. Leen con mayor frecuencia por una serie de razones: por placer, para la investigación, para conocer temas de actualidad y para su trabajo o estudios. También son más propensos que otros a comprar los libros más recientes, en vez de recurrir al préstamo, y son más propensos que otros a afirmar que prefieren comprar libros en general, iniciando el proceso de compra buscando información en internet.
>
> [2] El lector medio de libros electrónicos señala que ha leído 24 libros de media en los últimos 12 meses, en comparación con un promedio de 15 libros por año del consumidor de libros impresos.
>
> [3] Las personas que leen libros electrónicos sostienen que han leído más libros en todos los formatos. Las que leyeron un promedio de 24 libros en los últimos 12 meses, leyeron 13 libros impresos de media. Para las personas que no leen libros digitales el promedio es de 15 libros al año.
>
> [4] El 30% de los lectores de contenidos electrónicos observan que ahora pasan más tiempo leyendo, y los propietarios de tabletas y lectores de libros electrónicos en particular afirman que ahora leen más. Alrededor del 41% de los propietarios de tabletas y el 35% de los propietarios de dispositivos de lectura electrónica señalaron que leen más desde que existen contenidos electrónicos. Los que disponen de dispositivos desde hace más tiempo son quienes leen más.

Información para citas en el texto y la página de referencias:

Autores:	José Antonio Cordón García, Javier Celaya, Raquel Gómez Díaz R., Julio Alonso Arévalo, José Luis Alonso Berrocal
Título:	El ecosistema del libro electrónico universitario
Año y lugar de publicación:	2016, Salamanca, España
Casa editorial:	Ediciones Universidad de Salamanca
Página:	34

Redacte en hoja aparte un pequeño párrafo que responda a la siguiente pregunta: *¿En qué se distingue el usuario de libros electrónicos con respecto al resto de lectores?* En su redacción incluya información que crea pertinente del fragmento anterior que le sirva para apoyar sus ideas. Utilice el estilo APA (véase pp. 14–15) para incluir citas dentro del texto y al final ponga la referencia bibliográfica.

Principios básicos de redacción de textos

Desarrollo de la habilidad escrita

Redacción de textos o ensayos expositivos: comparación y contraste

En el capítulo anterior hemos visto que, al redactar un párrafo, todas las oraciones que lo componen giran en torno a una oración temática con una idea principal que determina y delimita el contenido del párrafo. Ahora veremos que cualquier ensayo parte también de una oración temática a la que llamaremos tesis. Tanto la tesis como la oración temática se parecen en cuanto a que con ambas solemos expresar una aseveración, opinión o idea acerca de un tema determinado con razonamientos lógicos; sólo que, en el caso de la tesis, esta aseveración o idea la expresamos de manera mucho más amplia a lo largo de un ensayo. Para eso, siempre nos aseguraremos de desarrollar, en cada párrafo que conforme un ensayo, una oración temática que se relacione con la idea principal de la tesis.

Al redactar la tesis, se recomienda que, como se trata de una idea principal sobre la que tratará el ensayo, expresemos realmente nuestra opinión con una oración completa y no nos limitemos a simplemente presentar el tema del que tratará el texto, pues podríamos caer en el error de establecer un hecho en vez de una opinión.

ACTIVIDAD 3.18

Las siguientes frases y oraciones no se consideran tesis. Léalas cuidadosamente y vuélvalas a escribir, asegurándose de que esta vez sí lo sean.

1. Existen diferencias entre el consumo tradicional y el consumo digital.
   Los avances tecnológicos en el consumo digital nos obligan a examinar los cambios que están ocurriendo en el consumo tradicional.
2. Factores que contribuyen al aumento del poder adquisitivo entre los jóvenes.
   ____
3. Las ventajas de hacer compras en línea.
   ____
4. Me gustaría hablar sobre Netflix y la televisión por cable.
   ____
5. Los hábitos de lectura de los jóvenes.
   ____

La tesis en textos expositivos de comparación y contraste

En un ensayo de comparación y contraste, la tesis suele contener la idea principal en la que se presentan los temas de análisis y el modo en que se relacionan entre sí. Si, por ejemplo, volvemos al artículo de Josep Massot, *La resistencia del libro en papel* (véase p. 88–89), veremos que la idea principal del párrafo introductorio establece sobre todo contrastes entre los dos temas de análisis, esto es, el libro en papel frente al libro digital con relación a la diferencia de ventas por año. Con ayuda de la tesis, a los lectores les es más fácil sopesar la importancia de los temas que analizamos o la preferencia por uno u otro tema de análisis. En esa misma lectura, por ejemplo, podemos ver cómo el autor presenta la situación en el mercado de ambos tipos de formato, inclinándose más a favor del libro en papel. También vemos que el planteamiento de la tesis contiene las ideas u oraciones de apoyo que se corresponden con los puntos de comparación o contraste. Estos puntos pueden establecerse directamente en la tesis o introducirse de manera implícita. Analicemos la tesis que aparece en el primer párrafo del artículo de Massot:

> . . . los amantes del libro en papel pueden respirar tranquilos. Los pronósticos de que en el 2017 las ventas de libro electrónico en Estados Unidos superarían a las de papel no sólo no se cumplen, sino que los datos del 2014 confirman la tendencia, apuntada ya en el 2013, de que las cifras de crecimiento acelerado del formato electrónico siguen frenándose.

En esta tesis podemos observar cómo la idea principal hace evidente la preferencia de los lectores por el libro en papel. Esto se comprueba con las ideas de apoyo, en este caso, con datos que muestran la diferencia en cuanto al resultado de ventas por año de ambos tipos de formato. Sin embargo, el planteamiento de la tesis se presenta de manera implícita, es decir que el lector tiene que interpretar que, al no cumplirse los pronósticos, la venta de libros en papel se mantiene en el mercado a pesar del supuesto éxito del libro en formato digital.

ACTIVIDAD 3.19

Escriba una tesis para los siguientes temas de análisis y puntos de comparación en relación de similitud o diferencia. Cuando haya terminado, compare su tesis con la de un compañero o en grupos de tres.

Tema de análisis: *Netflix y la televisión por cable* **Puntos de comparación**: *accesibilidad, costo, servicio, programación, etc.* **Relación**: *diferencias*	**Tema de análisis**: *Agencia de viaje tradicional o en línea* **Puntos de comparación**: *servicio, costo, seguridad, etc.* **Relación**: *similitudes*

Párrafo introductorio

Otra característica interesante que observamos en el primer párrafo del artículo sobre el libro en papel es cómo, para introducir el resultado de ventas de ambos formatos, Massot nos cuenta de manera atractiva el modo en que el libro de papel sigue sobreviviendo a pesar de las predicciones de los expertos. Para ello, desde el inicio el autor nos ofrece datos importantes relacionados con los derroteros del libro impreso en un contexto bien determinado. Analicemos todo el párrafo introductorio que aparece a continuación:

> ¿Se había creado una burbuja en torno al libro digital? Una vez disipada la atracción de lo nuevo y el vértigo apocalíptico que se apodera de los seres humanos ante toda innovación, los amantes del libro en papel pueden respirar tranquilos. Los pronósticos de que en el 2017 las ventas de libro electrónico en Estados Unidos superarían a las de papel no sólo no se cumplen, sino que los datos del 2014 confirman la tendencia, apuntada ya en el 2013, de que las cifras de crecimiento acelerado del formato electrónico siguen frenándose.

En primer lugar, Massot atrae la atención del lector recurriendo a la pregunta, "¿Se había creado una burbuja en torno al libro digital?" Esta pregunta al comienzo del artículo no sólo hace que el lector sienta curiosidad sobre el tema en cuestión, sino que también lo anima a formarse una opinión con respecto, en este caso, a los derroteros del libro en papel. Dependiendo del tema de análisis, podemos decidir si le hacemos la pregunta directamente al lector o si la hacemos en sentido abstracto o implícito como en nuestro ejemplo.

ACTIVIDAD 3.20

A partir del esquema de la actividad 3.13, analice las ideas generadas sobre las diferencias y las similitudes de consumo en línea entre hombres y mujeres. Luego, piense en una pregunta que ayude a arrancar la redacción del párrafo introductorio de un ensayo. Cuando lo haya hecho, escriba la pregunta y compártala con un compañero o en grupo de tres personas.

En segundo lugar, el autor resume de forma ingeniosa en un par de líneas la noticia sobre la novedad de los dispositivos electrónicos de lectura y el temor de la potencial desaparición del libro impreso: "Una vez disipada la atracción de lo nuevo y el vértigo apocalíptico que se apodera de los seres humanos ante toda innovación, los amantes del libro en papel pueden respirar tranquilos." Por último, Massot responde a la pregunta del inicio del párrafo, dándole contexto a la noticia con el resultado de ventas por año y el lugar en que estas ocurren (entre 2013 y 2014 en los Estados Unidos). Esta respuesta sirve, a su vez, de tesis general de todo el artículo como hemos visto anteriormente.

ACTIVIDAD 3.21

Una vez que haya redactado la pregunta, vuelva a analizar las ideas generadas en el esquema e intente redactar el párrafo introductorio en el que, seguido de la pregunta, cuente algo que llame la atención del lector sobre las diferencias y similitudes del consumo entre hombres y mujeres, y que sirva para proponer una tesis con una idea principal e ideas de apoyo que ayuden a responder a la pregunta inicial. Al terminar, intercambie el párrafo con uno de sus compañeros o en grupo de tres y comenten al respecto.[4]

Aunque no todos los estudiantes universitarios tienen que recurrir a cifras estadísticas para la redacción de ensayos, nunca está de sobra tener en cuenta algunos de los consejos que ofrece la guía de redacción estadística publicada por la Comisión Económica para Europa de las Naciones Unidas.[5] Según esta guía, los resultados estadísticos en contexto nos deben servir para hacer resaltar un acontecimiento importante cuyas implicaciones podrían cambiar o transformar nuestras vidas; estos resultados sirven también para informar a un público advertido, pero no necesariamente experto sobre experiencias compartidas, parecidas a los temas que nos ocupan en este capítulo, como la irrupción del consumo digital o los derroteros del libro en papel.

En los artículos con los que hemos estado trabajando, podemos observar cómo los autores siguen algunas de las sugerencias que propone la guía. Por ejemplo, Massot

[4] Utilice la hoja de revisión del párrafo (véase apéndice 5, p. 233).

[5] Este es el enlace de donde proviene esta guía que le puede ser de mucha utilidad para la elaboración de textos con cifras, tablas, gráficos e información relacionada con datos estadísticos: Naciones Unidas, Comisión Económica para Europa (2009). *Cómo hacer comprensibles los datos. Parte 1: Una guía para escribir sobre números.* Nueva York y Ginebra: Naciones Unidas. Disponible en: www.unece.org/fileadmin/DAM/stats/documents/writing/MDM_Part1_Spanish.pdf.

en su artículo sobre el destino del libro en papel escribe párrafos cortos con una sola idea principal redactada con un lenguaje sencillo de entender. También cuando tiene que emplear cifras, se preocupa de mantener constante el uso del formato numérico como aparece en el siguiente párrafo:

> En España, el libro digital es muy poco aceptado. Según la encuesta del CIS realizada a 2.477 personas mayores de 18 años el pasado diciembre, el 79,7% de los lectores asegura que prefiere leer libros en papel que en pantalla. El porcentaje sube al 80,1% en las edades de 18 a 24 años, mientras que el número de españoles que muestra su poca o nula predisposición a leer libros electrónicos en el futuro es muy alta: el 46,6%.

ACTIVIDAD 3.22

Revise que el párrafo introductorio que ha escrito siga algunos de los consejos que ofrece la guía de redacción estadística. Por ejemplo, que en la redacción de los componentes del párrafo, es decir, la idea principal, las ideas de apoyo y la tesis, emplee un lenguaje fácil de entender, manteniendo constante el uso del formato numérico.

Párrafo de cierre o conclusión

Cuando llegamos al final de un texto expositivo de comparación y contraste, queremos dejar una impresión duradera en el lector. Por ejemplo, en su artículo, Massot sintetiza las ideas centrales del texto, agregando nuevos factores relacionados con la salud que añaden puntos a favor en cuanto a la preferencia por la lectura en papel frente al libro digital. De este modo, el autor no sólo nos hace recordar el tema central del texto, sino que aprovecha para aconsejarnos sobre los beneficios y daños que puede acarrear el uso de uno u otro formato. He aquí el párrafo de cierre del artículo de Massot.

> Hay más factores que explican la resistencia del libro físico frente al electrónico. Numerosos estudios señalan que lo leído en lectura analógica se retiene mejor en la memoria que si es leído en pantalla. Otro informe de la University of Texas Southwestern Medical Center señala que leer antes de dormir usando una pantalla activa, es decir, que emite luz (como la de las tabletas o smartphones), altera el ritmo biológico y puede provocar que tardemos más en conciliar el sueño al encontrarnos más activos, menos cansados y por lo tanto, predisponernos a un descanso menos reparador, con un 50% menos de melatonina.
>
> El futuro —se inventarán nuevas tecnologías— es que quienes comparten la lectura en digital y en papel irán creciendo y cada lector elegirá el momento, el lugar, el género literario o el formato que desee a su conveniencia.

ACTIVIDAD 3.23

Lea las dos siguientes síntesis y piense en un consejo relacionado con el tema que se le podría añadir a cada una de ellas y así completar los párrafos de cierre o conclusión. Cuando haya terminado, compare sus consejos con un compañero o en grupos de tres.

Sin lugar a dudas, el éxito de Netflix y otros servicios de *streaming* (en directo), que nos ofrecen tanto de donde escoger por tan módica suma, están obligando a los proveedores de televisión por cable a copiar su formato para no perder más subscriptores.
Está claro que, con las nuevas tecnologías al alcance de nuestras manos, podemos fácilmente prescindir de los servicios de la tradicional agencia de viajes cuya tarifa incrementa el costo real del transporte y del hospedaje.

ACTIVIDAD 3.24

Vuelva al esquema de la actividad 3.13 sobre el resultado de las diferencias y las similitudes de consumo en línea entre hombres y mujeres. Luego, analice las ideas generadas en el esquema e intente redactar un párrafo de cierre que sintetice la información con un consejo para el lector.

Criterios de textualidad

Cohesión: *elipsis*

En el capítulo anterior hemos visto que la cohesión, como criterio de textualidad, nos permite, por un lado, reconocer los elementos lingüísticos que conforman palabras, oraciones y párrafos dentro de un texto y, por el otro, asegurarnos de que éstos están organizados según el funcionamiento de las estructuras gramaticales de la lengua.

Ahora veremos otro de los procedimientos de cohesión, llamado elipsis o elisión, que consiste en omitir o suprimir palabras o grupos nominales que ya han aparecido antes en el texto. En efecto, con ayuda de la elipsis, podemos omitir un elemento sobreentendido de la oración, dejando que el lector lo infiera mentalmente con el significado de la palabra o el término adecuado siempre y cuando el escritor sepa utilizar este recurso de cohesión correctamente. Para entender mejor cómo funciona la elipsis, leamos el siguiente fragmento extraído del artículo de Roser Ferrer sobre el consumo digital:

> Hoy en día, los consumidores pueden realizar sus compras desde cualquier lugar y en cualquier momento del día. Además, **?** tienen la posibilidad de recibir el pedido en su domicilio o enviarlo a un punto de recogida cercano.

Como vemos, Ferrer recurre a la elipsis para evitar la repetición del grupo nominal "los consumidores" que funciona como sujeto tácito, es decir, que no está explícito en la oración, antepuesto al verbo conjugado *tienen* (este sujeto tácito lo indicamos mediante un signo de interrogación).

ACTIVIDAD 3.25

En el siguiente análisis, aprenderemos a distinguir las elipsis de las que Roser Ferrer se vale para evitar repeticiones. En primer lugar, lea los dos siguientes fragmentos de su artículo, sin hacer caso ni a los corchetes que encierran algunas palabras ni a los espacios con signos de interrogación.

> Hoy en día, los consumidores tienen a su alcance una mayor variedad de productos y servicios en todas las categorías, [los cuales] se ofertan a diferentes precios. A medida que el consumidor está

más conectado, **?** tiene mayor poder de decisión, dado que **?** puede comparar fácilmente precios y calidades entre distintos ofertantes de todo el mundo, **?** saber más sobre el fabricante o el producto en cuestión, y **?** conocer la opinión de otros consumidores antes de decidirse por un producto o servicio. En este contexto están ganando peso las plataformas de comercio electrónico. A través de [ellas], los consumidores pueden comprar en cualquier momento y desde cualquier lugar. Esta mayor conveniencia ha pasado a formar parte de las expectativas del consumidor, [que] espera que el proceso de compra de todos los productos y servicios [que] consume, tanto *online* como *offline*, sea igual de rápido y eficiente. Asimismo, el consumidor también espera poder personalizar cada vez más productos y servicios, y **?** que las interacciones con la marca le sean relevantes.

Por su parte, en la fase de posventa también están ocurriendo cambios. Actualmente, los consumidores tienen más opciones a su alcance para devolver los productos [que] **?** no desean y ser atendidos en todo momento (a través de varios canales) cuando **?** tienen un problema o [sus] expectativas no se han cumplido. Además, **?** pueden compartir sus experiencias en relación con un producto o servicio en las redes sociales y plataformas de reseñas, [lo que] genera contenido para la fase inicial de otros consumidores.

Ahora concéntrese en las palabras precedidas por un signo de interrogación (**?**), con el que se indica que se ha omitido una palabra (por lo general, el sujeto de la oración en ocasiones junto con un verbo) que aparece como antecedente en el texto.

Siguiendo el modelo que aparece a continuación, encuentre las elipsis que completen los fragmentos en el texto.

	Palabra implícita	Fragmento
?	*el consumidor*	*tiene mayor poder de decisión*
?		
?		
?		
?		
?		
?		
?		

Recapitulando, las elipsis, entonces, nos sirven para suprimir un elemento de la oración que ya está sobreentendido, observando las convenciones léxicogramaticales de la lengua. Sin embargo, esto no significa que no se pueda repetir la palabra omitida o reemplazarla por otra parecida, incluso en un mismo párrafo, de manera que el lector pueda recordar el antecedente del texto.

Tras haber leído los dos fragmentos del texto de Ferrer, quizá haya notado que la autora recurre también a los deícticos como recurso de cohesión. Como hemos visto en el capítulo anterior, las *referencias* o deícticos son sustitutos[6] de otras palabras (determinantes, pronombres demostrativos, posesivos, relativos, etc.) que aparecen como antecedente en el texto, que llamamos *referentes*.

[6] Determinantes y pronombres personales aparecen en el tema sobre *El sujeto* en la página web del libro.

ACTIVIDAD 3.26

Siguiendo el modelo que aparece a continuación, establezca la relación entre las referencias entre corchetes **[ ]** y los referentes que aparecen en el fragmento del artículo de Roser Ferrer.

Referente
productos y servicios

Referencia
[*los cuales* **]**
[ ]
[ ]
[ ]
[ ]
[ ]
[ ]

Estructuras gramaticales

La oración compuesta

Entendemos por oraciones compuestas coordinadas[7] el conjunto de dos o más oraciones separadas por signos de puntuación (coma, punto y coma, o dos puntos) o unidas por un nexo, por lo general una conjunción.[8] Cada una de estas oraciones, que contiene su propio predicado, es independiente de la otra y tiene sentido completo. Ejemplos:

a) Marisol estudia en Quito. *oración simple* b) Laura trabaja en Guayaquil. *oración simple* c) Marisol estudia en Quito y Laura trabaja en Guayaquil. *nexo: conjunción* ***y*** *oración compuesta*	Las oraciones simples *a)* y *b)*, constituidas por un sujeto y un predicado, son independientes y tienen sentido completo. Al unirlas mediante la conjunción *y* forman la oración compuesta *c)*. Para reconocerlas, basta con identificar el verbo de cada oración y el nexo que las une: en este caso, la conjunción *y*.

También veremos que, dependiendo de la conjunción que empleemos, la oración compuesta podrá adquirir un significado diferente. Ejemplos:

a) El consumidor reconoce el producto *y Ø*[9] lo compra. *nexo: conjunción* ***y*** *oración compuesta* b) El consumidor reconoce el producto *pero Ø* no lo compra. *nexo: conjunción* ***pero*** *oración compuesta*	Aunque las oraciones compuestas *a)* y *b)* parecen similares, el significado de la oración *b)* varía de la *a)* porque, como veremos más tarde, la conjunción *pero* se emplea para expresar contraste u oposición.

[7] Explicaciones y ampliaciones detalladas sobre este tema gramatical están disponibles en la página web del libro.

[8] Entendemos por *conjunción* la categoría gramatical que sirve para unir palabras o estructuras sintácticas equivalentes o que antecede diferentes tipos de oraciones subordinadas.

[9] El signo Ø expresa la elisión del sujeto. Véase la sección La oración simple: el sujeto del capítulo 1, pp. 25–26.

Las oraciones coordinadas

Para explicar el funcionamiento de las oraciones compuestas, nos valdremos de la clasificación de palabras o categorías gramaticales, en este caso de las conjunciones y locuciones conjuntivas,[10] con las que aprenderemos a reconocer la estructura, el significado y la función que cada una de ellas cumple dentro de las oraciones compuestas coordinadas.

En primer lugar, diremos que las conjunciones son palabras invariables de las que nos valdremos para enlazar una agrupación de palabras u oraciones, estableciendo orden, opción o contraste entre ellas o, en el caso de las oraciones subordinadas,[11] dependencia entre una oración y otra.

Las conjunciones coordinantes las podemos clasificar en tres grupos, a saber, copulativas, disyuntivas y adversativas. Dado el grado de dificultad, en esta sección solo analizaremos las oraciones coordinadas adversativas.

La coordinación adversativa

La coordinación adversativa, como su nombre lo indica, expresa contradicción u oposición entre dos palabras o grupos de palabras de la misma categoría gramatical (sustantivos, adjetivos, adverbios, preposiciones) u oraciones independientes con sentido propio, separadas por una coma y una conjunción adversativa. Las conjunciones adversativas más comunes son *pero* y *sino* (*que*).

La conjunción adversativa *pero* se suele emplear de dos maneras: una, cuando los significados de dos oraciones se oponen entre sí, y la otra, cuando el significado de una de las dos cláusulas se relaciona indirectamente con el de la otra. En el caso en que dos oraciones compartan el mismo verbo emplearemos una elipsis[12] como recurso de textualidad para evitar la repetición. Ejemplos:

a) La compañía importaba mercancía de Japón, *pero* dejó de hacerlo desde hace diez años. *oración adversativa*	En la oración compuesta *a)* los grupos oracionales *La compañía importaba ...* y *dejó de hacerlo ...* se unen mediante la conjunción adversativa *pero*. Notemos que los significados de ambas oraciones se oponen entre sí.
b) El tabaco parece inofensivo, *pero* su consumo pone en peligro nuestra salud. *oración adversativa*	En la oración *b)*, los grupos oracionales *el tabaco parece inofensivo* y *su consumo pone en peligro nuestra salud* se unen mediante la conjunción adversativa *pero*. Notemos que el significado de una oración tiene una relación indirecta con el de la otra.
c) El consumo de tabaco es legal *pero* Ø[13] dañino. *oración adversativa*	En la oración *c)*, los adjetivos *legal* y *dañino* se unen mediante la conjunción adversativa *pero*. Notemos que el significado de un adjetivo se opone al otro y que hay una elipsis en la oración para evitar la repetición del verbo conjugado *ser*.

[10] Entendemos por *locución* el conjunto de dos o más palabras que forman un grupo fijo e inseparable que funciona como una sola palabra. Puede haber locuciones para varias categorías gramaticales (adjetivos, adverbios, conjunciones, preposiciones, etc.).

[11] Véase las secciones La oración subordinada sustantiva del capítulo 5, pp. 166–170 y Oraciones subordinadas circunstanciales del capítulo 6, pp. 199–207.

[12] Véase Criterios de textualidad en este mismo capítulo, pp. 96–97.

[13] El signo Ø expresa la elipsis del verbo.

La conjunción adversativa *sino* también expresa oposición entre dos palabras u oraciones; sin embargo, a diferencia de *pero*, la primera parte de la oración debe negar lo que se afirma en la segunda introducida por esta conjunción. Ejemplos:

a) No saldremos hoy, *sino* mañana. *oración adversativa*	En la oración simple *a)* los adverbios *hoy* y *mañana* se unen mediante la conjunción adversativa *sino*. Notemos que en la primera parte de la oración se niega el momento en que se realiza (*hoy*) y se confirma con lo que introduce la conjunción adversativa *sino* (*mañana*).

En algunos casos la conjunción *sino* puede venir seguida de la conjunción *que* cuando introduce una oración en forma personal y afirma lo que se niega en la primera cláusula. Ejemplo:

a) El empresario no es cobarde, *sino que* prefiere ser cauteloso. *oración adversativa*	En la oración simple *a)* las oraciones *El empresario no es cobarde* y *prefiere ser cauteloso* se unen mediante la conjunción adversativa *sino que*. Notemos que en la primera cláusula se niega la acción que se realiza (*no es cobarde*) y se confirma con lo que introduce la conjunción adversativa *sino que* (*prefiere ser cauteloso*).

En ocasiones las oraciones coordinadas con la conjunción adversativa *sino* se suelen construir con el adverbio *sólo* en la primera cláusula, con lo que se pierde el sentido adversativo y adquiere un tono enfático incluyente afirmativo. En algunos casos se suele añadir el adverbio *también* en la segunda cláusula para darle todavía más énfasis. Ejemplos:

a) El consumo digital no sólo se da entre jóvenes, *sino que* también lo practican personas de todas las edades. *oración adversativa*	En la oración simple *a)* las oraciones *el consumo digital no sólo se da entre jóvenes* y *también lo practican personas . . .* se unen mediante la conjunción adversativa *sino que*. Notemos que con la presencia de los adverbios sólo y también ambas oraciones se vuelven mutuamente inclusivas, es decir, la primera cláusula no niega la segunda, con lo que ambas se vuelven afirmativas (*el consumo digital se da entre jóvenes* y *también lo practican personas . . .*).

EJERCICIO 3.1

A. A las siguientes oraciones extraídas de las lecturas les falta una conjunción para que tengan sentido. Escoja del recuadro la conjunción o locución conjuntiva que considere que mejor completa cada oración. **Atención**: algunas de estas conjunciones se repiten más de una vez.

no (2) / *y* (3) / *pero* / *sino que* (2)

1. Hoy en día, los consumidores tienen a su alcance una mayor variedad de productos _________ servicios en todas las categorías.

2. _________ solo eso, ___________ la estrategia debe ser integral en todos los canales, por ejemplo, utilizando los canales online para atraer clientes a la tienda física (y viceversa).
3. La rápida expansión del comercio electrónico es prueba de ello, _________ el impacto está yendo más allá.
4. _________ es que el libro digital haya bajado en Estados Unidos, ___________ ha dejado de aumentar al ritmo que lo hacía antes.
5. El futuro —se inventarán nuevas tecnologías— es que quienes comparten la lectura en digital _________ en papel irán creciendo _________ cada lector elegirá el momento, el lugar, el género literario o el formato que desee a su conveniencia.

B. Lea las siguientes frases, póngalas en orden lógico y únalas para formar oraciones adversativas, valiéndose de las conjunciones o locuciones conjuntivas y signos de puntuación si es necesario.

1. le da una idea / El folleto / rápida / de los espectáculos de / certera / este parque de atracciones / pero
   El folleto le da una idea rápida pero certera de los espectáculos en este parque de atracciones.
2. pero / una donación de dinero / La entrada al parque / a cambio de hacer / es libre
   ____
3. no lo abren / El parque de atracciones / entre semana / los fines de semana / sino
   ____
4. no sólo son nuevas / Las instalaciones del parque / responden a las necesidades / sino que también /de las personas discapacitadas
   ____
5. peligrosa / pero / es / La montaña rusa / muy emocionante
   ____

Técnicas de combinación de oraciones

Combinación y segmentación de oraciones compuestas

Continuaremos aquí ejercitándonos con la técnica de combinación y segmentación de oraciones,[14] esta vez referida a las oraciones compuestas. Esto nos permitirá fortalecer nuestros conocimientos gramaticales y desarrollar a la vez una mayor soltura para escribir oraciones compuestas con estructuras sintácticas complejas.

EJERCICIO 3.2

Lea la siguiente secuencia de oraciones y combínelas, utilizando la primera con la letra a) como oración principal. Use la conjunción que se le indica, así como las elipsis, la puntuación y las concordancias verbales que se requieran. Fíjese en el modelo.

1. a) El consumidor moderno está bien informado.
   b) El consumidor moderno tiene acceso inmediato a productos en línea.
   c) El consumidor moderno busca novedades en un entorno comercial cambiante.
   Conjunción: *y*
   El consumidor moderno está bien informado, tiene acceso inmediato a productos en línea y busca novedades en un entorno comercial cambiante.

[14] Véase la sección Técnicas de combinación de oraciones del capítulo 1, pp. 29–31, y la sección Segmentación de oraciones del capítulo 2, pp. 67–68.

2. a) Las ventajas de adquirir productos en línea son innegables.
   b) Las ventajas de adquirir productos en línea no han podido reemplazar por completo la experiencia de comprar en una tienda física real.
   Conjunción: *pero*

   ____
   ____
   ____

3. a) Los jóvenes consumen cada vez más en línea diversos productos y servicios.
   b) Los jóvenes comparten en redes opiniones y críticas sobre sus experiencias de compra.
   Conjunción: *no sólo . . . sino que también*

   ____
   ____
   ____

4. a) El libro en formato digital no tiene muchos atributos físicos.
   b) El libro en formato digital es práctico.
   c) El libro en formato digital es funcional.
   Conjunción: *pero, y*

   ____
   ____
   ____

5. a) El libro en papel no desaparecerá en el futuro inmediato.
   b) El libro en papel convivirá con el libro en formato digital.
   Conjunción: *sino que*

   ____
   ____
   ____

EJERCICIO 3.3

Segmente los elementos que constituyen las siguientes oraciones compuestas. Para ayudarle a resolver cada ejercicio, la oración principal ya aparece escrita en la línea a).

1. El comercio electrónico tiene limitantes de tipo técnico, no permite tener un contacto directo inmediato con el producto que se adquiere y requiere necesariamente tener acceso a Internet.
   a) El comercio electrónico tiene limitantes de tipo técnico.
   b) *El comercio electrónico no permite tener un contacto directo inmediato con el producto que se adquiere.*
   c) *El comercio electrónico requiere necesariamente tener acceso a internet.*
2. En línea, las mujeres tienden a comprar ropa y materiales deportivos, y los hombres equipamiento electrónico; pero ambos sexos adquieren alojamiento de vacaciones en igual proporción.
   a) En línea, las mujeres tienden a comprar ropa y materiales deportivos.
   b) ____
   c) ____
3. Los lectores voraces no sólo compran libros impresos, sino también en formato electrónico, y se destacan por leer mucho más que el lector promedio.
   a) Los lectores voraces no sólo compran libros impresos.
   b) ____
   c) ____

Documento final

Puesta en práctica

Texto expositivo sobre comparación y contraste

Termine de redactar un ensayo de entre 400 y 500 palabras sobre las diferencias y similitudes de consumo en línea que existen entre hombres y mujeres, que completa las actividades 3.20, 3.21 y 3.24. Durante la redacción, incluya las citas que crea necesarias en los párrafos que conformen el cuerpo del texto y prepare la lista de artículos utilizados siguiendo el sistema de estilo APA, y los pasos indicados en la sección sobre Uso del sistema de citas según los manuales de la APA y la MLA del capítulo 1 (véase pp. 13–15).

Según lo indique el profesor, podrá redactar otro texto diferente, escogiendo uno de los siguientes temas sobre el comercio tradicional y digital:

- Mediante el servicio de estadísticas de su país, averigüe los datos que muestren el uso del comercio electrónico por nivel de educación de la población y establezca las diferencias y similitudes más perceptibles con respecto a los datos de España en 2018 (véase pp. 81–82).
- Mediante ese mismo servicio de estadísticas u otro tipo de publicación, investigue cuánta influencia tienen las redes sociales en la toma de decisiones de compra en línea entre hombres y mujeres de su país y establezca diferencias y similitudes entre los dos sexos.
- La mayoría de los cambios en el comportamiento del consumo se deben a la influencia que tiene la publicidad en el público consumidor. Investigue los cambios que ha provocado la publicidad en línea entre empresarios y usuarios y establezca comparaciones y contrastes con la publicidad tradicional como la conocemos.

Para ello, ponga en práctica todos los pasos esenciales del proceso de escritura que hemos visto a lo largo de este capítulo para completar todo el ensayo.

No olvide . . .

- planificar y generar ideas sobre el tema que haya escogido mediante los mapas de aspectos comunes (véase pp. 83–84);
- preparar el esquema que cubra el número aproximado de párrafos;
- cerciorarse de que en cada párrafo se desarrolle la oración temática y oraciones de apoyo, empleando la estructura de textos expositivos sobre comparación y contraste (véase pp. 86–87);
- detectar los párrafos que necesitan datos e información para apoyar el tema central del texto;
- realizar una búsqueda de libros que apoyen los datos que le hagan falta (véase p. 90);
- utilizar técnicas de inserción de citas según APA dentro del/los párrafos (véase pp. 13–15);
- preparar el borrador del texto sin preocuparse mucho de la redacción;
- redactar el párrafo de introducción y de cierre o conclusión hasta el final (véase pp. 93–95);

- introducir conectores de comparación y contraste dentro del texto (véase p. 87);
- revisar todo el documento, asegurándose de que en cada párrafo se desarrolle una idea desprendida del esquema y de que al mismo tiempo haya conexión entre los demás párrafos, buscando que exista coherencia en cada uno de ellos, así como en el texto completo;
- revisar y hacer correcciones de estructuras morfosintácticas de las oraciones (concordancia de sujeto y predicado) cuya formulación necesite más trabajo dentro de cada uno de los párrafos;
- revisar y hacer correcciones sobre el uso de vocabulario dentro de cada uno de los párrafos;
- revisar todo el documento, asegurándose que en cada párrafo se desarrolle una idea desprendida del esquema y que al mismo tiempo haya conexión entre los demás párrafos, así como en el texto completo.[15]

Evaluación: hoja de chequeo

Utilice la siguiente hoja de chequeo para revisar la redacción del ensayo y, si es necesario, considerar cambios que lo mejoren.

Califica de. . .	
1 (insatisfactorio):	uso inadecuado de técnicas de redacción; necesita más desarrollo
2 (satisfactorio):	uso aceptable de técnicas de redacción; necesita un poco más de desarrollo
3 (muy bien):	uso adecuado de todas las técnicas de redacción con muy pocos errores
4 (excelente):	uso excepcional de todas las técnicas de redacción sin ningún error

	1	2	3	4
El tema del ensayo sobre comparación y contraste es claro, con una pregunta en el párrafo introductorio relacionada con la tesis (véase pp. 91–93).				
Se ha empleado vocabulario académico de frecuencia y sinónimos de algunas palabras.				
El desarrollo de la tesis describe claramente el/los temas de análisis y la relación entre ellos, indicando los puntos de comparación (véase pp. 91–93).				
El desarrollo de los párrafos del cuerpo del texto presenta unidad y apoya de manera lógica la tesis del ensayo.				
La estructura del texto adopta uno de los dos modelos de estructura para textos expositivos de comparación y contraste (véase pp. 86–87).				

[15] Para mejorar la calidad del ensayo, se recomienda que intercambie su texto con uno de sus compañeros para que, con ayuda de la hoja de revisión de textos expositivos, se proporcionen mutuamente *feedback*. Consulte la hoja de revisión de textos expositivos (apéndice 5, pp. 235–236).

(*cont.*)

	1	2	3	4
El uso de conectores de comparación y contraste es adecuado (véase p. 87).				
El ensayo termina con un párrafo de cierre o conclusión que sintetiza adecuadamente las ideas centrales, añadiendo comentarios o reflexiones sobre el tema (véase p. 95).				
Se han utilizado adecuadamente las fuentes externas de información (libros) para apoyar las ideas principales del ensayo (véase p. 90).				
Se ha empleado correctamente el sistema de citas del manual de la APA (véase pp. 13–15).				
La redacción del texto presenta pocos errores de cohesión y coherencia textual.				

Reflexión pedagógica

Piense qué ha aprendido en este capítulo. Para ello, utilice la siguiente tabla para indicar qué cosas cree que necesita revisar para pasar al siguiente capítulo. Cuando termine, comparta el resultado con su compañero.

• El vocabulario relacionado con el consumo tradicional y digital y el libro en papel y el libro digital	
• La inferencia sobre el tema del comercio tanto tradicional como digital	
• Los mapas de aspectos comunes	
• La estructura del modelo por temas de análisis y la del modelo por puntos de comparación	
• La búsqueda de títulos de libros en la universidad o en WorldCat	
• El uso del sistema de citas según el manual de la APA	
• La estructura gramatical de la oración compuesta	
• La técnica de combinación de oraciones: oraciones compuestas	
• La puesta en práctica del desarrollo de textos expositivos sobre comparación y contraste	

4 Emanciparse en tiempos de crisis

EN ESTE CAPÍTULO ...

- aprenderá vocabulario relacionado con la emancipación juvenil;
- anticipará e inferirá el tema de la emancipación y la situación laboral;
- aprenderá a trabajar con diagramas;
- aprenderá a desarrollar la estructura de un texto expositivo de causa y efecto;
- aprenderá cómo seleccionar y extraer información de fuentes externas: citas dentro del texto;
- aprenderá a preparar el borrador de un párrafo introductorio con tesis y otro de cierre o conclusión, que integran un texto expositivo de causa y efecto sobre el tema de la emancipación residencial;
- repasará el funcionamiento básico de la oración subordinada adjetiva o de relativo;
- aprenderá a combinar oraciones adjetivas mediante la técnica de combinación de oraciones subordinadas adjetivas o de relativo;
- pondrá en práctica el desarrollo de textos expositivos de causa y efecto.

Lectura académica

En preparación ...

En un momento determinado de la vida, muchos jóvenes universitarios deben tomar la decisión trascendental de vivir fuera del hogar de origen por cuestiones ya sea de estudio o de trabajo. En efecto, cuando comenzamos nuestros estudios universitarios o nos incorporamos al mercado laboral con frecuencia nos vemos obligados a emanciparnos de nuestros padres y hacernos responsables de nuestro propio bienestar. Sin embargo, en muchos países, en desarrollo e incluso desarrollados, en general por razones económicas, la emancipación juvenil se llega a retrasar o, en algunos casos, revertir cuando los hijos ya emancipados se ven forzados a volver al seno familiar.

En este cuarto capítulo, leeremos sobre la emancipación juvenil en España y las dificultades por las que atraviesan los jóvenes para poder lograrlo. Esta fase en la vida de los jóvenes la analizaremos mediante diagramas que muestran las causas que llevan a los jóvenes a emanciparse y los efectos que esto conlleva. Pero antes, veamos qué sabemos sobre la emancipación juvenil.

ACTIVIDAD 4.1

Responda a las siguientes preguntas.

1. ¿Qué es la emancipación? Indique con esta marca (✓) todas las opciones que le parezcan adecuadas.

Es la capacidad de tomar decisiones libremente y asumir responsabilidades.	❍
Es tener economía independiente y vivir fuera de la casa de los padres.	❍
Es tener economía independiente viviendo en casa de los padres.	❍
Es vivir fuera de casa de los padres dependiendo económicamente de la familia.	❍

2. ¿A qué edad se suelen emancipar los jóvenes de su país? Indique con esta marca (✓) todas las opciones que le parezcan adecuadas.

Entre los 16 y 19 años de edad.	❍
Entre los 20 y 24 años de edad.	❍
Entre los 25 y 29 años de edad.	❍
Entre los 30 y 34 años de edad.	❍

3. ¿Le gustaría emanciparse?

Ya estoy emancipado.	❍
Sí, me gustaría emanciparme.	❍
Me gusta mi situación actual.	❍

4. Muchos jóvenes españoles y latinoamericanos tienen problemas para emanciparse. ¿Cuáles pueden ser las causas? Indique con esta marca (✓) todas las opciones que le parezcan adecuadas.

Desempleo o salario muy bajo.	❍
Falta de solvencia económica.	❍
Falta de acceso al mercado de la vivienda.	❍
Comodidad de vivir en el hogar de origen.	❍

Cuando haya terminado, compare el resultado con el de uno de sus compañeros de clase, vean si sus respuestas son similares y comenten al respecto.

ACTIVIDAD 4.2

Los datos que aparecen en el gráfico 4.1 muestran el número de jóvenes españoles que viven con sus padres. Observe con detenimiento las cifras y responda a las siguientes preguntas.

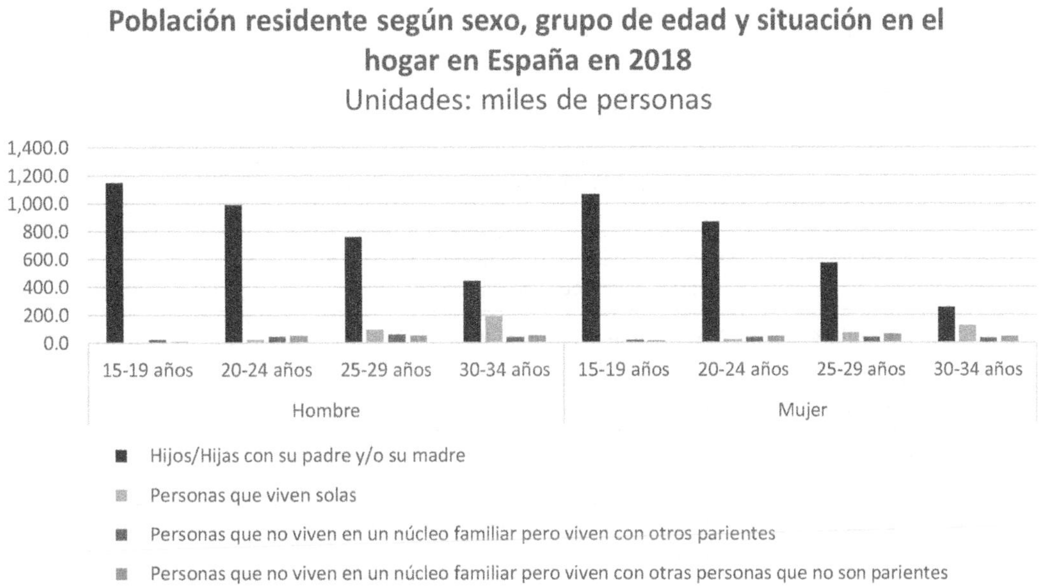

Gráfico 4.1 Población residente según sexo, grupo de edad y situación en el hogar en España, 2018 (unidades: miles de personas).
Fuente: Instituto Nacional de Estadística, España

1. Según las cifras del gráfico, ¿a partir de qué grupo de edad los jóvenes comienzan a dejar el hogar de origen?

   ____

2. ¿Por qué cree que un mayor número de mujeres de más de 25 años deja el seno familiar que hombres del mismo grupo de edad?

   ____

3. Los datos del gráfico revelan la dificultad que tienen los jóvenes españoles de emanciparse. ¿Cree que la situación de la emancipación juvenil en su país de origen es parecida a la de España?

   ____

   ____

Cuando haya terminado, compare las respuestas con las de su compañero.

Desarrollo léxico

Frecuencia léxica

En esta sección presentaremos algunos ejercicios donde se trabajará con palabras de baja frecuencia estadística, así como términos académicos; todo esto, para seguir enriqueciendo nuestro bagaje léxico.

ACTIVIDAD 4.3

En la siguiente actividad, explorará el significado de algunas palabras clave extraídas de varios artículos, que encontrará más adelante, sobre diversos aspectos del proceso de emancipación familiar de los jóvenes.

A. Señale cuáles de las siguientes palabras con sus definiciones funcionan como sustantivos o como verbos y escriba el sustantivo o verbo que derive de la palabra.[1]

Palabra	Definición	Sustantivo	Verbo
establecer*	• instituir, fundar o demostrar	*establecimiento*	✓
alquiler	• pago convenido para habitar un bien inmueble durante un plazo concertado		
cohabitar	• vivir o habitar conjuntamente con una o más personas		
retrasar	• hacer que algo llegue u ocurra más tarde del tiempo establecido		
ruptura	• acción y efecto de separar con violencia las partes de un todo, desuniéndolo		
cuantificación	• resultado de expresar numéricamente la magnitud de algo		
augurar	• predecir, presentir o presagiar		
estorbo	• persona, hecho o situación que obstaculiza la ejecución de algo		
implicar*	• hacer que alguien tome parte o se interese en un asunto		
escasez	• cantidad reducida o menguante, o bien falta de algo		

B. Ahora que ya sabe el significado de estos términos y la función gramatical que realizan, lea las siguientes oraciones y rellene el espacio en blanco con la palabra (sustantivo o verbo) que corresponda.

1. Fenómenos actuales como la globalización y el auge tecnológico han significado el *establecimiento* de un nuevo orden económico y social que ha afectado a la generación actual de jóvenes.
2. Cuando las nuevas generaciones ya no tuvieron las mismas oportunidades de estudio, empleo y emancipación familiar que la generación de sus padres, se dio una ________________ del modo tradicional de integración social que había prevalecido.
3. La ____________________ de empleos permanentes y bien remunerados, así como de oportunidades de estudio, ha provocado un problema social entre la joven generación de muchos países.
4. La falta de recursos económicos también ha llevado a un ________________ del momento en que los jóvenes dejan el hogar parental para independizarse.

[1] Si no está familiarizado con alguna de estas palabras, búsquela en un buen diccionario monolingüe.

5. Para muchos jóvenes en España, pagar el elevado precio del ______________ de una vivienda es prácticamente imposible.
6. Sin la posibilidad de vivir de manera independiente en una vivienda, la ______________ con una pareja no es posible.
7. Además, varios estudios estadísticos han permitido ____________________el porcentaje de jóvenes que regresan a casa de sus padres después de haber estado emancipados durante cierto tiempo.
8. Algunos de estos jóvenes son llamados *ninis* (porque *ni* estudian *ni* trabajan) y se les discrimina al ser considerados como un ____________________que obstaculiza el crecimiento económico de la sociedad.
9. Muchos economistas no dejan de ____________________graves problemas sociales y de inseguridad si no se crean alternativas para estos jóvenes sin empleo ni posibilidades de estudio.
10. El apoyo a los jóvenes por la falta de oportunidades que padecen debe ______________ a la sociedad en su conjunto, no sólo a los propios jóvenes y a sus familias.

C. En el siguiente cuadro aparecen algunas palabras académicas y otras que tienen una baja frecuencia de uso. Elija la palabra que tenga sentido equivalente al de la palabra o frase común o general que está entre paréntesis en cada oración.

apelativo / ~~previas~~* / precariedad / parental / cualitativa* / prenupcial/ inmersa / asequibles / derrotero / trunca

1. Las generaciones <u>previas</u> (*anteriores*) a la de los mileniales se desarrollaron en sociedades donde el patrón de estudios, empleo, emancipación parental y formación de la propia familia, era la norma.
2. Para muchos jóvenes, el ser nativos digitales y tener fácil acceso a la tecnología no ha significado necesariamente una mejora ____________________ (*de la calidad*) de sus condiciones laborales.
3. En muchos países, el Estado ha abandonado su compromiso social hacia los jóvenes, arguyendo que el desarrollo de los mismos es únicamente responsabilidad ______________ (*de los padres*).
4. Actualmente, es común que los jóvenes busquen la experiencia de la cohabitación ________________________ (*antes del matrimonio*) con una pareja.
5. La falta de recursos económicos, así como de alternativas de estudio o formación, ________________(*corta*) el desarrollo social natural de un joven para volverse un miembro productivo de la sociedad.
6. No es fácil para muchos jóvenes encontrar empleo en un mercado laboral caracterizado por su ________________________ (*poca estabilidad*).
7. Sin ingresos adecuados o nulos, muchos jóvenes permanecen en casa de sus padres, pues los precios de los alquileres no son ____________________ (*accesibles*) para ellos.
8. *Boomerang kids* es el ____________________ (*nombre*) que se les ha dado a los jóvenes que, tras haberse emancipado durante cierto tiempo, regresan a casa de sus padres debido a una pérdida de empleo o por haber terminado una relación de pareja.
9. Es lamentable que, en muchas partes del mundo, la juventud esté ______________ (*sumergida*) en la inmovilidad y la desesperanza que le ha impuesto un sistema económico rapaz e indiferente.
10. Por todas partes, grupos no sólo de jóvenes, sino también de muchos sectores de la sociedad civil, se organizan cada vez más para tratar de cambiar el ______________ (*rumbo*) económico y social de sus países.

D. En cada número de este ejercicio, aparecen dos oraciones que ejemplifican el uso de cinco colocaciones comunes del español. Las palabras que forman cada colocación están subrayadas. Fíjese en ellas como modelo y luego escriba su propia oración.

1. a) Ingresos económicos suficientes son la piedra angular de la independencia económica de los individuos.
   b) El voto libre, secreto y universal constituye la piedra angular de la democracia.
   c) ____
   ____
   ____

2. a) Los científicos aseguran que no habrá que esperar mucho: graves problemas de sequía y falta de agua en grandes centros urbanos están a la vuelta de la esquina.
   b) Puesto que la implantación de la quinta generación de tecnologías de telefonía móvil, mejor conocida como 5G, ya está a la vuelta de la esquina, los fabricantes de teléfonos se están preparando para este gran cambio.
   c) ____
   ____
   ____

3. a) Es innegable el papel que juegan las redes sociales en la vida cotidiana de los mileniales y en su manera de interactuar entre sí.
   b) Los investigadores tratarán de descubrir el papel que juega el consumo inmoderado de alcohol en el desarrollo de ese tipo específico de cáncer esofágico.
   c) ____
   ____
   ____

4. a) El aumento del número de jóvenes que no se emancipan del hogar parental sino a edades tardías constituye una tendencia creciente en muchos países.
   b) Entre las empresas comerciales, ha habido una tendencia creciente a contratar publicidad en la red, lo cual ha afectado a los medios tradicionales de comunicación (radio, televisión y diarios).
   c) ____
   ____
   ____

5. a) Desde hace décadas, la fecundación *in vitro* es una alternativa viable para muchas parejas que no pueden concebir hijos de modo natural.
   b) Debido a su alto costo, actualmente los automóviles eléctricos todavía no son una alternativa viable al uso de los coches con motor de combustión.
   c) ____
   ____
   ____

¿Qué nos dice el diccionario?

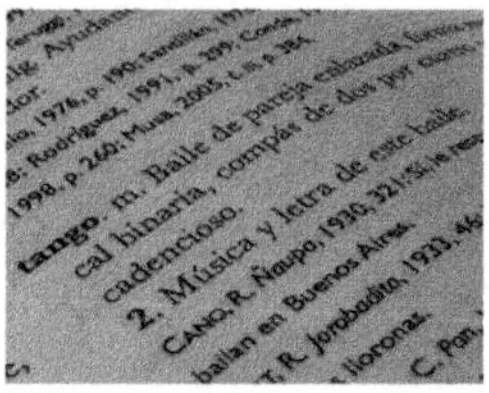

Las siguientes palabras, que encontrará más adelante en varios textos de este capítulo, se caracterizan por estar formadas con un prefijo (que se destaca en negritas): **co**habitación, **contra**parte, **des**contento, **in**dependencia, **pre**nupcial y **sub**empleo.

Consulte el DLE para conocer el sentido que tiene cada uno de estos prefijos. Después, en cada número de la siguiente lista, subraye la palabra que esté formada con un prefijo como el de las palabras antes mencionadas. Busque las palabras en el DLE si no conoce su significado.

1. colorado / cobardía / colaborar / cocimiento
2. contratación / contribuir / consuelo / contrapeso
3. desinencia / desilusionar / desidia / desde
4. inexperto / índice / intuición / indígena
5. precioso / presencia / preguntar / preescolar
6. subdesarrollo / subida / subasta / súbito

Desarrollo de la habilidad lectora

Antes de leer

A continuación, leerá un artículo de divulgación que revela las dificultades que la economía y la situación laboral ocasionan en el proceso de emancipación residencial en España, pero antes realice las siguientes dos actividades.

ACTIVIDAD 4.4

En la siguiente lectura se emplea el término "segunda transición demográfica" que, según la enciclopedia digital Wikipedia, explica el funcionamiento del nuevo modelo de familia que viene acompañado de una serie de cambios de valores surgidos después de la Segunda Guerra Mundial por factores sobre todo de índole económica. A partir de la siguiente lista de características, escoja aquellas que considere que están relacionadas con este término.

Una marcada baja de la tasa de mortalidad	❍
Un rápido descenso de la fecundidad	❍
Un número elevado de personas solteras	❍
Aumento de relaciones consensuales (parejas de hecho)	❍
Un número elevado de nacimientos extramaritales	❍
Un mayor número de personas que viven en cohabitación	❍
Un aumento de oleadas migratorias hacia países industrializados	❍
Un mayor número de mujeres que accede a la educación superior y al mercado de trabajo	❍

Cuando haya terminado, compare las respuestas con las de su compañero y comenten al respecto.

ACTIVIDAD 4.5

En el artículo que va a leer se habla del proceso de *desestandarización* como una ruptura del patrón de vida lineal (tradicional) en el que los jóvenes solían integrarse plenamente a la sociedad en el momento en que se incorporaban al mercado laboral. Para entender lo que implica esta ruptura, lea las siguientes afirmaciones y diga si está *muy de acuerdo* (4), *de acuerdo* (3), *en desacuerdo* (2) o *muy en desacuerdo* (1), colocando el número correspondiente en el espacio en blanco.

1. Por presión económica (trabajo y vivienda), las diferentes fases de vida de los jóvenes, como terminar los estudios, conseguir empleo o casarse, se alcanzan a edades más tardías.	4
2. Hoy en día no es claro nuestro papel en la sociedad, pues podemos ser estudiantes a la vez que empleadas o madres de familia sin estar casadas y aun así vivir en el seno familiar.	
3. También la edad se ha vuelto algo relativo, por ejemplo, a una persona de más de 35 años se la considera un joven adulto.	
4. No es raro que actualmente los hijos mayores vuelvan a casa de sus padres después de haber perdido el empleo o de haberse divorciado.	
5. Cuando los jóvenes adultos no logran integrarse a la sociedad ni cuentan con el apoyo paterno, corren el riesgo de volverse marginados sociales.	

ACTIVIDAD 4.6

Ahora comience a leer el texto y, mientras lee, subraye o marque con rotuladores de diferentes colores la información que le parezca más importante en cada párrafo. Si encuentra una palabra que no entiende, rodéela con un círculo y más tarde busque su significado en un buen diccionario monolingüe.

Cambios en el proceso de emancipación residencial en España

[1] Lograr independencia residencial, es decir, dejar el hogar parental para constituir un hogar independiente, es un evento clave en la transición a la edad adulta de las personas jóvenes, siendo a veces considerado como la "piedra angular" de dicha transición (Aassve et al., 2013), como un "elemento constituyente fundamental y necesario" (Echaves, 2016). Sin embargo, en ocasiones dicho proceso se encuentra a su vez compuesto por múltiples eventos, al igual que el resto de cambios que configuran la transición hacia la edad adulta. Todos ellos, además, se encuentran inmersos en un intenso proceso de *desestandarización*, generado por la creciente fragmentación y flexibilización del mundo de trabajo a nivel global (Mills y Blossfeld, 2006; Simó et al., 2002.), y del cambio cultural conocido como "segunda transición demográfica" (Lesthaeghe, 2010), entre otros.

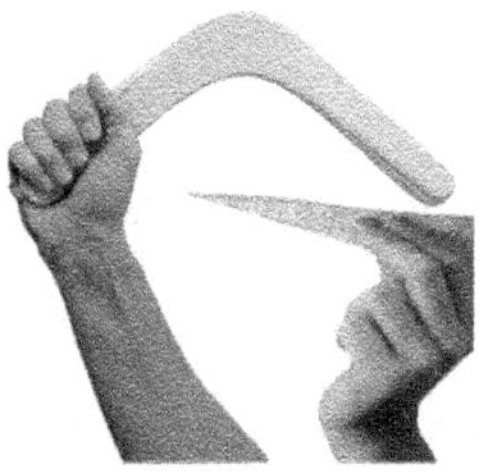

[2] Fruto de estos cambios, las transiciones a la vida adulta —acceso al mercado laboral, formación de parejas, acceso a la paternidad, establecimiento de un hogar propio, etc.— han pasado de darse de una forma "contraída, simple y temprana", a otra "dilatada, tardía y compleja" (Billari y Liefbroer, 2010). Es decir: estas transiciones tienen lugar a edades más avanzadas, más separadas unas de otras y con una mayor heterogeneidad en sus formas; ejemplos de ello son la cohabitación prenupcial, o la monoparentalidad. Además, estas transiciones son cada vez menos lineales, y más reversibles: las trayectorias laborales se truncan, las parejas se deshacen, y los jóvenes vuelven a casa de sus padres (Mitchell, 2006).

[3] En este marco general de desestandarización de los ciclos vitales, la salida del hogar parental se ha vuelto también cada vez más compleja. Por un lado, eventos que debieran ser permanentes, como la formación de un nuevo hogar, se vuelven provisionales, como en el caso de aquellos jóvenes que regresan al hogar parental tras la ruptura de una relación, o la pérdida del empleo: son los llamados *boomerang kids* (Arundel y Lennartz, 2017; Gentile, 2010 para el caso español). Por otra parte, aquellas situaciones que en principio estaban concebidas como provisionales, como la cohabitación en pisos compartidos con personas con las que no se mantiene una relación familiar, o la vida en solitario, se convierten en alternativas durables a las trayectorias más establecidas (Echaves, 2016).

[4] Esta complejidad encuentra en los países del sur de Europa una dificultad añadida, fruto de la tardía edad a la que se produce la salida del hogar parental, mucho más tarde que en el norte de Europa (Billari, 2004; Vogel, 2002; Anxo et al., 2010, Moreno, 2012a). En este caso, en nuestros países no solamente estamos ante una creciente complejidad de estas trayectorias, sino también ante un retraso crónico y estructural.

[5] Este retraso es el que ha captado la atención de la mayoría de estudios en las sociedades del sur de Europa, y entre ellas la española (Jurado, 2003; López, 2008; Moreno, 2012b; Echaves, 2016). Como contraparte, la creciente complejidad del proceso no ha recibido tanta atención, en términos comparativos, aunque sí que ha sido advertida, por ejemplo, en los informes del Instituto de la Juventud (Echaves, 2016), entre otros.

[6] Entre la escasa bibliografía sobre desestandarización de las trayectorias residenciales, encontramos estudios cualitativos sobre las experiencias, estrategias y expectativas de los *boomerang kids* españoles (Gentile, 2010; Moreno et al., 2012). Según estos autores, el número de jóvenes que habrían vuelto a sus casas después de una etapa de independencia habría aumentado debido a la precariedad y la destrucción de empleo generadas por la crisis económica. Sin embargo, la falta de datos estadísticos al respecto hace difícil establecer si esta realidad se da en mayor medida que en otras sociedades, o en qué medida este fenómeno ha aumentado con respecto a los años previos a la crisis.

[7] Por otra parte, la otra cara de la desestandarización son aquellos jóvenes que ven, en situaciones en principio provisionales, alternativas viables a medio y largo plazo. La cohabitación en pisos compartidos en régimen de alquiler y la residencia en solitario son ejemplos de estas situaciones, antaño consideradas como un paso previo a la emancipación familiar completa, menos comprometedoras a nivel vital; y en el primer caso, más asequibles en situaciones de precariedad de ingresos. Los datos del Instituto de la Juventud de España (INJUVE) muestran como ambas opciones han aumentado entre los jóvenes de nuestro país. Las personas viviendo solas han pasado del 12,0% al 17,2% de la población joven emancipada, y las personas viviendo en pisos compartidos han pasado a su vez del 26,3% al 30,7% (Echaves, 2016). Entre las razones esgrimidas por la literatura para explicar, por ejemplo, el aumento del número de jóvenes viviendo en pisos compartidos, encontramos el descenso del precio del alquiler con la crisis económica, y el aumento del número de estudiantes que también trabajan (Echaves, 2016). Aunque este primer factor podría encontrarse ante un nuevo escenario, como consecuencia del reciente aumento de los precios del alquiler.

[8] Esta creciente complejidad en las transiciones residenciales señaladas por la literatura se ha encontrado, fundamentalmente, con una deficiente observación con los instrumentos de medición cuantitativa con los que contamos. Los principales indicadores y encuestas continúan construidos en la lógica binaria de emancipación o no emancipación: es el caso, por ejemplo, de la tasa de Emancipación derivado de la Encuesta de Población Activa (EPA) (Benedicto, 2016, p. 220), o las tablas comparativas de edad media a la salida del hogar parental proporcionadas por Eurostat. Estos indicadores sintéticos, aunque adecuados para comparar países y analizar evoluciones temporales, implican la pérdida de información, matices y precisión en la comprensión de las trayectorias.

Obras citadas

Aassve, A., Arpino, B. y Billari, F. C. "Age Norms on Leaving Home: Multilevel Evidence from the European Social Survey", *Environment and Planning A*, 45:2 (2013), pp. 383–401.

Arundel, R. y Lennartz, C. "Returning to the Parental Home: Boomerang Moves of Younger Adults and the Welfare Regime Context", *Journal of European Social Policy*, 27:3 (2017), pp. 276–294.

Benedicto, J. (dir.). *Informe Juventud en España 2016*. Madrid: INJUVE, 2016. Disponible en: <www.injuve.es/sites/default/files/2017/24/publicaciones/informe-juventud-2016.pdf>.

Billari, F. C. "Becoming an Adult in Europe: A Macro(/Micro)-Demographic Perspective", *Demographic Research*, SC3:2 (2004), pp. 15–44.

Billari, F. C. y Liefbroer, A. C. "Towards a New Pattern of Transition to Adulthood?", *Advances in Life Course Research*, 15:2 (2010), pp. 59–75.

Echaves, A. "Las condiciones de vida de los jóvenes: El largo camino hacia la autonomía", en Benedicto, J. (dir.), *Informe Juventud en España 2016*. Madrid: INJUVE, 2016. Disponible en: <www.injuve.es/sites/default/files/2017/24/publicaciones/informe-juventud-2016.pdf>.

Gentile, A. "De vuelta al nido en tiempos de crisis: Los boomerang kids españoles", *Revista de estudios de juventud*, 90:10 (2010), pp. 181–203.

Jurado, T. "La vivienda como determinante de la formación familiar en España desde una perspectiva comparada", *Reis*, 103 (2003), pp. 113–157.

Lesthaeghe, R. "The Unfolding Story of the Second Demographic Transition", *Population and Development Review*, 36:2 (2010), pp. 211–251.

López, A. "Jóvenes en una sociedad cambiante: Demografía y transiciones a la vida adulta", en Benedicto, J. (dir.), *Informe Juventud en España 2016*. Madrid: INJUVE, 2008. Disponible en: <www.injuve.es/sites/default/files/2017/24/publicaciones/informe-juventud-2016.pdf>.

Mills, M. y Blossfeld, H. P. "Globalization, Uncertainty and the Early Life Course: A Theoretical Framework", en Blossfeld, H. P., Klijzing, E., Mills, M. y Kurz, K. (eds.), *Globalization, Uncertainty and Youth in Society: The Losers in a Globalizing World*. New York: Routledge, 2006.

Mitchell, B. A. "Changing Courses: The Pendulum of Family Transitions in Comparative Perspective", *Journal of Comparative Family Studies*, 37:3 (2006), pp. 325–343.

Moreno, A. "The Transition to Adulthood in Spain in a Comparative Perspective: The Incidence of Structural Factors", *Young*, 20:1 (2012a), pp. 19–48.

Moreno, A. "Situación demográfica, económica y laboral de las personas jóvenes", en Moreno, A. y Rodríguez, E., *Informe Juventud en España 2012*. Madrid: INJUVE, 2012b. Disponible en: <www.injuve.es/sites/default/files/IJE2012_0.pdf>.

Moreno, A., López, A. L. y Segado, S. "La transición de los jóvenes a la vida adulta", *Colección estudios sociales*, 34 (2012). Barcelona: Obra Social "La Caixa".

Simó, C., Golsch, K. y Steinhage, N. "Increasing Uncertainty in the Spanish Labor Market and Entry into Parenthood", *Genus*, 58:1 (2002), pp. 77–119. Disponible en: <www.jstor.org/stable/29788714>.

Fuente original: David Gil Solsona y Carles Xavier Simó Noguera, "Nota de investigación: Los cambios en el proceso de emancipación residencial en España como respuesta a la crisis: Retos metodológicos ante trayectorias crecientemente complejas", *Metamorfosis: Revista del Centro Reina Sofía sobre Adolescencia y Juventud*, 7 (2017), pp. 76–78. Disponible en: <www.adolescenciayjuventud.org//wp-content/uploads/2019/10/75-1-200-1-10-20180115.pdf>.

Después de leer

ACTIVIDAD 4.7

Ahora en parejas o en grupos de tres personas lean las tres preguntas siguientes y discutan al respecto.

1. ¿Coinciden sus respuestas de la actividad 4.5 con el contenido del texto? Vea en qué medida han coincidido o no sus opiniones con la información del artículo y después coméntelo con un compañero.
2. En su opinión, ¿qué consecuencias conlleva para los *boomerang kids* el regreso al seno familiar?
3. ¿Por qué cree que compartir piso se presenta como una de las soluciones más viables hacia la emancipación residencial?

ACTIVIDAD 4.8

Tomando en cuenta los puntos principales de la información que haya seleccionado en la actividad 4.6, escriba en hoja aparte un párrafo de entre nueve y diez líneas en el que los compare con las expectativas de emancipación que tienen los jóvenes de su país. Para ello, intente redactarlo con sus propias palabras, reemplazando palabras clave del original por sinónimos y pronombres.

ACTIVIDAD 4.9

Una vez que haya terminado, intercambie el párrafo con el de uno de sus compañeros y cerciórese de que haya reemplazado palabras del texto original por sinónimos.[2]

Principios básicos para el desarrollo de textos

Desarrollo de ideas

Diagrama de causa y efecto (diagrama de Ishikawa)

En esta sección veremos que una buena manera de planificar un texto expositivo sobre causa y efecto es mediante el diagrama de Ishikawa, representación gráfica con la forma de un pez que nos permite descubrir las causas que generan un efecto que llamaremos problema. La estructura del diagrama de causa y efecto o de Ishikawa se divide en dos partes: del lado derecho del diagrama, aparece un recuadro triangular (cabeza del pez) en el que se escribe el problema (efecto) del que intentaremos identificar las causas (por ejemplo, si queremos analizar el caso de los chicos *boomerang*, podemos plantear como problema el *regreso al hogar de origen*); del lado izquierdo, aparece una línea recta de la que se desprenden rayas oblicuas (espinas mayores del pez) en las que, después de una lluvia de ideas, se colocan las causas profundas (dinero, vivienda, desempleo, familia) que mejor responden al problema expuesto; estas causas profundas se anotan en los recuadros encima o debajo de cada espina mayor del pez.

[2] Utilice la hoja de revisión del párrafo (véase apéndice 5, p. 233).

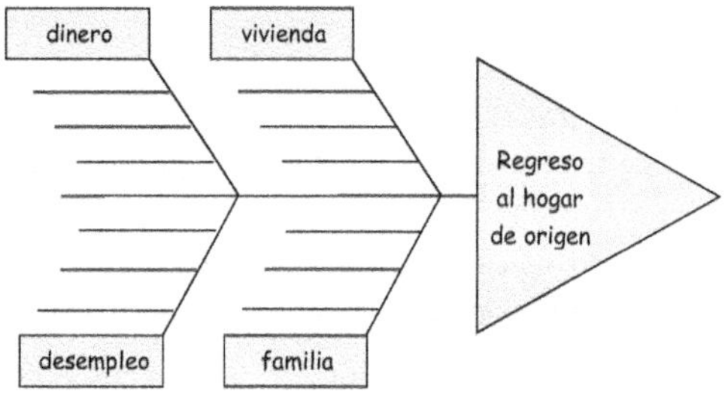

Diagrama 4.1

Luego, con ayuda de una hoja de chequeo, apuntamos otras causas más que se corresponden con la categoría de causa mayor, las cuales identificaremos y colocaremos debajo o encima de la causa profunda apropiada a medida que construyamos el diagrama. Una manera rápida de rellenarlo es haciéndose la pregunta *por qué* para cada una de las causas profundas. Por ejemplo, si comenzamos con la vivienda, nos podemos preguntar por qué la causa vivienda fuerza a los jóvenes a volver al seno familiar y luego apuntamos las respuestas (es decir, otras causas que detectemos, por ejemplo, el alquiler de pisos es muy alto). Y así continuamos hasta desarrollar todas las causas profundas. Atención: no es raro que, en muchos casos, las causas profundas estén interconectadas con otras causas, con lo que las podemos ver repetidas. También puede haber algunas causas profundas asociadas con otras muchas causas, pero otras con muy pocas.

ACTIVIDAD 4.10

Termine de completar el diagrama de Ishikawa con otras causas relacionadas con las causas profundas. Cuando haya terminado, compare su diagrama con el de su compañero.

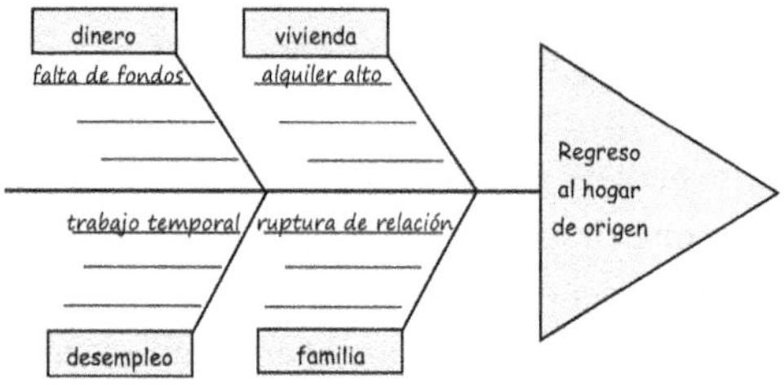

ACTIVIDAD 4.11

A partir del problema (efecto) y las causas generadas en el diagrama anterior, prepare en hoja aparte un esquema para un ensayo.[3]

Ahora bien, también con la misma estructura del diagrama de causa y efecto o de Ishikawa podemos descubrir los múltiples efectos que puede generar una determinada situación o evento. Para ello, procederemos de la misma manera, sólo que esta vez se invierte la estructura y ahora del lado izquierdo del diagrama, aparece el recuadro triangular en el que se escribe la situación o el evento (causa) del que intentaremos identificar los efectos; por ejemplo, si volvemos al análisis del caso de los chicos

[3] Esta actividad le ayudará a prepararse para el desarrollo de un texto más complejo que se le asignará más adelante.

boomerang, podemos plantear como situación la *readaptación de los boomerang* kids. Del lado derecho, aparece la línea recta de la que se desprenden rayas oblicuas (espinas mayores del pez) en las que, también después de una lluvia de ideas, colocaremos, en los recuadros encima o debajo de cada espina mayor del pez, los efectos profundos (dinero, vivienda, desempleo, familia) que mejor responden a la situación o evento dado.

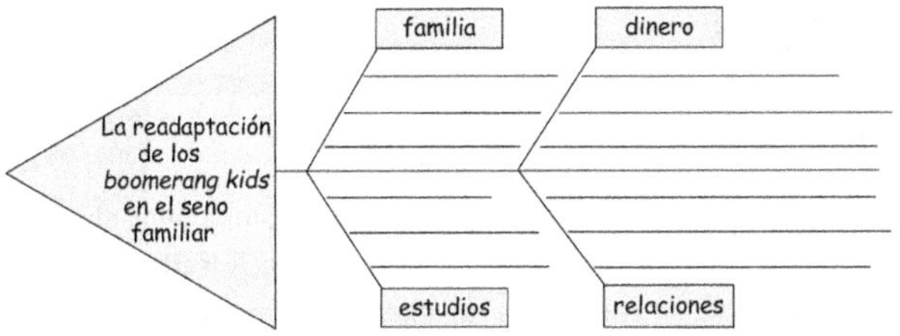

Diagrama 4.2

Luego, con ayuda de una hoja de chequeo, apuntamos también otros efectos o consecuencias que identifiquemos, y los colocamos debajo o encima del efecto o consecuencia profunda correspondiente a medida que construimos el diagrama. Sin embargo, esta vez, en vez de preguntarnos *por qué*, nos haremos la pregunta *qué* para cada una de las consecuencias profundas. Por ejemplo, si esta vez comenzamos con la familia, nos podemos preguntar *qué* efecto se produce en la familia con la readaptación de los jóvenes (se produce una dependencia paterna). Y así continuamos hasta agotar todas las respuestas (todos los efectos profundos) posibles en todo el recuadro sobre *familia* en relación con los jóvenes que vuelven al seno familiar. Atención: no es raro que, en muchos casos, los efectos profundos estén interconectados con otros efectos, con lo que los podemos ver repetidos. También puede haber algunas consecuencias profundas con otros muchos efectos, pero otros con muy pocos.

ACTIVIDAD 4.12

Termine de completar el diagrama de Ishikawa con otras consecuencias relacionadas con los efectos profundos. Cuando haya terminado, compare su diagrama con el de su compañero.

ACTIVIDAD 4.13

A partir de la situación o evento (causa) y los efectos generados en el diagrama anterior, prepare en hoja aparte un esquema[4] para un ensayo. Este esquema o el anterior (actividad 4.2), o la combinación de ambos, le servirá como anteproyecto para el primer borrador de un ensayo sobre las dificultades de la emancipación juvenil que irá desarrollando a lo largo de este capítulo.

Estructura de textos

Textos expositivos sobre causa y efecto

Como veremos en esta sección, en los textos expositivos sobre causa y efecto se nos suele plantear un problema del que se analiza una serie de causas que conducen a uno o varios resultados, algunos de ellos repentinos. Lo mismo ocurre cuando se analizan

[4] Esta actividad le ayudará a prepararse para el desarrollo de un texto más complejo que se le asignará más adelante.

efectos, esto es, se nos presenta una situación dada de la que resulta una serie de acciones que se abordan no de manera temporal sino causal. Se parte de la idea básica de que una causa (o muchas de ellas) provoca un efecto; lo mismo que un efecto (o varios) es el resultado de una causa. Luego, entender el cruce entre causas y efectos y poder explicarlo requiere de nosotros una fuerte capacidad crítica que nos ayude a asegurarnos de que cualquier análisis que hagamos sobre causa y efecto seguirá criterios razonables y lógicos.

ACTIVIDAD 4.14

¿Ya han oído hablar de los *ninis*? Si no, lea junto con uno de sus compañeros el siguiente texto, que explica la precaria situación de estos jóvenes mexicanos. Pero antes de leerlo, échenle un vistazo a las preguntas presentadas bajo el artículo como guía de análisis y, luego de haber leído el texto, respóndanlas.

Entre ninis y memes ...

Los ninis

[1] Dudo mucho que usted ignore qué son los *ninis*, por las dudas déjeme decirle que, en principio, son seres humanos jóvenes que por muchas razones, en su mayoría ajenas a ellos, ni estudian ni trabajan; de esta situación el famoso apelativo *ninis*. En México se calculan en más de siete millones los ninis, y no se piense que son exclusivos de este país; en el mundo deambulan al igual que aquí. Escuché lo de ninis por primera vez cuando el Dr. José Narro Robles, rector de la UNAM, los sacó a relucir.

[2] ¿Quién sostiene a estos jóvenes? A la mayoría de ellos aparentemente los sostienen sus propias familias; inicialmente esto puede no ser un problema, el problema viene años después, y no muchos años después; sin opciones de estudiar y sin posibilidades de empleo formal, el futuro para ellos es el subempleo y la economía informal (se supone que no estudiar implica eso) en el mejor de los casos; no hay que olvidar que a la vuelta de la esquina los espera (quizá más empujados por la necesidad que por inclinación propia) la participación en delitos menores y en delincuencia organizada; al cabo la vida se irá rápido y mejor "bien vivida"; recordemos el dicho de *pobre del pobre que al cielo no va, amolado* [dañado] *aquí, amolado allá.*

[3] Estas alternativas implican en un futuro cercano una masa creciente de ciudadanos descontentos, dispuestos quizá a recuperar de cualquier forma el futuro prometido.

[4] Los menos, con suerte, la opción es migrar hacia países que les proporcionen la posibilidad de un trabajo honesto, medianamente remunerado, que les dé algo de dignidad y sobre todo, una alternativa futura para sus familias. Para empeorar las cosas, los países susceptibles de ser alcanzados por ellos cada vez cierran más sus fronteras, imponen leyes más duras y no dejan de mirarlos como estorbo y un mal necesario; solo después de algunas generaciones sus descendientes lograrán ser integrados a esas sociedades. Uno puede sentirse impulsado a lamentar y hasta sentir pena por los ninis, sin embargo, los platos rotos los pagaremos todos. Una sociedad con diferentes grados de resentimiento generalizado, por causas diversas, no augura un entorno de convivencia sana, socialmente responsable, de acciones solidarias; más bien promueve de forma callada, constante y sutil el comportamiento egoísta y un derrotero hacia un nada halagüeño futuro social. Y en el horizonte: curitas, violeta de genciana, ungüentos para aliviar la inflamación y un poco el dolor; ninguna cura a fondo como comúnmente se dice *nada que al alma llegue.*

A manera de disculpa por el uso de ninis

[5] El término me parece despectivo, falto de sensibilidad, y si me apuran racista; no basta con la desilusión por el futuro que no es lo que debiera ser, no es suficiente con el abandono social al que son sometidos, no es bastante el que no encuentren acomodo para estudiar ni para trabajar; y no porque no les interese (que los hay) sino por la falta de oportunidades auténticas que realmente puedan hacerlos crecer. A pesar de todo esto, ahora tienen que aguantar la etiqueta hiriente de *ninis* que prácticamente les dice . . . ni estudias, ni trabajas . . . ni sirves para nada. Propongo, como descargo social, que se les denomine JovDASxE (léase Jovdas por E) que significa **Jóv**enes **D**es**A**tendidos **S**ocialmente **x** por el **E**stado. Si usted tiene una idea más creativa me la manda y empezamos a promoverla.

Luis Felipe Fernández Martínez, "Entre ninis y memes . . .", *CULCyT: Cultura científica y tecnológica*, 2010, 38–39, pp. 47–48. Disponible en: <https://dialnet.unirioja.es/servlet/articulo?codigo=3739154>.

1. ¿Cuál es la idea principal de este artículo? Localícenla y subráyenla.
2. ¿Este texto contiene más causas o efectos? Localicen unas u otros y subráyenlos.
3. Extraigan las causas y efectos que encuentren y hagan una lista en hoja aparte.
4. Traten de identificar las palabras y conectores que ayudan a expresar causas y efectos. Añádalos a la lista de causas y efectos en la hoja aparte. Cuando hayan terminado, cotejen la lista con la tabla de conectores que aparece en la página 122.

Estructura de textos expositivos: causa y efecto

Como acabamos de ver en la lectura anterior, el objetivo de este tipo de textos expositivos es explicar las causas o efectos de una situación, una decisión, un problema o simplemente una actividad o evento de índole social, político, económico, cultural, etcétera. Luego, el contenido de un texto puede enfocarse en las causas que conducen a un fenómeno particular dado o los efectos que resultan de él. Mientras que el contenido de otro, centrado más en los efectos, expondrá una situación y luego describirá las consecuencias derivadas de esta situación. En un ensayo breve de entre 400 y 500 palabras solemos centrarnos en dos o tres causas o efectos importantes.

En un texto expositivo que se centra en las causas, el problema (efecto) generalmente se presenta en la introducción, luego, dos o tres causas se describen en cada párrafo que compone el cuerpo principal del texto seguido de una conclusión que suele hacer referencia al problema (efecto) mencionado en la introducción. En otro texto enfocado más en los efectos, la causa generalmente se presenta en la introducción, luego, dos o tres efectos principales se describen en cada párrafo que compone el cuerpo principal del texto seguido de una conclusión que, esta vez, hará referencia a la situación (causa) mencionada en la introducción. Estos dos esquemas muestran la estructura recomendada para textos de causa y efecto con un párrafo introductorio, tres de desarrollo y uno de cierre y conclusión.

ESTRUCTURA DEL TEXTO EXPOSITIVO ENFOCADO MÁS EN CAUSAS	ESTRUCTURA DEL TEXTO EXPOSITIVO ENFOCADO MÁS EN EFECTOS
Introducción Párrafo enfocado en un problema (efecto)	**Introducción** Párrafo enfocado en una situación (causa)
Párrafo de desarrollo (causa)	Párrafo de desarrollo (efecto)
Párrafo de desarrollo (causa)	Párrafo de desarrollo (efecto)
Párrafo de desarrollo (causa)	Párrafo de desarrollo (efecto)
Conclusión Párrafo de cierre o conclusión (efecto)	**Conclusión** Párrafo de cierre o conclusión (causa)

Consejo práctico:	Conectores de causa		Conectores de efecto	
Los conectores de causa y efecto nos ayudan para establecer la relación entre un problema y las causas que lo originan o entre una situación y los efectos que genera. Note que unos de estos conectores son conjunciones[5] que conectan oraciones y otras locuciones.	como dado que debido a (que) es que	porque pues puesto que visto que ya que	a consecuencia de / como consecuencia con lo que de ahí que en consecuencia por ello	por esa razón por eso por lo que por consiguiente por tanto

ACTIVIDAD 4.15

El siguiente artículo está escrito a partir de una estructura de causa y efecto. Junto con un compañero de clase, léanlo con detenimiento, tratando de reconocer las relaciones causa–efecto que se desarrollan en cada párrafo. Pero antes de leerlo, échenle un vistazo a las preguntas presentadas bajo el artículo como guía de análisis y, luego de haber leído el texto, respóndanlas.

Los motivos por los que seguir viviendo en el hogar familiar

[1] Estar cursando estudios y considerarse muy jóvenes constituye el principal motivo que explica por qué la mayoría de los y las jóvenes (38,3%) permanecen en el hogar familiar. La siguiente razón más mencionada tiene que ver con la situación económica de la juventud. Un 29,4% convive con sus padres ya que la escasez de recursos económicos dificulta la posibilidad de residir en una vivienda propia.

[5] *Conjunciones causales* aparecen en la sección La oración subordinada circunstancial del capítulo 6, pp. 199–207).

Gráfico 8 Principales motivos por los que seguir residiendo en el hogar familiar

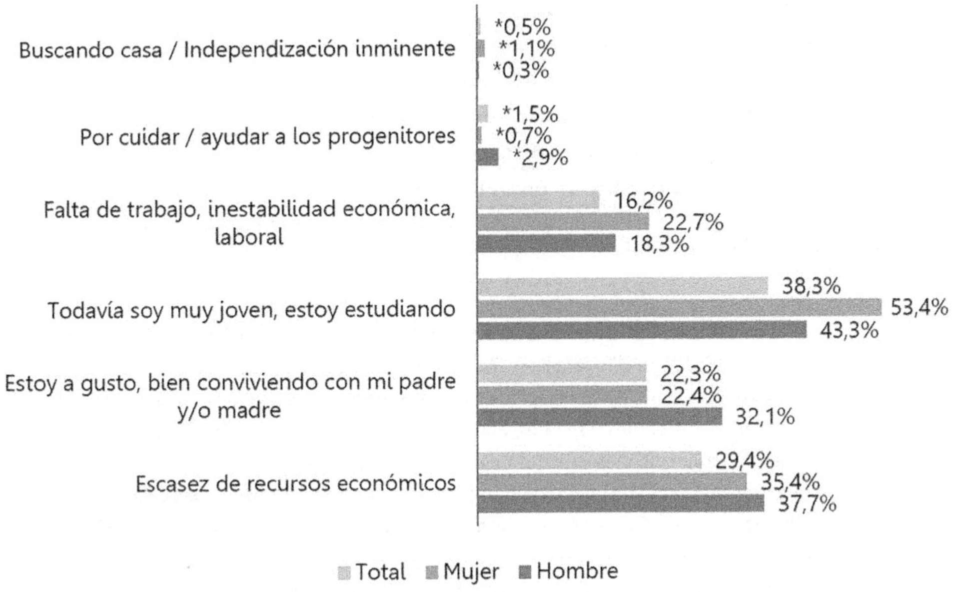

* Datos susceptibles a errores de muestreo. No significativos.

Motivos de permanencia en el hogar familiar	% personas no emancipadas
Escasez de recursos económicos	29,4%
Estoy a gusto, bien conviviendo con mi padre y/o madre	22,3%
Todavía soy muy joven, estoy estudiando	38,3%
Falta de trabajo, inestabilidad económica, laboral	16,2%
Por cuidar / ayudar a los progenitores	*1,5%
Buscando casa / Independización inminente	*0,5%

* Datos susceptibles a errores de muestreo. No significativos.

[2] Existe un grupo de jóvenes que afirma que continúa viviendo con su padre y/o madre de manera voluntaria. El hogar familiar es el lugar en donde por el momento se encuentran a gusto, como así lo reconoce un 22,3%. Culturalmente, se aprecia el papel tradicional que juega la familia como principal proveedora de bienestar en los países del Sur de Europa. De esta manera, se reproduce una "pauta cultural" en la que las personas jóvenes obtienen ciertas ventajas, como libertad de movimientos, tiempo de ocio y relaciones de pareja (Gil Calvo, 2014). En este contexto, los y las jóvenes experimentan una cierta semiemancipación en el hogar familiar al disponer de cierta renta que no les permite emanciparse completamente pero sí llevar una vida más autónoma.

[3] Contar con un puesto de trabajo que proporcione unos recursos económicos y a su vez permita cierta estabilidad económica y laboral es muy necesario para poder establecerse en una vivienda independiente. El 16,2% afirma no poder emanciparse debido a la falta de trabajo o a veces la inestabilidad económica y laboral.

[4] Las razones menos mencionadas son las relacionadas con los cuidados o ayuda a los progenitores (1,5%) o el hecho de estar buscando casa para mudarse en un breve plazo de tiempo (0,5%).

Motivos de permanencia en el hogar familiar	Hombre	Mujer
Escasez de recursos económicos	37,7%	35,4%
Estoy a gusto, bien conviviendo con mi padre y/o madre	32,1%	22,4%
Todavía soy muy joven, estoy estudiando	43,3%	53,4%
Falta de trabajo, inestabilidad económica, laboral	18,3%	22,7%
Por cuidar / ayudar a los progenitores	*2,9%	*0,7%
Buscando casa / Independización inminente	*0,3%	*1,1%

* Datos susceptibles a errores de muestreo. No significativos.

[5] Teniendo en cuenta la variable sexo, ellas consideran la razón fundamental para continuar viviendo en el domicilio familiar el encontrarse estudiando y percibirse demasiado jóvenes (53,4%). Para el 43,3% de ellos los estudios también constituyen el motivo principal para no dejar el hogar de sus padres y madres, aunque en menor medida que en ellas. Los chicos afirman en segundo lugar que se encuentran a gusto conviviendo en la misma casa que su familia (32,1%) mientras que ellas argumentan en segundo orden la escasez de recursos económicos (35,4%). La falta de estabilidad económico-laboral es algo que preocupa más a las chicas (22,7%) que a los chicos (18,3%).

[6] En resumen, podría decirse que las razones que llevan a las mujeres jóvenes a permanecer en el domicilio familiar están fuertemente relacionadas con su situación económica en mayor medida que en el caso de ellos, que exponen el sentirse cómodos conviviendo con sus padres y madres.

Motivos permanencia hogar familiar	Navarra u otras CCAA	Extranjero
Escasez de recursos económicos	37,7%	33,2%
Estoy a gusto, bien conviviendo con mi padre y/o madre	30,0%	19,7%
Todavía soy muy joven, estoy estudiando	48,1%	46,8%
Falta de trabajo, inestabilidad económica, laboral	19,8%	21,8%
Por cuidar / ayudar a los progenitores	*1,0%	*5,1%
Buscando casa / Independización inminente	*0,8%	*

* Datos susceptibles a errores de muestreo. No significativos.

[7] Tanto la juventud nacida en Navarra y otras Comunidades Autónomas españolas como los y las jóvenes nacidos en el extranjero, afirman que viven en el mismo hogar que sus familiares por motivos de estudios o por percibirse muy jóvenes para emanciparse para el 48,1% de la juventud navarra y el 46,8% de jóvenes nacidos en el extranjero. Le sigue en segundo lugar la falta de recursos económicos tanto para el 37,7% de nacidos en Navarra y otras CCAA y el 33,2% de los extranjeros. La diferencia más notable se encuentra en la tercera razón más mencionada, ya que en el caso de los y las jóvenes nacidos en el Estado español se debe a que se encuentran a gusto conviviendo con su padre y su madre (30%) suponiendo diez puntos más que en los y las extranjeras (19,7%). Las personas nacidas en el extranjero valoran más la falta de empleo (21,8%) que el estar a gusto en el hogar familiar (19,7%) como justificación clave para convivir con sus padres y madres.

Obra citada

Gil Calvo, E. "Trayectorias y transiciones. ¿Qué rumbos?", *Revista de estudios de juventud*, 87 (2009), pp. 15–29. Disponible en: <www.injuve.es/sites/default/files/Abre%20en%20ventana%20nueva%201.%20Trayectorias%20y%20transiciones.%20%C2%BFQu%C3%A9%20rumbos_.%20Enrique%20Gil%20Calvo%20%28pdf%29.pdf>.

Fuente original: Joffre López Oller y María Flamarique Esparza, "Encuesta de emancipación de la población joven en la comunidad foral de Navarra 2017", 2018, Instituto Navarro de Deporte y Juventud/Gobierno de Cultura, Deporte y Juventud, pp. 23–25 (Los motivos por los que seguir viviendo en el hogar familiar). Disponible en: <www.juventudnavarra.es/uploads/files/ENCUESTA_EMANCIPACIÓN_NAVARRA_2017.pdf>.

Ahora, responda a las preguntas:

1. ¿Cuál es la idea central del texto? Localícenla y subráyenla.
2. ¿El artículo se centra más en causas o en efectos?
3. ¿Cuál es la idea central en el primer párrafo del cuerpo del texto? Localícenla y subráyenla.
4. ¿De qué recurso se valen los autores para apoyar la idea central de este primer párrafo? Identifíquenlo y subráyenlo.
5. ¿Cuál es la idea central en el segundo párrafo del cuerpo del texto? Localícenla y subráyenla.
6. ¿De qué recurso se valen los autores para apoyar la idea central de este segundo párrafo? Identifíquenlo y subráyenlo.
7. ¿Pueden reconocer los conectores que emplean los autores para establecer causa y efecto? Identifíquenlos y subráyenlos. Para ello consulte el recuadro de consejos prácticos sobre conectores de causa y efecto (véase p. 122).
8. ¿Qué función tiene la primera oración en el párrafo de cierre o conclusión?

Desarrollo de habilidades básicas de investigación

Selección y uso de información de fuentes externas, primera parte

En los capítulos anteriores, hemos hablado de la necesidad de utilizar alguno de los sistemas de citas con los que integramos información que obtenemos de fuentes externas en ensayos o trabajos que asignan los profesores en cada materia. Esta información puede servirnos para hacer destacar hechos o datos importantes relacionados con un tema que tratemos u opiniones de expertos que apoyen las ideas desarrolladas en nuestros textos.

Ya hemos visto que se emplean básicamente dos tipos de citas, esto es, *cita directa* y *cita dentro del texto*. Las citas directas son aquellas con las que reproducimos las palabras exactas empleadas por el autor y que reconocemos porque siempre aparecen entre comillas. Las citas dentro del texto son aquellas con las que resumimos y parafraseamos información que obtenemos de fuentes externas, pero que expresamos con nuestras propias palabras.[6]

[6] Véase el recuadro con la lista de *verbos declarativos* en la actividad 1.20 (pp. 22–24).

Aunque siempre es preferible emplear las citas dentro del texto, algunas circunstancias nos pueden obligar a emplear las citas directas, por ejemplo, cuando citamos una frase célebre o información muy importante o cuando encontramos una frase particularmente bien escrita o datos examinados detalladamente por el autor. En muchos casos, ambos tipos de citas se suelen usar de manera alternativa.

Si observamos el párrafo [2] del artículo sobre "Cambios en el proceso de emancipación residencial en España" (pp. 114–115), los autores hacen referencia a tres fuentes externas:

- En primer lugar, los autores resumen y parafrasean la explicación sobre la transición de la juventud a la vida adulta que ofrecen Billari y Liefbroer.
- En esta misma paráfrasis, los autores ponen entre comillas la cita directa de los términos técnicos "contraída, simple y temprana" y "dilatada, tardía y compleja" empleados por Billari y Liefbroer, y que mejor explican este fenómeno de transición.
- Por último, resumen y parafrasean la opinión de Mitchell sobre las consecuencias que conlleva esta transición.

Por otro lado, en el párrafo [6] del mismo artículo, los autores, además de resumir y parafrasear la información de Gentile y Moreno sobre el regreso a casa de los *boomerang kids*, se valen de la frase *según los autores* para darle más peso a las ideas de apoyo sobre las causas que originan esta situación. Aquí sigue el párrafo completo:

> Entre la escasa bibliografía sobre desestandarización de las trayectorias residenciales, encontramos estudios cualitativos sobre las experiencias, estrategias y expectativas de los *boomerang kids* españoles (Gentile, 2010; Moreno et al., 2012). Según estos autores, el número de jóvenes que habrían vuelto a sus casas después de una etapa de independencia habría aumentado debido a la precariedad y la destrucción de empleo generadas por la crisis económica. Sin embargo, la falta de datos estadísticos al respecto hace difícil establecer si esta realidad se da en mayor medida que en otras sociedades, o en qué medida este fenómeno ha aumentado con respecto a los años previos a la crisis.

Además de la frase *según los autores*, podemos utilizar verbos declarativos[7] como *afirmar, argumentar, asegurar, concluir, considerar, describir, explicar, mencionar, opinar, pensar,* que sirven para transmitir las ideas de otra persona.

ACTIVIDAD 4.16

Lea las siguientes frases extraídas textualmente del artículo sobre los ninis del autor Luis Felipe Fernández Martínez (véase pp. 120–121) y vuélvalas a escribir empleando algunos de los verbos de comunicación mencionados anteriormente. Para ello, tendrá que poner en práctica la técnica de parafraseo vista en el capítulo 1 (véase pp. 21–24).

1. "Dudo mucho que usted ignore qué son los ninis, por las dudas déjeme decirle que, en principio, son seres humanos jóvenes que, por muchas razones, en su mayoría ajenas a ellos, ni estudian ni trabajan; de esta situación el famoso apelativo ninis."

   ____

   ____

[7] Véase la sección Oraciones subordinadas sustantivas del capítulo 5 (pp. 166–170).

2. "Los menos, con suerte, la opción [para los ninis] es migrar hacia países que les proporcionen la posibilidad de un trabajo honesto, medianamente remunerado, que les dé algo de dignidad y sobre todo, una alternativa futura para sus familias."

____

____

3. "Una sociedad con diferentes grados de resentimiento generalizado, por causas diversas, no augura un entorno de convivencia sana, socialmente responsable, de acciones solidarias; más bien promueve de forma callada, constante y sutil el comportamiento egoísta y un derrotero hacia un nada halagüeño futuro social."

____

____

____

Principios básicos de redacción de textos

Desarrollo de la habilidad escrita

Redacción de textos o ensayos expositivos sobre causa y efecto

Causas → problema (efecto)

Tras haber planificado un texto expositivo sobre causas y efectos mediante el diagrama de Ishikawa (véase pp. 117–119), continuaremos analizando el tipo de causas que hemos identificado. Si vemos que no hay ninguna relación entre las causas, pero que todas se relacionan con el efecto, como en el caso de los jóvenes que regresan al hogar de origen, tendremos que decidir si organizamos los párrafos según el grado de conocimiento que tengamos sobre el problema (de lo más evidente a lo menos evidente), o según el interés (de lo menos interesante a lo más interesante). Ahora bien, si en el diagrama notamos que una causa es más relevante que otras, agruparemos las causas por orden de importancia, colocando la causa más importante hasta el final antes del párrafo de cierre o conclusión.

Otro tipo de causas que pueden derivar del diagrama causa y efecto (Ishikawa) son las llamadas causas directas, que se relacionan directamente con el problema (efecto) en un contexto casi inmediato, y las causas indirectas, cuya relación con el problema se da en un contexto mucho más lejano. Por eso, si trabajamos con causas que no tienen la misma importancia o que son directas e indirectas, se sugiere organizar los párrafos comenzando con causas directas y seguir con las indirectas, o analizar con detenimiento las diferentes causas y ordenarlas según el grado de importancia.

ACTIVIDAD 4.17

En el diagrama de Ishikawa de la página 118 se plantea el regreso de los *boomerang kids* al seno familiar como el problema al que se enfrentan muchos jóvenes españoles. A continuación, aparece una serie de causas relacionadas con el problema. Identifique cada una como directa (*d*) o indirecta (*i*), escribiendo la letra correspondiente en la segunda columna de la tabla. Después intente organizar las causas en el orden en que aparecerían en el esquema para un ensayo. Escriba el número de orden en la primera columna de la tabla.

¿Qué causas provocan que los *boomerang kids* tengan que regresar al hogar de origen?

1. La acumulación de deudas contraídas reduce al mínimo sus economías.		
2. Cuando, después de algunos años, rompen una relación de pareja y se quedan solos.		
3. Cuando termina su contrato temporal y la compañía donde trabajan no se lo renueva.		
4. Un aumento en el costo de alquiler los obliga a dejar el apartamento donde viven.		
5. No tienen dinero para pagar el alquiler de la casa o apartamento donde viven.	1	*d*
6. Por un despido masivo de empleados se quedan sin trabajo.		
7. Les resulta más cómodo que sus padres se hagan responsables de ellos.		
8. Las instituciones bancarias han incrementado los intereses de los préstamos hipotecarios.		

Situación (causa) → efectos

Ahora bien, si tenemos que organizar un texto expositivo enfocado más en los efectos, seguiremos un procedimiento bastante parecido al análisis causal. Efectivamente, al igual que con las causas, veremos que con frecuencia nos encontraremos con casos en los que los efectos no se relacionan necesariamente entre sí, aunque todos se deban a la misma causa. Por ejemplo, la situación de los *boomerang kids* que, al volver a casa, deben readaptarse a vivir con sus padres (diagrama de Ishikawa, pp. 118–119), conlleva efectos profundos que repercuten en la familia, el dinero, los estudios, las relaciones interpersonales, etcétera. Si nos detenemos a analizar, veremos que no existe una verdadera relación causal entre estos efectos. Eso sí, todos se deben a la misma causa: el regreso a casa del *boomerang kid*. Aunque los efectos nos puedan parecer de igual valor o importancia, si los analizamos detenidamente, notaremos que algunos suelen destacar más que otros. En este caso, como en el análisis causal, organizaremos los párrafos que tratan los efectos según el grado de importancia.

Los efectos también, al igual que las causas, pueden ser directos o indirectos. En el ejemplo sobre la readaptación de los *boomerang kids* al seno familiar, un efecto directo de volver a casa sería la dependencia paterna y uno indirecto, el retraso de la vida en pareja por parte de los jóvenes. Dependiendo del enfoque que le demos, el efecto indirecto podríamos considerarlo más importante que el directo o viceversa.

En resumen, si después de analizar una serie de efectos, notamos que todos se dan tanto en contextos inmediatos como lejanos en relación con la causa, ordenamos todos los efectos según el grado de importancia. Sin embargo, si organizamos el texto por efectos directos e indirectos, se sugiere comenzar con los directos y luego seguir con los indirectos.

ACTIVIDAD 4.18

En el diagrama de Ishikawa en la actividad 4.12, se plantea la readaptación de los *boomerang kids* al volver al hogar de origen como la situación por la que atraviesan muchos jóvenes españoles.
A continuación, aparece una serie de efectos relacionados con la situación. Identifique cada uno como directo (*d*) o indirecto (*i*), escribiendo la letra correspondiente en la segunda columna de la tabla. Después intente organizar los efectos en el orden en que aparecerían en el esquema para un ensayo. Escriba el número de orden en la primera columna de la tabla.

¿Qué efectos acarrea la readaptación de los *boomerang kids* que vuelven al hogar de origen?

1. Ahora tienen que depender económicamente de sus padres.	1	d
2. Volver a casa se les presenta como una manera fácil de ahorrar para una futura emancipación.		
3. Ahora tendrán la posibilidad de volver a los estudios y terminar una carrera profesional.		
4. De vuelta en casa de los padres se ha acabado la vida íntima que gozaban viviendo solos.		
5. Tras vivir solos, la presencia de los jóvenes exemancipados crea conflictos generacionales.		
6. Si encuentran empleo, tienen que cooperar con algunos de los gastos domésticos.		
7. Algunos de estos chicos se vuelven *ninis*, es decir, ni estudian ni trabajan, convirtiéndose en una carga enorme en la familia.		
8. Se vuelve más difícil mantener una relación de pareja viviendo en casa de los padres.		

La tesis en textos expositivos de causa y efecto

En el capítulo 3, hemos visto que la tesis nos sirve para expresar una aseveración o idea central que tenemos sobre un fenómeno determinado con razonamientos lógicos. Esta tesis incluye la oración temática de la que se desprenden los temas de los que analizaremos el modo en que se presentan e interrelacionan entre sí. Por lo general, cada tema coincide con uno de los párrafos del cuerpo del ensayo. En un texto expositivo de causa y efecto, la tesis nos ayuda a identificar claramente una situación, un problema, una actividad o un evento que estemos analizando. Esta tesis también nos debe indicar si el ensayo se enfoca ya sea en causas o en efectos. De este modo, la tesis que se enfoca en las causas nos explicará las razones que hay detrás de un determinado problema. Mientras que la tesis enfocada más en los efectos nos dará las consecuencias de una determinada situación. Estas razones (causas) o consecuencias (efectos) se convierten en las ideas u oraciones de apoyo para el ensayo. Se sugiere que, en la tesis, las ideas de apoyo se enumeren en el mismo orden en que aparecen en el ensayo. Las razones y consecuencias en una tesis de causa y efecto a menudo se unen mediante conectores de causa y efecto (consulte la tabla en la página 122).

Ejemplos:

Enfoque en las causas: El regreso a casa por parte de los *boomerang kids* se debe en parte al elevado índice de desempleo, el incremento del alquiler y gastos comunes en cohabitación, la ruptura de la vida en pareja y la incapacidad de pago de deudas.

Enfoque en los efectos: La dependencia paterna, la falta de vida íntima, el apoyo financiero para volver a los estudios y la posibilidad de ahorrar dinero para una futura emancipación son todas consecuencias de la readaptación de los *boomerang kids* en el seno familiar.

ACTIVIDAD 4.19

A continuación, aparecen tres preguntas. Léalas con un compañero o en grupos de tres y piensen en dos o tres posibles causas o efectos que deriven de la idea principal de cada pregunta. Cuando hayan terminado, en hoja aparte conviertan cada pregunta en una tesis que incluya esas dos o tres causas o efectos.

1. ¿Por qué no hay suficientes empleos para la población estudiantil de su país?
2. ¿Por qué resulta seguro como propietario en su país alquilar apartamentos a estudiantes?
3. ¿Cuáles son las consecuencias de un divorcio de una pareja joven con hijos?

ACTIVIDAD 4.20

Vuelva a las actividades 4.10 y 4.11 y decida con cuál de las dos (causas o efectos) desea trabajar. Luego prepare el borrador de una tesis de trabajo para su tema. Cuando haya terminado, compare su tesis con la de un compañero o en un grupo de tres, y considere realizar revisiones en función de sus comentarios.

Párrafo introductorio

Para darnos idea de cómo trabajaremos con el párrafo introductorio, volvamos a echarle un vistazo al artículo *Entre ninis y memes* ... de la actividad 4.14. Este artículo se centra en los factores que llevan a los jóvenes a vivir como ninis en el seno familiar. Para introducir al lector a este tema central, el autor Luis Felipe Fernández Martínez menciona el subempleo, la economía informal, y en el peor de los casos la delincuencia, como algunas de las mayores consecuencias que acarrea el futuro de estos jóvenes, buscando así una manera efectiva de despertar la curiosidad del lector por el tema del artículo. Si el tema del artículo fuera los motivos que llevan a los jóvenes a convertirse en ninis, el autor se habría enfocado en algunas de las causas para despertar el interés del lector en los efectos de esta situación.

A continuación, los dos párrafos que introducen el artículo sobre los ninis y en los que aparece subrayado el tema central y las consecuencias que conlleva el futuro de los ninis.

> Dudo mucho que usted ignore qué son los *ninis*, por las dudas déjeme decirle que, en principio, son seres humanos jóvenes que por muchas razones, en su mayoría ajenas a ellos, ni estudian ni trabajan; de esta situación el famoso apelativo *ninis*. En México se calculan en más de siete millones los ninis, y no se piense que son exclusivos de este país; en el mundo deambulan al igual que aquí. [...]
>
> ¿Quién sostiene a estos jóvenes? A la mayoría de ellos aparentemente los sostienen sus propias familias; inicialmente esto puede no ser un problema, el problema viene años después, y no muchos años después; sin opciones de estudiar y sin posibilidades de empleo formal, el futuro para ellos es el subempleo y la economía informal (se supone que no estudiar implica eso) en el mejor de los casos; no hay que olvidar que a la vuelta de la esquina los espera (quizá más empujados por la necesidad que por inclinación propia) la participación en delitos menores y en delincuencia organizada.

Como en todo párrafo introductorio, es importante que la tesis quede bien enlazada con el resto del texto (véase capítulo 3, pp. 92–93). De este modo estaremos atentos a que en cada párrafo haya información que haga que el lector recuerde la tesis desde el comienzo hasta el final del texto.

ACTIVIDAD 4.21

Lea las siguientes aseveraciones y vea si se enfocan en causas o efectos. Si se enfocan en causas, piense en los efectos que podría incluir en la introducción para despertar la curiosidad del lector por el tema. Si, por el contrario, la tesis trata sobre efectos, piense en algunas causas para incluirlas en la introducción. Cuando haya terminado, comparta sus ideas con un compañero o en un grupo de tres.

1. El rechazo de los padres tiene consecuencias muy serias para los jóvenes exemancipados.
2. Hay muchos factores que contribuyen a que aumente el número de *ninis*, jóvenes que ni estudian ni trabajan, entre la población juvenil.
3. Cuando los padres deciden apoyar a un hijo nini, el resto de la familia suele resentir los graves efectos de esta decisión.

ACTIVIDAD 4.22

Vuelva a la tesis que ha escrito en la actividad 4.20. Luego, en hoja aparte, escriba un párrafo introductorio que incluya algunas causas si la tesis se enfoca en un problema (efecto), o los efectos si la tesis se enfoca en una situación dada (causa). Fíjese que las causas y efectos desarrollados en la introducción queden bien relacionados con la tesis.

Párrafo de cierre o conclusión

Si en el párrafo introductorio de un texto expositivo sobre causa y efecto intentamos despertar la curiosidad del lector, en el párrafo de cierre o conclusión vale la pena terminar el ensayo con un comentario que lo haga reflexionar. Por ejemplo, en el mismo artículo sobre los ninis, podemos ver cómo Fernández Martínez introduce el párrafo de cierre con una disculpa por el uso generalizado de ninis como término despectivo. Y no sólo se disculpa, sino que también propone un término alternativo que refleja mejor la realidad de este segmento de la juventud.

A continuación, el párrafo de cierre o conclusión en el que aparece subrayado el comentario que lleva al lector a reflexionar sobre la situación de los ninis.

> A manera de disculpa por el uso de ninis.
>
> El término me parece despectivo, falto de sensibilidad, y si me apuran racista; no basta con la desilusión por el futuro que no es lo que debiera ser, no es suficiente con el abandono social al que son sometidos, no es bastante el que no encuentren acomodo para estudiar ni para trabajar; y no porque no les interese (que los hay) sino por la falta de oportunidades auténticas que realmente puedan hacerlos crecer. A pesar de todo esto, ahora tienen que aguantar la etiqueta hiriente de *ninis* que prácticamente les dice . . . ni estudias, ni trabajas . . . ni sirves para nada. Propongo, como descargo social, que se les denomine JovDASxE (léase Jovdas por E) que significa **Jóv**enes **D**es**A**tendidos **S**ocialmente **x** por el **E**stado. Si usted tiene una idea más creativa me la manda y empezamos a promoverla.

Así vemos que un buen comentario refuerza lo que hemos escrito a lo largo del ensayo, pero también lleva al lector más allá de lo que ya se ha dicho sin introducir nuevas ideas que no se hayan desarrollado ya en el texto, lo que no debe hacerse en una conclusión.

ACTIVIDAD 4.23

Inspirado en el párrafo introductorio derivado de la actividad 4.22, escriba en hoja aparte una conclusión que termine con un comentario que haga reflexionar al lector y que funcione bien con esa introducción.

Criterios de textualidad

Cohesión: *conectores o marcadores textuales*

En este segmento hablaremos de otro recurso cohesivo de la textualidad que permite que el lector pueda identificar el comienzo de un escrito y la progresión lógica establecida en cada párrafo del cuerpo del texto hasta llegar a la conclusión mediante conectores o marcadores textuales distribuidos a lo largo de un texto. En efecto, en este capítulo y en anteriores[8] hemos visto que, en el desarrollo de un texto expositivo, se requiere el uso de conectores o marcadores textuales que, con ayuda de los signos de puntuación, hacen que el lector entienda fácilmente el orden en que aparece la información, la continuación progresiva de ideas o la transición de una idea a otra y el cierre o conclusión. Pero, es sobre todo en la progresión de un texto que empleamos un buen número de marcadores con los que, además de introducir o añadir información, establecemos adversidad, causalidad, consecuencia, comparación, contraste, finalidad, etcétera, según lo requiera la exposición de información dentro de un texto.

Desde el punto de vista gramatical, la mayoría de estos marcadores suelen ser adverbios, conjunciones o locuciones conjuntivas que se dividen en dos grupos. Uno que forma parte de la estructura sintáctica de las oraciones que componen un párrafo y por lo general va precedido de una coma. Por ejemplo:

El desempleo afecta sobre todo a los jóvenes, *porque* no pueden ahorrar dinero para emanciparse. *oración subordinada circunstancial causal*[9]	La conjunción causal *porque*, precedida por una coma, forma parte de la estructura sintáctica de la oración que expresa la causa por la que los jóvenes no pueden ahorrar dinero.

Y el otro que sirve de enlace entre oraciones o incluso párrafos que contienen ideas diferentes. Por lo general aparecen después de un punto y seguido. Ejemplo:

Según las cifras que ofrece el gráfico sobre la situación residencial en España (p. 109), los jóvenes de más de 30 años logran emanciparse. *Sin embargo*, resulta casi imposible, para el resto de la población juvenil, tener acceso al mercado residencial.	La locución conjuntiva *Sin embargo* establece un enlace entre la primera oración (*los jóvenes de más de 30 años logran emanciparse*) con la segunda (*resulta casi imposible, para el resto de la población juvenil, tener acceso al mercado residencial*). Estas oraciones no comparten la misma estructura sintáctica y expresan ideas diferentes.

[8] Véase capítulo 2, pp. 59–60; capítulo 3, p. 87; y en este mismo capítulo, pp. 121–122.
[9] Véase la sección La oración subordinada circunstancial del capítulo 6, pp. 199–207.

ACTIVIDAD 4.24

A continuación, aparece el primer párrafo del artículo sobre "Cambios en el proceso de emancipación residencial en España" (véase pp. 114–115). Léalo y trate de localizar los marcadores textuales que emplean los autores para organizar la información de este párrafo y subráyelos. Cuando haya terminado, compare el resultado con el de su compañero de al lado.

> [1] Lograr independencia residencial, es decir, dejar el hogar parental para constituir un hogar independiente, es un evento clave en la transición a la edad adulta de las personas jóvenes, siendo a veces considerado como la "piedra angular" de dicha transición (Aassve et al., 2013), como un "elemento constituyente fundamental y necesario" (Echaves, 2016). Sin embargo, en ocasiones dicho proceso se encuentra a su vez compuesto por múltiples eventos, al igual que el resto de cambios que configuran la transición hacia la edad adulta. Todos ellos, además, se encuentran inmersos en un intenso proceso de *desestandarización*, generado por la creciente fragmentación y flexibilización del mundo de trabajo a nivel global (Mills y Blossfeld, 2006; Simó et al., 2002), y del cambio cultural conocido como "segunda transición demográfica" (Lesthaeghe, 2010), entre otros.

ACTIVIDAD 4.25

Ahora intente clasificar los conectores o marcadores[10] que aparecen en el recuadro más abajo.

De inicio	De continuación	De cierre o conclusión
De entrada	*después*	*En conclusión*
De adversidad	**De reformulación**	**De comparación y contraste**
Ahora bien	*a saber*	*al igual que*

En último lugar /después (de) / pero / En segundo lugar / Para concluir / Sin embargo / en seguida / por otro lado / mientras que / Finalmente / al igual que / a saber / más bien / Para empezar / es decir / Por último / de igual modo / en cambio / esto es / mejor dicho / Ahora bien / En primer lugar / Por un lado / No obstante / tanto como

Estructuras gramaticales

La oración subordinada relativa

En el proceso de redacción es necesario adquirir un buen dominio de las estructuras de las oraciones complejas de la lengua. En español empleamos en la escritura una serie de oraciones compuestas con estructuras gramaticales más complejas

[10] Véase el apéndice 4 (pp. 231–232) con la lista completa de conectores o marcadores textuales, clasificados según su función dentro del texto.

denominadas oraciones subordinadas, las cuales dependen de otra oración o de una partícula gramatical que se encuentra dentro de la oración. Estas oraciones se suelen dividir en tres grupos: oraciones subordinadas adjetivas o de relativo,[11] subordinadas sustantivas y subordinadas adverbiales o circunstanciales.

En esta sección del capítulo cuarto trabajaremos con las oraciones subordinadas adjetivas o de relativo, que suelen actuar como adjetivos en relación con un sustantivo o grupo nominal al que modifican con la ayuda de un pronombre relativo, el cual tendrá una función sintáctica como sujeto o como alguno de los complementos dentro de la oración. Ejemplos:

a) Los *ninis* son jóvenes. *oración simple* b) Los jóvenes ni estudian ni trabajan. *sujeto* c) Los *ninis* son jóvenes *que* ni estudian ni trabajan. *sujeto* *nexo:* *pronombre relativo* ***que***[12] *oración subordinada adjetiva (OSA)*	La oración simple b) depende de la oración simple a), porque la frase *ni estudian ni trabajan* realiza la función de un adjetivo al modificar el grupo nominal *los jóvenes* mediante un nexo, en este caso, el pronombre relativo *que* en función de sujeto como aparece en la oración subordinada adjetiva c).

En la gramática tradicional se suelen agrupar las subordinadas de relativo con las subordinadas adjetivas, pues ambas oraciones vienen introducidas por un grupo relativo[13] simple o complejo que puede ser un pronombre, un determinante o un adverbio; sin embargo, sólo las oraciones subordinadas adjetivas realizan precisamente la función de un adjetivo, como se puede ver en el siguiente ejemplo, en el que el adjetivo *autónomo*, que hace referencia a un joven, se puede reemplazar por la oración subordinada adjetiva *que trabaja por su cuenta*, de la que se obtiene casi el mismo significado.

Un joven autónomo no depende de nadie. *sujeto* *oración simple*	Un joven *que trabaja por su cuenta* no depende de nadie. *sujeto* *OSA*
En la oración simple de la izquierda, el adjetivo *autónomo* que modifica al grupo nominal *un joven* puede ser reemplazado como sinónimo por la oración subordinada adjetiva *que trabaja por su cuenta* de la derecha que también hace referencia al grupo nominal *un joven* mediante el pronombre relativo simple *que* en función de sujeto.	

EJERCICIO 4.1

Lea las siguientes oraciones, trate de identificar el adjetivo que modifica al sustantivo, subráyelo y reemplácelo por una oración relativa.

1. El adinerado empresario hace fortuna aprovechándose de los pobres.
   El empresario que tiene mucho dinero hace fortuna aprovechándose de los pobres.

[11] La explicación y ampliación sobre *La oración subordinada relativa* aparece en la página web del libro.
[12] La explicación y ampliación sobre *El pronombre* aparecen en el tema sobre *El sujeto* en la página web del libro.
[13] En ocasiones emplearemos el término grupo relativo al referirnos a cualquier relativo simple o complejo.

2. Los estudiantes más trabajadores recibirán becas otorgadas por el ministerio de educación.

____

3. Los padres responsables apoyan económicamente a sus hijos.

____

4. Los empleos bien remunerados permiten que los jóvenes se emancipen.

____

5. Los dueños de casas precavidos alquilan sus propiedades a estudiantes extranjeros.

____

El pronombre relativo: *que*

El pronombre relativo *que*,[14] de uso muy frecuente entre los hispanohablantes, no presenta rasgos ni de género ni de número, y su antecedente se puede referir a un ser tanto animado como inanimado, lo que lo hace tan útil. Ejemplos:

El escritor *que murió* era muy famoso. *OSA con antecedente explícito*	El pronombre relativo simple *que* introduce la oración subordinada adjetiva que modifica al grupo nominal *el escritor*. Este grupo que hace referencia a un ser animado es el antecedente explícito de la oración.
El libro *que escribió el autor* es muy bueno. *OSA con antecedente explícito*	El pronombre relativo simple *que* introduce la oración subordinada adjetiva que modifica al grupo nominal *el libro*. Este grupo que hace referencia a un ser inanimado es el antecedente explícito de la oración.

Recordemos que los pronombres relativos en general tienen doble función: una, como modificadores del nombre, que los antecede, otra, como sujetos o como alguno de los complementos del verbo[15] dentro de la oración subordinada adjetiva o relativa que encabeza. Veamos entonces qué función realiza el pronombre relativo *que* en los ejemplos anteriores:

El escritor *que murió* era muy famoso. *sujeto* *sujeto* *GAdj.* *OSA*	El pronombre relativo simple *que*, además de modificar al antecedente *el escritor*, realiza la función de sujeto dentro de la oración subordinada que encabeza (*que murió*). Nótese que el antecedente *el escritor* tiene su función propia como sujeto de la oración copulativa cuyo atributo es el grupo adjetival (GAdj.) *muy famoso*.
El libro *que escribió el autor* es muy bueno. *sujeto* *CD* *GAdj.* *OSA*	El pronombre relativo simple *que*, además de modificar al antecedente *el libro*, realiza la función de complemento directo dentro de la oración subordinada que encabeza (*el autor*[16] *escribió el libro*). Nótese que el antecedente *el libro* tiene su función propia como sujeto de la oración copulativa cuyo atributo es *muy bueno*.

[14] La explicación y ampliación sobre toda la serie de pronombres relativos aparece en el tema sobre *La oración subordinada relativa* en la página web del libro.

[15] *Verbos transitivos e intransitivos* aparecen en el tema sobre *El predicado* en la página web del libro.

[16] Nótese que por cuestión de estilo el sujeto de la oración subordinada *el autor* aparece después del verbo.

Existen dos maneras como suelen presentarse las oraciones subordinadas adjetivas o de relativo en relación con el antecedente explícito. La primera, que restringe o limita el significado del antecedente, se denomina *especificativa*. Este tipo de subordinadas, cuyo antecedente no funciona con nombres propios o pronombres personales, se inserta dentro de la oración principal sin comas. Ejemplos:

El joven *que no estudia* no consigue un empleo. sujeto OSA especificativa	La oración subordinada adjetiva *que no estudia* modifica al grupo nominal *el joven*, restringiendo su significado dentro de la oración principal no consigue un empleo. Nótese que la subordinada especificativa no funciona con nombres propios ni pronombres personales (~~*Alberto / él*~~ que no estudia) ni lleva comas.

La segunda manera, que no restringe el significado del antecedente, sino que más bien proporciona más información sobre el antecedente, se denomina *explicativa*. Este tipo de oraciones subordinadas, cuyo antecedente funciona tanto con nombres propios como comunes o grupos nominales, se inserta dentro de la oración principal como una aposición,[17] es decir, separada por comas. Ejemplo:

Alicia, *que es muy simpática,* vino a verte. sujeto OSA explicativa	La oración subordinada adjetiva *que es muy simpática* modifica al sujeto *Alicia*, añadiendo información sobre ella dentro de la oración vino a verte. Nótese que la subordinada explicativa funciona tanto con nombres comunes como propios y va entre comas.

En resumen, las subordinadas adjetivas *especificativas* señalan una característica particular o importante del sustantivo o grupo nominal del que forman parte, mientras que las subordinadas *explicativas* añaden información sobre el sustantivo o grupo nominal que complementan sin que sea esta última necesaria. Por eso las subordinadas explicativas se suelen intercalar como una aposición, es decir, entre comas.

EJERCICIO 4.2

Lea las siguientes oraciones e intente identificar la OSA y subráyela. Luego, localice el antecedente y escriba la letra *A* encima de él.

1. Alba, la chica colombiana (A), que estudiaba medicina, termina sus estudios este mismo año.
2. Las materias que más le gustaban eran anatomía y fisiología.
3. Fisiología, que estudió el primer año, trata sobre las funciones de los seres orgánicos.
4. Alba, que se gradúa ahora en septiembre, piensa hacer una especialización en pediatría.
5. La pediatría es una especialidad que se enfoca en el estudio de los niños y sus enfermedades.

[17] Véase *Modificadores del nombre* que aparecen en el tema sobre *El sujeto* en la página web del libro.

EJERCICIO 4.3

Lea las siguientes oraciones e intente identificar la OSA que se halle y subráyela. Luego, determine si son oraciones especificativas (Or. Esp.) o explicativas (Or. Exp.).

Or. Exp.

1. Nelson Mandela, que fue activista contra el apartheid, recibió el premio Nobel de la paz en 1993.
2. El apartheid fue un sistema de segregación racial que se impuso en 1948 en Sudáfrica y Namibia.
3. Nelson Mandela presidió el Congreso Nacional Africano, partido político que ha gobernado el país desde el establecimiento de la democracia en 1994 hasta hoy en día.
4. Durante el llamado Proceso de Rivonia, que fue un juicio que se celebró en Sudáfrica en 1962, Nelson Mandela fue sentenciado a cadena perpetua.
5. Mandela, que falleció en 2013 a los 95 años, fue considerado emancipador de su país.

Técnicas de combinación de oraciones

Combinación y segmentación de oraciones adjetivas o de relativo

Los siguientes ejercicios de combinación y segmentación de oraciones se enfocan en las oraciones subordinadas adjetivas o de relativo. Ello nos permitirá afianzar nuestros conocimientos gramaticales y desarrollar a la vez una mayor soltura para escribir oraciones compuestas con estructuras sintácticas complejas.

EJERCICIO 4.4

Combine la siguiente secuencia de oraciones, utilizando la primera con la letra a) como oración principal. Use el pronombre relativo *que* para formar el tipo de oración adjetiva (explicativa o especificativa) que se le pide. Fíjese en el modelo.

1. a) La independencia residencial está influida por factores económicos del mercado laboral.
   b) La independencia residencial es un evento fundamental en la transición a la edad adulta.
   Pronombre relativo: *que*; subordinada explicativa.
   La independencia residencial, que es un evento fundamental en la transición a la edad adulta, está influida por factores económicos del mercado laboral.
2. a) La fragmentación y flexibilización tienen repercusiones sociales innegables.
   b) La fragmentación y flexibilización afectan al mercado laboral en todo el mundo.
   Pronombre relativo: *que*; subordinada especificativa.
   ____
   ____
   ____
3. a) Los jóvenes del sur de Europa enfrentan una mayor precariedad de empleo en sus países.
   b) Los jóvenes del sur de Europa salen del hogar a una edad más tardía que sus pares del norte.
   Pronombre relativo: *que*; subordinada explicativa.
   ____
   ____
   ____
4. a) La encuesta sobre emancipación de la población juvenil identificó los principales motivos para permanecer en el hogar familiar.

b) La encuesta sobre emancipación de la población juvenil se llevó a cabo en Navarra, España. Pronombre relativo: *que*; subordinada especificativa

____

____

____

5. a) La escasez de recursos económicos fuerza a muchos jóvenes a regresar al hogar familiar.
   b) La escasez de recursos económicos se ha señalado como un factor muy importante. Pronombre relativo: *que*; subordinada explicativa.

____

____

____

6. a) Los jóvenes tienen ahora que enfrentar un entorno laboral muy diferente al del pasado.
   b) Los jóvenes forman actualmente la fuerza de trabajo. Pronombre relativo: *que*; subordinada especificativa.

____

____

____

EJERCICIO 4.5

Segmente los elementos que constituyen las siguientes oraciones compuestas. Para ayudarle a resolver cada ejercicio, la oración principal ya aparece escrita en la línea a).

1. Los *boomerang kids* son jóvenes que vuelven al hogar por razones de ruptura de relación o pérdida de empleo.
   a) *Los boomerang kids son jóvenes.*
   b) *Los jóvenes vuelven al hogar por razones de ruptura de relación o pérdida de empleo.*
2. En muchos países poco desarrollados, la población juvenil, que no tiene perspectivas de futuro, constituye un porcentaje importante de la población general.
   a) *En muchos países poco desarrollados, la población juvenil constituye un porcentaje importante de la población general.*
   b) ____
3. El término *ninis*, que tiene connotaciones despectivas e incluso racistas, se usa para denominar a muchos jóvenes de nuestro tiempo excluidos de la posibilidad de estudios o empleo.
   a) *El término ninis se usa para denominar a muchos jóvenes de nuestro tiempo excluidos de la posibilidad de estudios o empleo.*
   b) ____

Documento final

Puesta en práctica

Texto expositivo sobre causa y efecto

Termine de redactar un ensayo de entre 400 y 500 palabras sobre una de las dos opciones: primera, las causas que obligan a que los jóvenes vuelvan al seno familiar; segunda, los efectos o consecuencias de la readaptación de los jóvenes que vuelven al hogar de origen. Este ensayo le permitirá completar las actividades 4.20, 4.22 y 4.23. Durante la redacción, incluya las citas directas o indirectas (dentro del texto) que crea necesarias en los párrafos que conformen el cuerpo del texto y prepare la lista de artículos utilizados siguiendo el sistema de estilo MLA o APA y los pasos indicados en la sección Inserción de citas y lista de referencias bibliográficas (véase pp. 13–15).

Según lo indique el profesor, podrá redactar otro texto diferente, escogiendo uno de los siguientes temas sobre la emancipación juvenil:

- Mediante el servicio de estadísticas de su país, averigüe los datos que muestren la situación residencial de los jóvenes por sexo y grupo de edad (véase p. 109) y vea si tienen las mismas dificultades para emanciparse, estableciendo las posibles causas que las originan.
- Mediante ese mismo servicio de estadísticas u otro tipo de publicación, investigue los índices de desempleo entre jóvenes por sexo y grupo de edad y las causas que explican el problema de la falta de empleo entre la población juvenil.
- Con esos mismos datos estadísticos, averigüe los efectos que conlleva la falta de empleo entre los jóvenes de su país. Para ello, considere el caso de los jóvenes ninis mexicanos (véase pp. 119–120).

Para ello, ponga en práctica todos los pasos esenciales del proceso de escritura que hemos visto a lo largo de este capítulo para completar todo el ensayo.

No olvide . . .

- planificar y generar ideas sobre el tema que haya escogido mediante el diagrama de Ishikawa (véase pp. 117–119);
- preparar el esquema que cubra el número aproximado de párrafos;
- cerciorarse de que en cada párrafo se desarrolle la oración temática y oraciones de apoyo, empleando la estructura de textos expositivos sobre causa y efecto (véase p. 121);
- detectar los párrafos que necesitan datos e información para apoyar el tema central del texto;
- realizar una búsqueda de libros que apoyen los datos que le hagan falta (véase pp. 90–91);
- utilizar técnicas de inserción de citas según MLA o APA dentro del/los párrafos (véase pp. 13–15);
- preparar el borrador del texto sin preocuparse mucho de la redacción;
- redactar el párrafo de introducción y de cierre o conclusión hasta el final (véase pp. 129–131);
- introducir conectores de causa y efecto dentro del texto (véase p. 121);
- revisar todo el documento, asegurándose de que en cada párrafo se desarrolle una idea desprendida del esquema y de que al mismo tiempo haya conexión entre los demás párrafos, buscando que exista coherencia en cada uno de ellos, así como en el texto completo;
- revisar y hacer correcciones de estructuras morfosintácticas de las oraciones (concordancia de sujeto y predicado) cuya formulación necesite más trabajo dentro de cada uno de los párrafos;

- revisar todo el documento, asegurándose que en cada párrafo se desarrolle una idea desprendida del esquema y que al mismo tiempo haya conexión entre los demás párrafos, así como en el texto completo.[18]

Evaluación: hoja de chequeo

Utilice la siguiente hoja de chequeo para revisar la redacción del ensayo y, si es necesario, considerar cambios que lo mejoren.

Califica de...	
1 (insatisfactorio):	uso inadecuado de técnicas de redacción; necesita más desarrollo
2 (satisfactorio):	uso aceptable de técnicas de redacción; necesita un poco más de desarrollo
3 (muy bien):	uso adecuado de todas las técnicas de redacción con muy pocos errores
4 (excelente):	uso excepcional de todas las técnicas de redacción sin ningún error

	1	2	3	4
El tema del ensayo sobre causa y efecto es claro, con una pregunta en el párrafo introductorio relacionada con la tesis (véase pp. 128–129).				
Se ha empleado vocabulario académico de frecuencia y sinónimos de algunas palabras.				
El desarrollo de la tesis describe claramente el/los temas de análisis y la relación entre ellos, indicando las causas o efectos del problema o situación (véase pp. 128–129).				
El desarrollo de los párrafos del cuerpo del texto presenta unidad y apoya de manera lógica la tesis del ensayo.				
La estructura del texto adopta uno de los dos modelos de estructura para textos expositivos de causa y efecto (véase p. 121).				
El uso de conectores de causa y efecto es adecuado (véase p. 121).				
El ensayo termina con un párrafo de cierre o conclusión que sintetiza adecuadamente las ideas centrales, añadiendo un comentario o reflexión sobre el tema (véase p. 130).				
Se han utilizado adecuadamente las fuentes externas de información (libros) para apoyar las ideas principales del ensayo (véase pp. 129–131).				
Se ha empleado correctamente el sistema de citas del manual de la MLA o de la APA (véase pp. 13–15).				
La redacción del texto presenta pocos errores de cohesión y coherencia textual.				

[18] Para mejorar la calidad del ensayo, se recomienda que intercambie su texto con el de uno de sus compañeros para que, con ayuda de la hoja de revisión de textos expositivos, se proporcionen mutuamente *feedback*. Consulte la hoja de revisión de textos expositivos (apéndice 5, pp. 235–236).

Reflexión pedagógica

Piense qué ha aprendido en este capítulo. Para ello, utilice la siguiente tabla para indicar qué cosas cree que necesita revisar para pasar al siguiente capítulo. Cuando termine, comparta el resultado con su compañero.

• El vocabulario relacionado con la emancipación juvenil, los jóvenes, la vivienda y el desempleo	
• La inferencia sobre el tema de la emancipación residencial	
• Los diagramas de causa y efecto o de Ishikawa	
• La estructura del modelo por temas de análisis y la del modelo por causa y efecto	
• La búsqueda de títulos de libros en la universidad o en WorldCat	
• El uso del sistema de citas según el manual de la MLA o de la APA	
• La estructura gramatical de las oraciones subordinadas adjetivas	
• La técnica de combinación de oraciones: oraciones subordinadas adjetivas	
• La puesta en práctica del desarrollo de textos expositivos sobre causa y efecto	

5 El reto de afrontar la crisis climática

EN ESTE CAPÍTULO ...

- aprenderá vocabulario relacionado con el cambio climático;
- anticipará e inferirá el tema de la educación medioambiental;
- aprenderá a generar ideas con mapas conceptuales;
- aprenderá a desarrollar la estructura de un texto expositivo sobre circunstancias adversas y soluciones;
- aprenderá cómo integrar fuentes originales dentro de un texto: citas directas;
- aprenderá a preparar el borrador de un párrafo introductorio con tesis y otro de cierre o conclusión que integran un texto expositivo sobre el tema de la educación medioambiental;
- repasará la estructura gramatical de la oración subordinada sustantiva;
- aprenderá a combinar oraciones sustantivas mediante la técnica de combinación de oraciones sustantivas;
- pondrá en práctica el desarrollo de textos expositivos sobre circunstancias adversas y soluciones.

Lectura académica

En preparación ...

Es innegable que una de las amenazas más grandes que pesa sobre la especie humana es la crisis climática. Ante la parsimonia del Estado y los organismos gubernamentales responsables que se resisten a actuar con rapidez y eficiencia, los jóvenes de todo el mundo se movilizan para lanzar campañas contra corporaciones y multinacionales causantes directa o indirectamente de la contaminación del medio ambiente y el calentamiento global. Lo más preocupante es que todos estos daños, algunos de ellos irreversibles, afectan a las poblaciones marginadas y las futuras generaciones.

En este quinto capítulo, leeremos sobre la educación como medio de difusión pedagógica para concienciar tanto a profesores como a estudiantes sobre los problemas ambientales por los que atravesamos y encontrar el modo de resolverlos. También hablaremos sobre la economía circular como una de las soluciones más viables frente a esta crisis mundial. Es verdad que para proponer soluciones debemos ser conscientes del problema al que nos enfrentamos y las causas que lo provocan. Comencemos entonces por averiguar cuánta conciencia ecológica tenemos.

ACTIVIDAD 5.1

Lea las siguientes preguntas sobre la cultura ecológica e indique con esta marca (✓) todas las opciones que le parezcan adecuadas.

1. ¿En dónde piensa que se debería comenzar a enseñar y aprender sobre el medio ambiente?

a) En casa en compañía de todos los miembros de la familia.	❍
b) En los recintos universitarios que ofrecen programas sobre el medio ambiente.	❍
c) En la escuela secundaria cuando los jóvenes ya tienen una idea más clara del mundo que los rodea.	❍
d) En la escuela primaria cuando los niños apenas comienzan a leer y a escribir y es más fácil inculcarles una conciencia ecológica sobre la actividad humana y sus consecuencias en el medio ambiente.	❍

2. ¿Cuál es la mejor manera de deshacerse de la basura sin dañar el medio ambiente?

a) Tirarla en los vertederos.	❍
b) Quemarla y así evitar su acumulación.	❍
c) Reciclarla usando los contenedores adecuados según el tipo de desperdicio.	❍
d) Separarla según el tipo de materia ya sea orgánica o inorgánica.	❍

3. ¿Cuál es un buen ejemplo de recurso natural renovable?

a) Petróleo	❍
b) Oro	❍
c) Gas natural	❍
d) Agua	❍

4. ¿Qué factores contribuyen al calentamiento global del planeta?

a) Tala inmoderada de los bosques.	❍
b) Acidificación de los océanos.	❍
c) Emisión de gases de efecto invernadero.	❍
d) Derrames de petróleo.	❍

5. ¿Cuál es un buen ejemplo de ecotecnología?

a) Plantas de reciclaje y de compostaje.	❍
b) Instalación de paneles solares en los techos de las casas.	❍
c) Reemplazo de vehículos de combustión interna por eléctricos.	❍
d) Sistema de captación de agua pluvial.	❍

Cuando haya terminado, compare el resultado con el de alguno de sus compañeros de clase, vean si sus respuestas son similares y comenten al respecto.

ACTIVIDAD 5.2

En América del Norte y algunos países desarrollados el consumo de agua potable es gratuito, con lo que muchos de sus habitantes no son conscientes de la importancia de conservar y cuidar la disponibilidad del líquido vital. En parejas o en grupo de tres piensen en tres estrategias que se podrían implementar para evitar el desperdicio de agua.

1. ____

____

2. ____

____

3. ____

____

Cuando haya terminado, compare las respuestas con otros grupos de trabajo.

Desarrollo léxico

Frecuencia léxica

Como ya hemos hecho en capítulos anteriores, continuaremos trabajando aquí con palabras de baja frecuencia estadística, además de términos académicos, para enriquecer nuestro bagaje léxico.

ACTIVIDAD 5.3

En la siguiente actividad, explorará el significado de algunas palabras clave extraídas de dos textos sobre el cambio climático que encontrará un poco más adelante.

A. Relacione las siguientes palabras, poniendo la letra en la definición correspondiente.

Palabra	Definición	
a) distanciarse	• conjunto de señales o indicios que permiten averiguar algo	f
b) envase	• sobresaliente, importante o significativo	
c) incipiente	• volver a plantear un problema o asunto	
d) inocuo	• separar, apartar o poner a distancia	
e) malentendido	• apuro, prisa o urgencia	
f) pista	• que no hace daño	
g) premura	• tiempo seco, sin lluvia, de larga duración	
h) relevante*	• recipiente o envoltura que contiene artículos de comercio para conservarlos o transportarlos	
i) rentable	• en ecología y economía, que se puede mantener durante largo tiempo sin agotar los recursos o causar grave daño al medio ambiente	
j) replantear	• mala interpretación o equivocación en el entendimiento de algo	
k) sequía	• que inicia o empieza	
l) sostenible*	• que produce una renta o beneficio suficiente	

B. Ahora que ya sabe el significado de estos términos, lea las siguientes oraciones y rellene el espacio en blanco con la palabra correspondiente. En algunos casos se requiere usar el plural de la palabra.

1. El portavoz del gobierno prefirió distanciarse de las declaraciones controversiales del ministro del medio ambiente.
2. Las prácticas agrícolas no ______________ agotan los campos de cultivo y alteran el ecosistema natural, lo cual puede generar, a largo plazo, ______________ cada vez más prolongadas.
3. El científico declaró que la muerte masiva de abejas no es un problema ______________. Por el contrario, aseguró que, en toda investigación al respecto, debe analizarse con calma, sin ______________, toda ______________ que ayude a identificar los factores más ______________ del problema.
4. El uso de ______________ biodegradables para todo tipo de alimentos todavía es una tendencia ______________, pero presenta buenas perspectivas de generalizarse y llegar a ser una opción ______________ para la industria alimentaria.
5. El representante de la coalición de grupos ecológicos clarificó su posición, aseguró que todo había sido un ______________ y pasó enseguida a ______________ sus propuestas.

C. En la siguiente lista de palabras, identifique para cada una la que es un antónimo (esto es, que expresa una idea opuesta o contraria) y márquela.

1. **ahorro**	cuenta	derroche	dinero	cantidad
2. **añadir**	restar	sanar	completar	ordenar
3. **facilitar***	debilitar	emprender	dificultar	conseguir
4. **incertidumbre**	incredulidad	certeza	información	reconocimiento
5. **mejora**	sequía	disminución	consejo	empeoramiento
6. **reparto**	lugar	división	acumulación	regreso
7. **uniforme**	desigual	solitario	radical	inútil

D. Elija la palabra del cuadro que corresponda a cada uno de los seis grupos de colocaciones que aparecen a continuación. Después, utilice las colocaciones correctas para completar las oraciones.

marcar / predominante* / ~~crisis~~ / hábitos / riesgo/ tener un papel

1. rasgo / factor / influencia — ________	2. correr el / asumir el / evitar el — ________	3. ________ — una diferencia / una tendencia / un límite
4. ________ — activo / protagónico / secundario	5. *crisis* — climática / financiera / energética	6. ________ — de consumo / alimenticios / de estudio

1. En nuestro mundo actual, la gran oferta de bienes y servicios ha marcado una ____________ en cuanto al consumismo en donde el ciudadano promedio ha tenido un ______________ protagónico en la poco sostenible sociedad de consumo.
2. Así, muchos de nuestros hábitos ____________________ han contribuido a la crisis ______________ cuyo rasgo ____________________ es el calentamiento global.
3. A menos de dejar la pasividad y tener un papel ____________________en la lucha contra el cambio climático, todos corremos el _______________________de enfrentar una situación inédita en la historia de nuestra civilización.

E. Ahora, fíjese en las dos oraciones que ejemplifican el uso de algunas otras de las colocaciones comunes que hemos visto antes (las palabras que forman cada colocación están subrayadas). Tome como modelo las oraciones y luego escriba su propia oración.

1. a. Se ha reconocido la <u>influencia predominante</u> de las emisiones de carbono en el aumento de las temperaturas promedio en todo el mundo.
   b. La música africana tradicional que las poblaciones negras trajeron consigo al Caribe, es considerada como una <u>influencia predominante</u> en el desarrollo de ritmos actuales como la salsa y la cumbia.
   c. ____
   ____
   ____

2. a. Como ciudadanos, no podemos <u>asumir el riesgo</u> de permanecer indiferentes ante los graves problemas que la crisis climática está provocando.
   b. No todos los inversionistas están dispuestos a <u>asumir el riesgo</u> de invertir en las llamadas criptomonedas, un instrumento financiero todavía controversial.
   c. ____
   ____
   ____

3. a. Cambios graduales pero constantes en la utilización de envases biodegradables pueden <u>marcar una diferencia</u> importante en cuanto al problema del uso indiscriminado y contaminante de envases plásticos.
   b. El nuevo reglamento municipal de reciclaje pretende <u>marcar una diferencia</u> con respecto al manejo responsable de los desechos orgánicos.
   c. ____
   ____
   ____

¿Qué nos dice el diccionario?

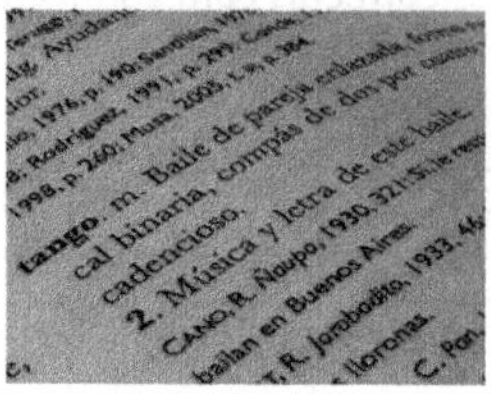

Los siguientes pares de palabras tienen significados que cambian según el género (masculino o femenino) de las mismas. Consulte el diccionario de la lengua española (DLE) para conocer el significado de cada una de acuerdo con el género que le corresponde. Después, marque en las oraciones la forma correcta de la palabra (en masculino o femenino) para darle el sentido correcto a la frase.

la orden / el orden	la cólera / el cólera	la coma / el coma
la editorial / el editorial	la cometa / el cometa	la frente / el frente

1. En *la editorial / el editorial* del diario de hoy hubo un error de sentido en una frase porque olvidaron colocar *una coma / un coma.*
2. En esa célebre batalla, el general romano dio *la orden / el orden* a sus tropas de que *la frente / el frente* resistiera el ataque del enemigo hasta que llegaran refuerzos. Sin embargo, *la cólera / el cólera* y la fuerza con las que el enemigo atacó, crearon un gran pánico que rompió con *la orden / el orden* que había prevalecido en las filas romanas.
3. El niño volaba en el parque *una cometa/ un cometa* que, de pronto, se precipitó desde lo alto y lo golpeó en *la frente/ el frente.*
4. El médico explicó que *la cólera/ el cólera*, una enfermedad bacteriana, no es difícil de prevenir y tratar; no obstante, advirtió que, si no se trata a tiempo, puede producir una deshidratación grave y, como consecuencia, *una coma / un coma* prolongado e incluso fatal.
5. Este interesante libro sobre *las principales cometas / los principales cometas* que visitan periódicamente nuestro sistema solar, ha sido publicado por *una editorial / un editorial* que se especializa en temas astronómicos.

Desarrollo de la habilidad lectora

Antes de leer

A continuación, leerá un artículo de fondo sobre la importancia que tiene la educación como medio de difusión pedagógica para saber afrontar la crisis climática y buscar soluciones para mitigarla, pero antes, realice las siguientes dos actividades.

ACTIVIDAD 5.4

La solución más viable para resolver la crisis climática es, según el autor del artículo, construir una cultura "baja en carbono". ¿En qué cree que consiste esta cultura? En hoja aparte, prepare junto con un compañero una lista de factores necesarios para construir esta cultura emergente.

ACTIVIDAD 5.5

Para comprender el desafío educativo por el que atravesamos, lea las siguientes afirmaciones y diga si está *muy de acuerdo* (4), *de acuerdo* (3), *en desacuerdo* (2) o *muy en desacuerdo* (1), colocando el número correspondiente en el espacio en blanco.

1. El cambio climático es un fenómeno meteorológico que no tiene ninguna vinculación con ninguna de las disciplinas que se enseñan en las instituciones académicas.	1
2. Ante la crisis climática, en vez de adoptar una actitud pesimista, debemos actuar asumiendo nuestras responsabilidades y obligaciones y buscando soluciones para mitigar esta crisis.	
3. El contenido de la mayoría de programas de enseñanza, tanto de nivel básico como superior, no contempla la necesidad de relacionar el medio ambiente y la biodiversidad con la educación.	
4. La situación climática nos obliga a cuestionar los valores sociales y culturales que nos enseñan a gozar de la cultura del consumo y el desperdicio sin ningún sentido de responsabilidad.	
5. La cultura baja en carbono debería considerarse materia primordial en la formación de futuros profesionales de todas las disciplinas que se ofrecen en las instituciones académicas.	

ACTIVIDAD 5.6

Ahora comience a leer el texto y, mientras lee, subraye o marque con rotuladores de diferentes colores la información que le parezca más importante en cada párrafo. Si encuentra una palabra que no entiende, rodéela con un círculo y más tarde busque su significado en un buen diccionario monolingüe.

La educación en tiempos de cambio climático: Facilitar el aprendizaje para construir una cultura de cuidado del clima

[1] El cambio climático plantea importantes retos educativos: es necesario saber sobre sus causas, para poder reconocer las raíces del problema; y saber sobre sus consecuencias, porque es preciso construir una percepción más realista de los riesgos climáticos y comprender mejor nuestras vulnerabilidades. Pero, sobre todo, es necesario saber sobre sus soluciones, porque hace falta capacitación urgente para construir una cultura «baja en carbono», que evite interferencias peligrosas sobre el sistema climático. Las organizaciones educativas, incluyendo las que promueven el aprendizaje no formal, deberán considerar cuál va a ser su contribución ante estas necesidades de conocimiento y cambio social. Porque el cambio climático va a determinar de forma muy relevante nuestro futuro y porque todos jugamos un papel en la compleja red de responsabilidades que lo alimenta.

> A medida que la sociedad se ha enfrentado progresivamente a las realidades observables del cambio climático y ha tenido noticia de los problemas que los científicos anuncian para el futuro, el cambio climático ha pasado de ser un fenómeno predominantemente físico a ser, simultáneamente, un fenómeno social.
>
> (Hulme, 2009, p. 25)

[. . .]

¿Qué deberíamos saber sobre el cambio climático?

[2] Para empezar, el cambio climático no puede abordarse como un objeto de estudio desvinculado de la vida de profesores y alumnos, porque va a determinar de forma muy

relevante nuestro futuro y porque nosotros (también) tenemos un papel en la compleja red de responsabilidades que lo alimenta. Acciones cotidianas aparentemente inocuas, como arrancar el motor de un vehículo, encender la calefacción de nuestra vivienda y tantas otras, están adquiriendo repercusiones insospechadas al ser realizadas simultáneamente por millones de personas en todo el planeta, lo que contribuye al aumento de las concentraciones de gases que atrapan calor en la atmósfera.

[3] Frente a esta realidad cercana, en nuestras aulas, los contenidos educativos se presentan con frecuencia con unos niveles de abstracción y descontextualización muy elevados. Fuera de la enseñanza infantil y primaria, los contenidos pocas veces se organizan en torno a centros de interés naturales para los alumnos o se relacionan con sus experiencias. Este tipo de educación, que distancia al alumno del conocimiento, es claramente inadecuado para tratar el cambio climático. Porque no se trata de una mera curiosidad científica ni de una calamidad inevitable que hay que soportar de forma estoica: las opciones que tomemos en nuestra vida cotidiana, en nuestra actividad laboral o en nuestra actividad social y política pueden marcar diferencias.

[4] Ni la visión distante del fenómeno ni la mera culpabilización resultan opciones adecuadas. La educación, la buena educación, debe buscar un espacio nuevo en el que no sólo se facilite el conocimiento, sino que también alimente la responsabilidad. Y bajo esta perspectiva, es necesario replantear qué debemos saber acerca del cambio climático.

[5] Por si queda alguna duda, el reto no es (sólo) conocer el fenómeno. Es necesario saber sobre sus causas, para poder reconocer las raíces del problema. Y saber sobre sus consecuencias, porque es preciso construir una percepción del riesgo más realista y comprender nuestras vulnerabilidades. Pero, sobre todo, es necesario saber sobre sus soluciones. Indagar sobre las opciones disponibles para avanzar hacia un mundo bajo en carbono nos sitúa sobre la pista del saber hacer requerido frente al cambio climático y, no menos importante, condiciona la forma en que percibimos el problema y nos situamos ante él: conocer las soluciones hace posible que dejemos de ver el cambio climático como un asunto deprimente y sin salidas para empezar a concebirlo como un formidable reto social sobre el que es posible intervenir. Y facilita abandonar la autoimagen de meros afectados para pasar a sentirnos actores.

[6] Desde una perspectiva disciplinar, es innegable que el cambio climático plantea grandes retos a las ciencias de la tierra o la tecnología. Pero el cambio climático no debería concebirse como un mero conjunto de contenidos que debe ser incorporado a la enseñanza de las ciencias. Porque para comprender el cambio climático y los retos que nos plantea es necesario considerar cuestiones como las responsabilidades personales y colectivas, la solidaridad con las generaciones futuras o el reparto de los riesgos y los esfuerzos de mitigación y adaptación. La educación debe incorporar las aportaciones hechas desde la psicología, la sociología, el derecho, la economía, la política o la ética, que nos acercan a ese «fenómeno social» al que hace referencia la cita que abre este artículo.

También hay que desaprender

[7] Inmersos en una sociedad basada en el consumo intensivo de energía fósil, en el proceso educativo que necesitamos, desaprender es tan importante como aprender. Será necesario revisar críticamente hábitos y formas de hacer, ideas y valoraciones ampliamente aceptadas, que se basan en una visión acrítica del consumo energético.

[8] Para ello, el sistema educativo debe aportar nuevos instrumentos de análisis, como el concepto de huella de carbono, que cuantifica las emisiones asociadas a las diferentes opciones, productos o servicios y facilita la creación de una cultura de la medida sobre la que se pueden sustentar nuestras elecciones.

[9] El sistema educativo también debe contribuir a aclarar malentendidos (Choi, Niyogi, Shephardson y Charusombat, 2010). Uno de los mejores ejemplos es la confusión entre los

conceptos de tiempo y clima, fuente de innumerables errores a la hora de interpretar la información climática. Las dificultades de la gente para diferenciar ambos conceptos son explotadas de forma oportunista por la propaganda negacionista; un buen indicador son los chistes sobre grandes nevadas dedicados a mofarse del cambio climático, que se han convertido en todo un clásico en la prensa conservadora norteamericana.

[10] Otro concepto cuya clarificación debería abordarse de forma prioritaria es la incertidumbre. La defensa de la pasividad ante el cambio climático se basa con frecuencia en el argumento de que «deberíamos esperar hasta que sepamos lo suficiente». La incertidumbre es un concepto con connotaciones diferentes en el campo de la ciencia y el de la cultura popular. La duda es parte del método científico, pero, en el ámbito de la ciencia, la incertidumbre puede acotarse (no todo el conocimiento está sujeto a iguales niveles de incertidumbre) y estimarse, lo que facilita tomar decisiones. Porque reconocer las limitaciones de nuestro conocimiento no conlleva renunciar a actuar.

[...]

¿Quién necesita educación? ¿Quién debe proporcionarla?

[11] Todos necesitamos educación frente al cambio climático. Pero, dada la comprometida situación en la que nos encontramos, con el tiempo corriendo en contra, es evidente que aquellos que tienen mayor capacidad para configurar nuestro futuro energético necesitan aprender con premura. Desde una perspectiva educativa, se requieren cambios urgentes en la formación superior y en la formación continua laboral y profesional. Muy especialmente, en el ámbito de la gestión pública y empresarial.

[12] Los ediles de nuestras ciudades necesitan conocer las mejores políticas de mitigación y adaptación aplicadas en el ámbito local. Los arquitectos deben aprender a hacer edificios de energía cero (o casi cero). Los responsables de la gestión del agua deben aprender a utilizar el abanico de medidas útiles para fomentar el ahorro y la eficiencia porque, en las próximas décadas, la disponibilidad de este recurso disminuirá de manera sustancial en la mayor parte de nuestro país. Los responsables de la prevención de riesgos deben conocer las tendencias en materia de acontecimientos extremos y qué implicaciones tendrán en cuanto a riesgos y vulnerabilidad.

[13] En este sentido, no sólo es necesario renovar el sistema de educación formal: también es imprescindible mejorar los sistemas a través de los cuales se comparte el nuevo conocimiento en materia de mitigación y adaptación al cambio climático. Y para ello, hay que crear o reforzar las redes de aprendizaje y acción (un ejemplo, en el ámbito local, sería la Red de Ciudades por el Clima); los esquemas que facilitan el intercambio entre iguales y la producción social de conocimiento; los sistemas de aprendizaje a través de la acción ...

[14] En el campo de las respuestas frente al cambio climático, existen experiencias e iniciativas inspiradoras y continuamente se está construyendo nuevo conocimiento práctico. En este sentido, la enseñanza también debería concebirse como una responsabilidad compartida. Porque hay municipios que aplican y evalúan desde hace años medidas de mitigación y adaptación frente al cambio climático; arquitectos que construyen viviendas «cero emisiones» (o casi); equipos de gestión que aplican, desde hace décadas, medidas de ahorro y eficiencia en la gestión del agua que les permiten adaptarse mejor a la disponibilidad de recursos y ser menos vulnerables ante las sequías; y grupos de personas que están aprendiendo y apoyándose mutuamente en una transición hacia una vida «baja en carbono».

[15] En consecuencia, hay que impulsar, también, los sistemas de aprendizaje social. Las redes técnicas y profesionales deben reforzar su orientación formativa y educadora y hay que construir o mejorar los sistemas que integran aprendizaje y acción para el cuidado del clima.

¿Por dónde empezar?

[16] En el campo de la educación formal, contamos con un conjunto de herramientas clásicas para promover cambios en la acción educativa, entre ellas los cambios en los currículos, la mejora de los libros de texto, la elaboración de nuevos diseños didácticos, la creación de programas de apoyo que faciliten nuevos tratamientos del cambio climático y la energía o la investigación educativa. Y, claro está, la formación del profesorado. Porque el profesor es la base de la calidad de un sistema educativo y lo que aprendimos ayer quizá no sirva mañana.

[17] En todos estos campos ya se están desarrollando iniciativas de interés, aunque la mayoría tiene un carácter puntual y no afecta al conjunto del sistema educativo. Algunas regiones, por ejemplo, han puesto en marcha programas específicos para facilitar el tratamiento del cambio climático en la educación primaria o secundaria. Es el caso de Andalucía, con el programa Kioto educa, o el de Galicia, con el programa Climántica. Estos programas aportan formación del profesorado, propuestas didácticas y materiales de trabajo que facilitan la acción educativa.

[18] En el ámbito de la formación superior y de posgrado, existe una oferta incipiente de cursos, tanto presenciales como en modalidad a distancia, sobre aspectos tales como inventarios de emisiones y huella de carbono, economía del cambio climático, negociaciones internacionales del clima, energías renovables o eficiencia energética.

[19] Y en el campo de la formación continua, algunas administraciones públicas ya han ofertado los primeros cursos orientados a la adaptación al cambio climático en sus programas de formación del personal.

[20] También se han creado redes de aprendizaje e intercambio, entre ellas la ya citada Red de Ciudades por el Clima, puesta en marcha por la Federación Española de Municipios y Provincias con el apoyo del Ministerio de Agricultura, Alimentación y Medio Ambiente. O, más modesta, la red «Respuestas desde la comunicación y la educación frente al cambio climático», dinamizada por el Centro Nacional de Educación Ambiental y la Oficina Española de Cambio Climático y que reúne a algo más de un centenar de divulgadores, educadores y científicos sociales. Sin embargo, es forzoso reconocer que estas iniciativas, aunque valiosas, no dejan de constituir avances tímidos, si se comparan con la magnitud del cambio requerido. Todo parece indicar que, en términos generales, los estudiantes y trabajadores de hoy aprenden sobre energía y clima de forma similar a como aprendieron hace décadas. La creación de una cultura baja en carbono no es, a día de hoy, un objetivo prioritario de nuestro sistema educativo. Ni siquiera el cambio climático, como fenómeno global, ha alcanzado una relevancia sustancial en los planes de estudios.

Obras citadas

Choi, S., Niyogi, D., Shephardson, D. P. y Charusombat, U. "Do Earth and Environmental Science Textbooks Promote Middle and High School Students' Conceptual Development about Climate Change? Textbooks' Consideration of Students' Misconceptions", *American Meteorological Society*, 91 (2010), pp. 889–898.

Hulme, M. *Why We Disagree about Climate Change: Understanding Controversy, Inaction and Opportunity*. Cambridge University Press, 2009.

Fuente original: Francisco Heras Hernández, "La educación en tiempos de cambio climático: Facilitar el aprendizaje para construir una cultura de cuidado del clima", *Mètode: Revista de difusión de la investigación*, 85 (2015), pp. 58–62. Disponible en: <https://metode.es/wp-content/uploads/2015/05/85ES2_educacion_cambio_climatico.pdf>.

Después de leer

ACTIVIDAD 5.7

Ahora en parejas o en grupos de tres personas lean las tres preguntas siguientes y discutan al respecto.

1. ¿Coincide sus aseveraciones en la actividad 5.5 con el contenido del texto? Compare sus opiniones con las de su compañero de clase y juntos vean si sus respuestas coinciden con la información contenida en el artículo.
2. En su opinión, ¿a qué se refiere el autor en el primer párrafo con "riesgos climáticos" y "comprender mejor nuestras vulnerabilidades"?
3. ¿Por qué cree que hasta ahora sigue habiendo tanta reticencia por parte de ediles y legisladores a tomar medidas urgentes que coadyuven a resolver el grave problema de la crisis climática?

ACTIVIDAD 5.8

Con la información que haya seleccionado en la actividad 5.6, escriba en hoja aparte un párrafo breve de entre nueve y diez líneas sobre el modo en que su universidad está afrontando el problema de la crisis climática y las soluciones que ha implementado hasta ahora. Para ello, intente redactarlo con sus propias palabras, reemplazando palabras clave del original por sinónimos y pronombres.

ACTIVIDAD 5.9

Una vez que haya terminado, intercambie el párrafo con uno de sus compañeros y cerciórese de que haya reemplazado palabras del texto original por sinónimos.[1]

Principios básicos para el desarrollo de textos

Desarrollo de ideas

Mapas conceptuales

Cuando buscamos ideas que nos sirvan para planificar un texto sobre circunstancias adversas y soluciones, la técnica de mapas conceptuales resulta muy eficaz, ya que nos permite entender la relación entre conceptos e ideas sobre un tema de análisis determinado. Esta técnica consiste en la representación gráfica de una serie de conceptos unidos entre sí mediante líneas sobre las que se suele añadir una palabra o frase de enlace que explica la relación entre cada concepto.

En la estructura de un mapa conceptual comenzamos colocando un recuadro en el que escribimos un concepto o idea importante, por ejemplo, el cambio climático, que, mediante una línea, unimos a otro concepto o idea que nos ayuda a descubrir las causas (combustión de gases, ganadería, fertilizantes). Si la relación entre dos conceptos requiere una explicación, se añade una palabra o frase explicativa sobre la línea, por ejemplo: *debido a*.

[1] Utilice la hoja de revisión del párrafo (véase apéndice 5, p. 233).

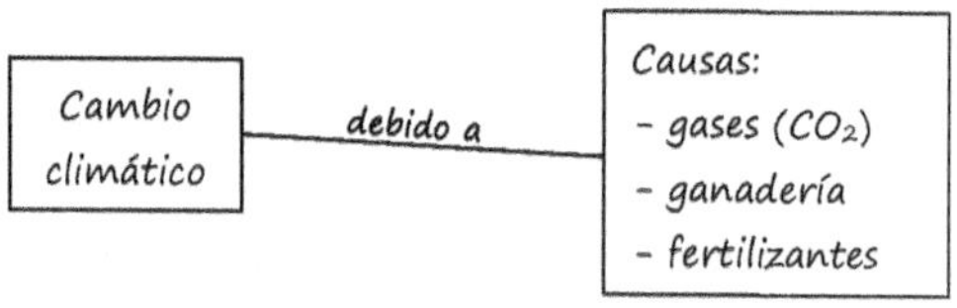

Diagrama 5.1

Este mismo proceso se repite si incluimos el concepto efectos (deshielo, aumento del nivel del mar, sequías, inundaciones) que se une a cambio climático con la frase explicativa *provoca* encima de la línea.

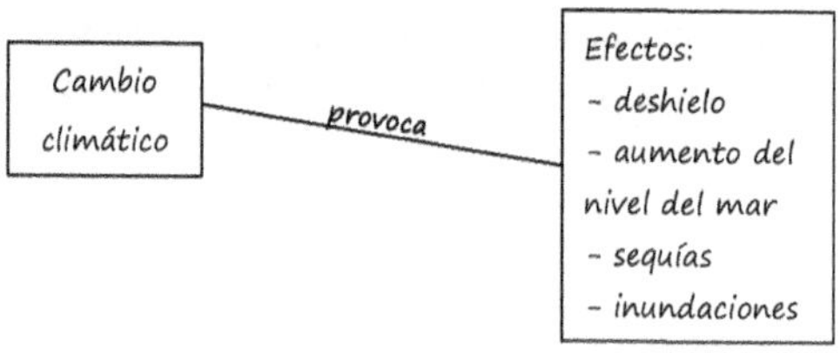

Diagrama 5.2

También lo podemos aplicar al concepto soluciones (reducción de emisiones, reforestación, economía circular) que uniremos a cambio climático con la frase explicativa *se resuelve con* encima de la línea.

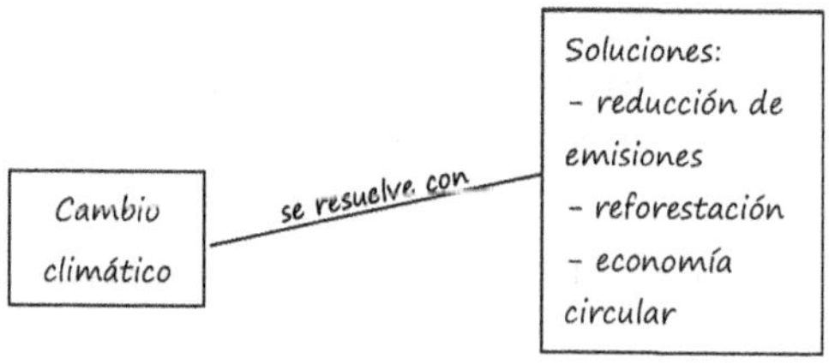

Diagrama 5.3

Por lo general, a partir de dos o tres conceptos o ideas podemos expandir el mapa hasta donde queramos; sin embargo, se recomienda reducir el número de conceptos seleccionando aquellos que estén más relacionados con el tema de análisis. También puede ocurrir que se establezcan conexiones cuya íntima relación no requiera ninguna palabra o frase explicativa. Bastará simplemente con unir los conceptos mediante una línea.

ACTIVIDAD 5.10

En el siguiente mapa conceptual se buscan las causas, los efectos y las soluciones para resolver el problema de la contaminación por basura. Complete los recuadros con información que permita desarrollar el esquema de un texto.

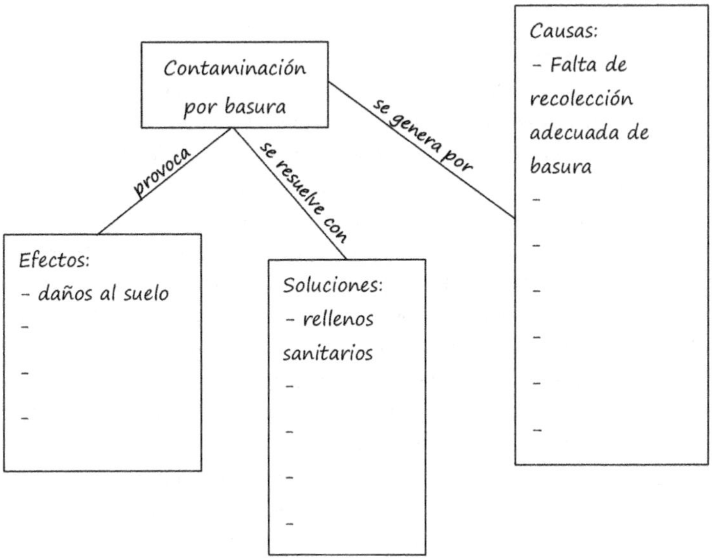

Estructura de textos

Textos expositivos sobre circunstancias adversas y soluciones

A través de la lectura sobre la crisis climática (véase pp. 149–152) ahora sabemos que, a pesar de los devastadores efectos en nuestro frágil hábitat causados por la incontenible actividad humana, aún podemos hacer algo para mitigar este gravísimo problema ecológico. En efecto, el artículo de Francisco Heras Hernández, como modelo de redacción, nos presenta las características de un texto expositivo en el que no sólo se analiza una serie de causas y efectos que derivan del problema de la crisis climática, sino que propone soluciones para remediarlo. Vale la pena detenerse a examinar la estructura de este artículo, ya que el modelo de solución de problemas es uno de los tipos de ensayos que con frecuencia se asigna a los estudiantes universitarios.

ACTIVIDAD 5.11

Lea junto con un compañero el siguiente extracto del artículo de Heras Hernández en el que nos hace cuestionar sobre lo que deberíamos saber sobre el cambio climático. Pero antes de leerlo, échenle un vistazo a las preguntas que aparecen bajo el artículo como guía de análisis y, luego de haber leído el texto, respóndanlas.

¿Qué deberíamos saber sobre el cambio climático?

[1] Para empezar, el cambio climático no puede abordarse como un objeto de estudio desvinculado de la vida de profesores y alumnos, porque va a determinar de forma muy relevante nuestro futuro y porque nosotros (también) tenemos un papel en la compleja red de responsabilidades que lo alimenta. Acciones cotidianas aparentemente inocuas, como arrancar el motor de un vehículo, encender la calefacción de nuestra vivienda y tantas otras, están adquiriendo repercusiones insospechadas al ser realizadas simultáneamente por millones de

personas en todo el planeta, lo que contribuye al aumento de las concentraciones de gases que atrapan calor en la atmósfera.

[2] Frente a esta realidad cercana, en nuestras aulas, los contenidos educativos se presentan con frecuencia con unos niveles de abstracción y descontextualización muy elevados. Fuera de la enseñanza infantil y primaria, los contenidos pocas veces se organizan en torno a centros de interés naturales para los alumnos o se relacionan con sus experiencias. Este tipo de educación, que distancia al alumno del conocimiento, es claramente inadecuado para tratar el cambio climático. Porque no se trata de una mera curiosidad científica ni de una calamidad inevitable que hay que soportar de forma estoica: las opciones que tomemos en nuestra vida cotidiana, en nuestra actividad laboral o en nuestra actividad social y política pueden marcar diferencias.

[3] Ni la visión distante del fenómeno ni la mera culpabilización resultan opciones adecuadas. La educación, la buena educación, debe buscar un espacio nuevo en el que no sólo se facilite el conocimiento, sino que también alimente la responsabilidad. Y bajo esta perspectiva, es necesario replantear qué debemos saber acerca del cambio climático.

[4] Por si queda alguna duda, el reto no es (sólo) conocer el fenómeno. Es necesario saber sobre sus causas, para poder reconocer las raíces del problema. Y saber sobre sus consecuencias, porque es preciso construir una percepción del riesgo más realista y comprender nuestras vulnerabilidades. Pero, sobre todo, es necesario saber sobre sus soluciones. Indagar sobre las opciones disponibles para avanzar hacia un mundo bajo en carbono nos sitúa sobre la pista del saber hacer requerido frente al cambio climático y, no menos importante, condiciona la forma en que percibimos el problema y nos situamos ante él: conocer las soluciones hace posible que dejemos de ver el cambio climático como un asunto deprimente y sin salidas para empezar a concebirlo como un formidable reto social sobre el que es posible intervenir. Y facilita abandonar la autoimagen de meros afectados para pasar a sentirnos actores.

[5] Desde una perspectiva disciplinar, es innegable que el cambio climático plantea grandes retos a las ciencias de la tierra o la tecnología. Pero el cambio climático no debería concebirse como un mero conjunto de contenidos que debe ser incorporado a la enseñanza de las ciencias. Porque para comprender el cambio climático y los retos que nos plantea es necesario considerar cuestiones como las responsabilidades personales y colectivas, la solidaridad con las generaciones futuras o el reparto de los riesgos y los esfuerzos de mitigación y adaptación. La educación debe incorporar las aportaciones hechas desde la psicología, la sociología, el derecho, la economía, la política o la ética, que nos acercan a ese «fenómeno social» al que hace referencia la cita que abre este artículo.

Francisco Heras Hernández, "La educación en tiempos de cambio climático: Facilitar el aprendizaje para construir una cultura de cuidado del clima", *Mètode: Revista de difusión de la investigación*, 85 (2015), pp. 58–60. Disponible en: <https://metode.es/wp-content/uploads/2015/05/85ES2_educacion_cambio_climatico.pdf>.

1. ¿Qué problema/s plantea Heras Hernández y en qué párrafo/s aparece/n? Localícenlo/s y subráyenlo/s.
2. En una palabra, ¿qué solución propone el autor y cómo la desarrolla? Localícenla y subráyenla.
3. ¿En qué otros párrafos aparecen soluciones concretas al problema? Localícenlas y subráyenlas.

Estructura de textos expositivos: circunstancias adversas y soluciones

Los textos expositivos sobre circunstancias adversas y soluciones presentan la misma estructura descrita en el capítulo 2 (véase pp. 46–48), esto es, un párrafo introductorio, el cuerpo del texto con dos o más párrafos de desarrollo y un párrafo de cierre o conclusión. El párrafo introductorio plantea las circunstancias adversas, es decir, el problema o situación con una tesis que ofrece una solución o posibles soluciones. El contenido de los dos o más párrafos de desarrollo se puede organizar de dos modos dependiendo de la complejidad de las circunstancias: el primero, que llamaremos descripción de todas las causas y solución, si se trata de un problema concreto, explicando cada una de las causas en dos, tres o más párrafos hasta terminar con un párrafo con una solución o posibles soluciones; el segundo, que llamaremos descripción de causas y soluciones alternadas, si el problema es más complejo, proponiendo soluciones a paso y medida que se vayan presentando las causas hasta llegar al párrafo de cierre o conclusión.

Como podemos imaginar, en el desarrollo de circunstancias adversas, la estructura de textos sobre causa y efecto vista en el capítulo anterior (véase pp. 121–122) se presta idealmente a incluir soluciones ya sea al final o alternadas entre cada una de las causas que acabamos de describir. El siguiente esquema presenta la estructura de los dos modelos descritos anteriormente.

Descripción de todas las causas y solución (o posibles soluciones)	**Descripción de causas y soluciones alternadas**
Introducción Párrafo enfocado en un problema y propuesta de solución	**Introducción** Párrafo enfocado en un problema y propuesta de solución
Párrafo de desarrollo (causa)	Párrafo de desarrollo (causa 1 y solución)
Párrafo de desarrollo (causa)	Párrafo de desarrollo (causa 2 y solución)
Párrafo de desarrollo (causa)	Párrafo de desarrollo (causa 3 y solución)
Párrafo de desarrollo (soluciones)	Párrafo de desarrollo (causa 4 y solución)
Conclusión Párrafo de cierre o conclusión (advertencia)	**Conclusión** Párrafo de cierre o conclusión (advertencia)

En el planteamiento de una circunstancia adversa, así como se puede presentar una serie de causas que lleva a encontrar una solución, también podemos plantear el problema, por un lado, estableciendo comparaciones y contrastes, y por el otro, describiendo una situación crítica en un contexto dado. Así, un planteamiento que establezca comparaciones y contrastes sería útil, por ejemplo, para abordar el reemplazo de una tecnología obsoleta por una nueva con las ventajas o los beneficios que su aplicación ofrece entre los usuarios. Igualmente, el otro tipo de planteamiento en el que se describe una situación crítica en un contexto determinado funcionaría bien, por ejemplo, para referirse al brote de una epidemia con las causas que la producen, la duración y las consecuencias fatales que conlleva en la salud de la población afectada, y el modo en que se puede combatir la supuesta enfermedad infecciosa con un programa de vacunación masiva. En estos dos casos, podemos utilizar cualquiera de las dos estructuras que acabamos de describir, dependiendo de la complejidad del problema o la situación.

Consejo práctico:	Perífrasis de modalidad: obligación o necesidad
Las perífrasis verbales, construcciones formadas por un verbo auxiliar en forma personal seguido del infinitivo, gerundio o participio, nos ayudan a proponer soluciones sobre un problema dado, sobre todo aquellas referidas a la modalidad o actitud del hablante. En este caso, las que tienen significado de obligación o necesidad. También nos son útiles las oraciones impersonales formadas con el verbo ser y adjetivos que expresan obligación o necesidad.	TENER QUE + infinitivo: *Tenemos QUE actuar.* HABER DE + infinitivo: *Hemos DE reconocer . . .* DEBER + infinitivo: *Debemos hacer algo . . .* HAY QUE + infinitivo: *Hay QUE aprender . . .* *ES + necesario + infinitivo: Es necesario saber . . .* *ES + importante QUE: Es importante QUE busquemos . . .* *ES + imprescindible + infinitivo: Es imprescindible entender . . .*

ACTIVIDAD 5.12

Vuelva a leer el artículo de Heras Hernández (véase pp. 149–152), y busque todas las perífrasis modales u oraciones impersonales que expresen obligación o necesidad y subráyelas.

ACTIVIDAD 5.13

El siguiente artículo trata sobre una empresa que ofrece soluciones para eliminar el uso de bandejas de plástico. Junto con un compañero de clase, léanlo con detenimiento, tratando de reconocer la estructura del texto empleada y la relación entre la circunstancia adversa y la solución o posibles soluciones que se desarrollan en cada párrafo. Pero antes de leerlo, échenle un vistazo a las preguntas formuladas bajo el artículo como guía de análisis y, luego de haber leído el texto, respóndanlas.

Nueva bandeja para alimentos frescos que reduce un 90% el uso de plástico

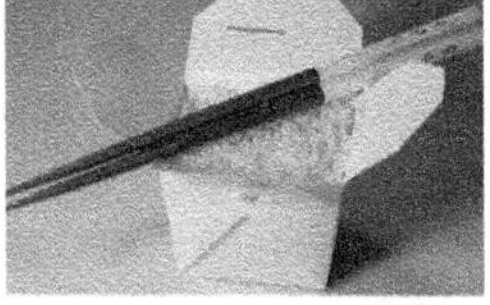

[1] Los materiales plásticos tienen un papel clave en la transición hacia una Economía Circular y más eficiente en el uso de los recursos. Conseguir que para 2030 todos los envases para alimentos y bebidas sean reutilizables o puedan reciclarse de manera rentable es un importante desafío en I+D+i.[2] Ainia ya se encuentra trabajando en esta línea.

[2] El principal desafío consiste en lograr que los nuevos materiales o soluciones alternativas al plástico convencional mantengan todo lo

[2] Según la enciclopedia en línea Wikipedia, **I+D+i**, que significa *investigación, desarrollo e innovación*, es un concepto empleado tanto en el área científica y tecnológica como económica en relación con los avances tecnológicos que llegan a alcanzar desde una empresa o industria hasta todo un país en un periodo determinado. "Investigación, desarrollo e innovación", *Wikipedia: La enciclopedia libre*. Disponible en: <https://es.wikipedia.org/w/index.php?title=Investigaci%C3%B3n,_desarrollo_e_innovaci%C3%B3n&oldid=117397592>.

conseguido con estos. Es decir, que tengan las mismas propiedades barrera y otras funcionalidades que dan respuesta a las necesidades de conservación, calidad, seguridad y logística planteadas por la industria y la distribución, así como la comodidad y practicidad en el uso y la gestión del residuo demandadas por los ciudadanos y recicladores.

[3] "Además de dar soporte a la demanda de la industria alimentaria de alternativas al plástico, en Ainia también estamos trabajando con los principales fabricantes de materiales plásticos para adecuar su oferta a las necesidades sociales y de sostenibilidad", señala Carlos Enguix, jefe del departamento de tecnologías del envase de Ainia. "No olvidemos que el envase plástico en alimentación representa una amplia mayoría del mercado y sus funcionalidades hoy día son difícilmente equiparables por otros materiales, por lo que tenemos un amplio camino de I+D+i para avanzar. Para AINIA, el envase y el producto interaccionan juntos y como centro tecnológico integramos a fabricantes de alimentos, de materiales y recicladores en las soluciones que aportamos, cubriendo toda la cadena de valor", añade.

Bandeja para alimentos frescos con un 90% menos de plástico

[4] Se trata de una bandeja para alimentos frescos cuyo material en un **90% es cartón y es 100% reciclable**. Está recubierta con una fina capa de film y puede utilizarse para el envasado y conservación de carnes frescas, pescados, frutas y hortalizas, pizzas, yogures o embutidos.

[5] Su composición por capas introduce **ventajas desde el punto de vista logístico**, ya que posibilita que sea completamente plegable, facilitando y reduciendo los costes derivados del transporte y el almacenaje. Tampoco requiere costes adicionales de envasado, ya que pueden utilizarse las máquinas termoselladoras convencionales de las propias industrias alimentarias.

[6] El borde de sellado es completamente plano y uniforme, lo que posibilita el envasado en MAP, vacío o skin. También la producción masiva. Aúna, por tanto, principios de mejora técnica, económica y medioambiental, lo que la convierte en una solución sostenible.

[7] Así, como ejemplo, por cada millón de bandejas de plástico convencional utilizadas en carnes frescas, el ahorro de material plástico obtenido con esta bandeja de cartón de Ainia sería de 20 toneladas.

[8] Esta es una de las soluciones de envasado sostenible para alimentos que Ainia ha presentado en **MeetingPack 2019**, donde también ha mostrado soluciones 4.0 para las plantas de reciclaje y avances en biomateriales.

Sin autor, "Nueva bandeja para alimentos frescos que reduce un 90% el uso de plástico", *ARAL: Revista del gran consumo*, junio 2019. Disponible en: <www.revistaaral.com/proveedores-industria-auxiliar/ainia-presenta-una-bandeja-para-alimentos-frescos-que-reduce-un-90-el-uso-de-plastico_15134904_102.html>.

1. ¿Qué tipo de circunstancia adversa se plantea en el artículo?
2. ¿Cuál de las estructuras se emplea en el desarrollo de este texto?
3. ¿Cuál es la idea central en el primer párrafo del cuerpo del texto? Localícenla y subráyenla.
4. ¿De qué recurso se valen los autores para apoyar la idea central de este primer párrafo? Identifíquenlo y subráyenlo.
5. ¿Cuál es la idea central en el segundo párrafo del cuerpo del texto? Localícenla y subráyenla.
6. ¿De qué recurso se valen los autores para apoyar la idea central de este segundo párrafo? Identifíquenlo y subráyenlo.
7. ¿Qué solución ofrecen para eliminar la bandeja de plástico y qué beneficios se obtienen? Identifíquenlos y subráyenlos.
8. ¿Qué función tiene la primera oración en el párrafo de cierre o conclusión?

Desarrollo de habilidades básicas de investigación

Selección y uso de información de fuentes externas, segunda parte

Hasta este capítulo hemos visto la importancia de utilizar fuentes externas con las que damos objetividad y veracidad a las ideas que desarrollamos dentro de un texto. Sin embargo, con frecuencia solemos preguntarnos cuántas *citas directas* o *dentro del texto* debemos incluir en un ensayo de 400 o 500 palabras. La duda que suele surgir es saber, sobre todo, si citamos demasiado o si nos quedamos cortos con el número de citas que hacemos de fuentes externas. Para reducir la ansiedad que esta duda nos provoca, sugerimos emplear los siguientes criterios:

1. Introducir *citas directas* de una frase u oración de una o más fuentes externas que realmente valgan la pena mencionar por su precisión y claridad en relación con el tema en el que estemos trabajando;
2. Introducir *citas directas* de una frase u oración con datos o información importantes que apoyen las ideas que desarrollemos dentro de un texto;
3. Introducir *citas dentro del texto* de un párrafo o fragmento de una página que nos parezca relevante pero cuya extensión nos obligue a resumir y parafrasear su contenido (véase capítulo 1, pp. 21–22). De hecho, en el medio académico se suele recurrir con mucha frecuencia al resumen y parafraseo atribuyendo la fuente mediante una *cita dentro del texto* según lo indican la APA o la MLA (véase capítulo 1, pp. 13–15).

ACTIVIDAD 5.14

En el artículo de Francisco Heras Hernández aparecen dos citas que corresponden a los criterios 1 y 3 que acabamos de mencionar. Vuelva a la lectura (véase pp. 149–152), identifique las dos citas y escriba en el margen de la derecha las iniciales CD si se refiere a la *cita directa* o CDT si a la *cita dentro del texto.*

Por otro lado, cuando incluimos una cita directa, es importante que hagamos una breve introducción de la procedencia de la fuente externa, con lo que será más fácil para el lector entender el contexto entre la cita y la idea por la que se incluye dentro del texto o ensayo. Dependiendo de la extensión de la cita, decidiremos si escogemos una introducción corta mediante verbos declarativos como *señalar, indicar, añadir,* seguido de una coma;[3] o mediante una oración completa que proporcione más información sobre el autor de la fuente y un comentario sobre la relación entre lo que dice el autor y la idea por la que se incluye dentro del texto, seguido de dos puntos (:).

ACTIVIDAD 5.15

En el artículo sobre la nueva bandeja para alimentos frescos aparece un párrafo con citas directas. Vuelva a esa lectura (véase pp. 158–159), identifique el párrafo y el tipo de introducción empleada por los autores, subráyela y escriba en el margen de la derecha si se trata de una introducción corta o de oración completa.

[3] Con más frecuencia se suele emplear dos puntos (:) como signo de puntuación entre la introducción y la cita corta.

ACTIVIDAD 5.16

En el artículo de Heras Hernández (véase pp. 149–152), aparece una cita directa que aparentemente no tiene introducción. Intente localizar la cita y la mención que hace el autor de dicha cita en uno de los párrafos del artículo y subráyela. Luego, en hoja aparte escriba una introducción con oración completa dando el nombre del autor y un comentario que, según usted, explique la relación entre la cita y la idea por la que se incluye en el artículo de Heras Hernández.

A continuación, aparece una lista con algunos verbos y frases que podemos emplear para introducir ambos tipos de citas:

- advierte - afirma - comenta - concluye	- declara - demuestra - escribe - explica	- insiste - mantiene - observa - señala	- sugiere - rechaza - refuta - revela	Desde el punto de vista del autor o X, En opinión del autor o X, En palabras del autor o X, Según el autor o X,

Principios básicos de redacción

Desarrollo de la habilidad escrita

Redacción de textos o ensayos expositivos sobre circunstancias adversas y soluciones

Con las ideas que hayamos generado mediante el mapa conceptual (actividad 5.10), veremos cuáles de ellas nos sirven para organizar la redacción de un texto en el que se plantee un problema (contaminación por basura) que deriva de una serie de causas (falta adecuada de recolección de basura . . .) que, a su vez, provoca una serie de consecuencias (daños al suelo . . .). Este despliegue explicativo sobre causas y efectos nos ayudará a entender la gravedad del problema y a reflexionar sobre las posibles soluciones (rellenos sanitarios . . .) que coadyuven a reducir la contaminación y a mejorar el medio ambiente. Sin embargo, en algunos casos, el problema visto como dificultad o reto puede ir más allá de nuestros conocimientos, con lo que se hace necesaria una búsqueda[4] que nos proporcione datos e información sobre estudios relacionados con el problema. Una manera de facilitar esa búsqueda consiste en agrupar las causas y efectos, ya sea por orden de importancia o por relación directa o indirecta, como analizamos en el capítulo anterior (véase p. 128). Esto nos ayudará a enfocarnos en las causas más directas cuyos efectos o consecuencias demanden una acción concreta para resolverlos.

En efecto, cuando redactamos un texto sobre circunstancias adversas y soluciones, debemos reconocer las causas y los efectos más importantes o inmediatos o la descripción de una situación grave que advierta al lector sobre la necesidad de encontrar una solución o posibles soluciones a la dificultad o reto que se nos presente. Cualquiera que sea la solución, esta deberá mostrar ante el lector resultados positivos, ya sea reduciendo los efectos o destacando las ventajas o beneficios.

[4] Véase la sección Desarrollo de habilidades básicas de investigación del capítulo 2 (pp. 50–51) y del capítulo 3 (p. 90).

ACTIVIDAD 5.17

Vuelva al mapa conceptual (actividad 5.10) y, de entre las causas y efectos que haya generado, escoja los que le parezcan más importantes o en relación más directa con el problema de la contaminación por basura. Luego, investigue en la red las posibles soluciones para remediar este problema y compárelas con las que haya generado en el mapa.

La tesis en textos expositivos de circunstancias adversas y soluciones

Habiendo captado la esencia del problema o reto, procedemos a la redacción de la tesis del tema de análisis, estableciendo el problema concreto y ofreciendo la solución más viable que se desarrollará a lo largo del texto. Dependiendo de la complejidad del problema, en la tesis propondremos una o más soluciones que, según el planteamiento que elaboremos, podremos expresar como solución, remedio, mejora, ventaja, beneficio, etcétera. Por eso, es importante resaltar que, en la redacción de la tesis, *solución* es sólo una de tantas palabras que podemos emplear para dar respuesta a un problema visto como dificultad, obstáculo o reto.

ACTIVIDAD 5.18

A continuación, aparecen tres preguntas. Léalas con un compañero o en grupo de tres y piensen en posibles soluciones que deriven de la idea principal de cada pregunta. Cuando hayan terminado, en hoja aparte conviertan cada pregunta en una tesis que incluya una, dos o, si es necesario, más soluciones. Recuerde que, al dar resultados, se pueden emplear otras palabras según el problema, dificultad o reto que se plantee.

1. ¿Cómo se puede evitar el enorme desperdicio de agua en cafeterías y restaurantes?
2. ¿Qué ventajas ofrecen los vehículos eléctricos frente a los de combustión interna?
3. ¿Qué beneficios se obtienen de la reforestación de los bosques?

ACTIVIDAD 5.19

Vuelva a la actividad 5.10 y, a partir del problema y la solución o posibles soluciones que haya encontrado, prepare el borrador de una tesis de trabajo para el tema sobre la contaminación por basura. Cuando haya terminado, compare su tesis con un compañero o en grupo de tres, y, si lo cree necesario, realice revisiones en función de sus comentarios.

Párrafo introductorio

En un texto expositivo sobre circunstancias adversas y soluciones, el párrafo introductorio suele introducir el problema o situación con una tesis que ofrece una solución hipotética o tangible. En el artículo de Francisco Heras Hernández, por ejemplo, desde el título el autor plantea el problema (cambio climático) y una solución hipotética (la educación), pues el aprendizaje es precisamente lo que falta en las instituciones académicas para poder comprender el problema sobre el cambio climático. En el primer párrafo, él explaya estas mismas ideas con el fin de crear conciencia en el lector sobre la gravedad de la crisis climática. Analicemos todo el párrafo introductorio que aparece a continuación:

> El cambio climático plantea importantes retos educativos: es necesario saber sobre sus causas, para poder reconocer las raíces del problema; y saber sobre sus consecuencias,

> porque es preciso construir una percepción más realista de los riesgos climáticos y comprender mejor nuestras vulnerabilidades. Pero, sobre todo, es necesario saber sobre sus soluciones, porque hace falta capacitación urgente para construir una cultura «baja en carbono», que evite interferencias peligrosas sobre el sistema climático. Las organizaciones educativas, incluyendo las que promueven el aprendizaje no formal, deberán considerar cuál va a ser su contribución ante estas necesidades de conocimiento y cambio social. Porque el cambio climático va a determinar de forma muy relevante nuestro futuro y porque todos jugamos un papel en la compleja red de responsabilidades que lo alimenta.

Heras Hernández construye este primer párrafo a partir de una tesis en la que plantea desde el principio el problema o, más bien, los retos que supone el cambio climático, uno sobre las causas: "es necesario saber sobre sus causas", y el otro sobre las consecuencias: "saber sobre sus consecuencias". Las ideas que apoyan estos dos retos ponen énfasis en la necesidad de saber a qué nos enfrentamos: "porque es preciso construir una percepción más realista de los riesgos climáticos y comprender mejor nuestras vulnerabilidades". Luego, como tercer reto, el autor plantea dar soluciones: "Pero, sobre todo, es necesario saber sobre sus soluciones." Las ideas que apoyan este tercer reto presentan dos soluciones importantes: por un lado, la construcción de "una cultura «baja en carbono»", y por el otro, la obligación por parte de las instituciones académicas formales e informales de capacitarnos sobre esta materia: "Las organizaciones educativas ... deberán considerar cuál va a ser su contribución ante estas necesidades de conocimiento y cambio social." Las últimas ideas del párrafo sirven de refuerzo para crear conciencia del problema por el bien de nuestra supervivencia: "Porque el cambio climático va a determinar de forma muy relevante nuestro futuro y porque todos jugamos un papel en la compleja red de responsabilidades que lo alimenta."

ACTIVIDAD 5.20

Con la tesis que ha escrito en la actividad 5.19, escriba, en hoja aparte, un párrafo introductorio que, dependiendo de la información que haya obtenido, desarrolle ideas que identifiquen uno o más problemas o retos y una o más soluciones para combatir la contaminación por basura.

Párrafo de cierre o conclusión

El último párrafo de un texto expositivo sobre circunstancias adversas y soluciones suele ofrecer algunos resultados de las soluciones propuestas. Por ejemplo, Heras Hernández menciona como resultados, aunque mínimos, la creación de dos redes de aprendizaje e intercambio que de algún modo abrigan la esperanza de poder hacer algo para combatir la crisis climática, pero el autor también lanza un grito de alarma ante la falta de aprendizaje sobre la crisis climática en las instituciones académicas y la necesidad urgente de remediarla.

A continuación, el párrafo de cierre o conclusión del artículo de Heras Hernández, en el que aparecen resaltados los resultados alcanzados y el mensaje de alerta[5] sobre la

[5] El grito de alarma o mensaje de alerta no tiene la intención de asustar al lector sino de hacerlo reaccionar para reflexionar sobre el problema, situación o reto y, si es posible, adoptar una postura frente a él.

gravedad del problema climático del que poco se enseña y poco se aprende en nuestras instituciones académicas.

> También se han creado redes de aprendizaje e intercambio, entre ellas la ya citada Red de Ciudades por el Clima ... O, más modesta, la red «Respuestas desde la comunicación y la educación frente al cambio climático», dinamizada por el Centro Nacional de Educación Ambiental y la Oficina Española de Cambio Climático y que reúne a algo más de un centenar de divulgadores, educadores y científicos sociales. Sin embargo, es forzoso reconocer que estas iniciativas, aunque valiosas, no dejan de constituir avances tímidos, si se comparan con la magnitud del cambio requerido. Todo parece indicar que, en términos generales, los estudiantes y trabajadores de hoy aprenden sobre energía y clima de forma similar a como aprendieron hace décadas. La creación de una cultura baja en carbono no es, a día de hoy, un objetivo prioritario de nuestro sistema educativo. Ni siquiera el cambio climático, como fenómeno global, ha alcanzado una relevancia sustancial en los planes de estudios.

ACTIVIDAD 5.21

Piense si algunas de las soluciones sobre la contaminación por basura han dado resultados, aunque sean mínimos para incluirlos en un párrafo de cierre o conclusión. Luego, escriba estos resultados en hoja aparte junto con un mensaje de alerta sobre el problema de la basura que haga reflexionar al lector, incluso reaccionar ante los daños que la mala gestión de desechos puede ocasionar.

Criterios de textualidad

Cohesión y coherencia: *la titulación*

En el capítulo 2 hemos visto que la textualidad se basa en la relación morfosintáctica entre la cohesión y la coherencia que permite al lector interpretar un texto; sin embargo, no siempre la buena estructura léxica o sintáctica de un texto basta para considerarlo coherente, como lo demuestra el ejemplo que aparece en las páginas 60–61 de ese mismo capítulo 2. Se necesita que, a paso y medida que el lector avanza en la lectura, cada frase, cada oración y cada párrafo vayan cobrando sentido en su mente hasta que llegue a comprender el contenido completo de una página, de una sección, de un capítulo, etcétera.

Por eso, cuando planifiquemos un texto, debemos saber escoger la estructura textual que mejor defina el tipo de escrito en el que estamos trabajando. Eso proporcionará una base textual coherente fácil de reconocer por el lector. También debemos concebir cada elemento del texto en función de las necesidades del lector para que éste pueda establecer conexiones que le permitan inferir el contenido desde el título hasta la conclusión de un texto.

En esta sección nos enfocaremos en uno de los elementos más llamativos que ayudan a que el lector pueda anticipar el tema central del texto. Se trata del título y sus características. Por ejemplo, si volvemos a los dos artículos de este capítulo, veremos que ambos comienzan con títulos que no sólo captan la atención del lector, sino que dejan adivinar de qué tratará el contenido del artículo en tan sólo un par de líneas.

El artículo de Francisco Heras Hernández se divide en varios segmentos que comienzan con sendos títulos anunciando el contenido de cada uno de ellos. Analicemos el título principal que dice:

LA EDUCACIÓN EN TIEMPOS DE CAMBIO CLIMÁTICO: FACILITAR EL APRENDIZAJE PARA CONSTRUIR UNA CULTURA DE CUIDADO DEL CLIMA

Desde el punto de vista ortográfico, el título aparece escrito todo en mayúsculas dividido en dos partes mediante el signo de puntuación dos puntos (:); la primera parte a la izquierda explica el papel de la educación como medio para combatir la crisis climática, la segunda a la derecha propone el aprendizaje como solución para resolver el problema del cambio climático. Por otro lado, podemos observar que el título, construido a partir de grupos nominales,[6] parece llevar una carga semántica más subjetiva en la primera parte y más objetiva en la segunda, con lo que imprime seriedad a la posibilidad de encontrar solución al problema climático. Con esta breve información el lector ya puede fácilmente anticipar la idea central del texto.

ACTIVIDAD 5.22

Vuelva al mapa conceptual (actividad 5.10) y, a partir de las ideas que haya generado, piense en un título[7] que logre resumir el tema central del texto sobre la contaminación por basura. Al hacerlo, trate de construirlo únicamente con grupos nominales. Cuando haya terminado, comparta el título con uno de sus compañeros o en grupo de tres.

Por otro lado, los subtítulos que se distribuyen a lo largo del artículo de Heras Hernández también preparan al lector sobre aspectos específicos relacionados tanto con la educación como con el cambio climático. Tres de estos subtítulos, también en mayúsculas, aparecen como preguntas, con sendos signos de interrogación. Analicemos uno de ellos:

¿QUÉ DEBERÍAMOS SABER SOBRE EL CAMBIO CLIMÁTICO?

Esta pregunta, construida como oración simple con un sujeto y un predicado precedido por el pronombre interrogativo *qué*, nos deja adivinar inmediatamente el objetivo de este subtítulo, cuya respuesta aparece distribuida a lo largo de cuatro párrafos. Los otros dos subtítulos se forman también con oraciones, una con el pronombre interrogativo *quién* y la otra con el adverbio interrogativo *dónde*. De este modo el lector logra captar el sentido de cada párrafo hasta terminar de leer todo el artículo.

ACTIVIDAD 5.23

Ahora piense en uno o dos subtítulos a manera de preguntas que sirvan para introducir párrafos en los que se dé respuesta al problema de la contaminación por basura. Cuando haya terminado, comparta el título con uno de sus compañeros o en grupo de tres.

[6] Véase *Estructuras gramaticales* en la página web del libro.

[7] Es muy probable que cuando termine de redactar todo el ensayo sobre la contaminación por basura tenga que modificar o reemplazar el título que desarrolle en esta actividad (véase la sección Documento final, pp. 172–173).

Estructuras gramaticales

La oración subordinada sustantiva

En el capítulo anterior hemos abordado el tema de las oraciones subordinadas adjetivas o de relativo. En este capítulo veremos un nuevo tipo de oraciones subordinadas, las conocidas como oraciones subordinadas sustantivas (OSS).

Las OSS se caracterizan por formar parte de una oración compleja, es decir, se subordinan a un elemento de la oración principal. Insertadas en dicha oración principal, las OSS cumplen iguales funciones que las que desempeña un sustantivo en la oración simple (es decir, sujeto, complemento directo o indirecto, complemento de régimen y complemento circunstancial[8]). Así, las OSS son oraciones que funcionarán tal como un elemento nominal (sustantivo, pronombre, grupo nominal). Por ello, en algunos casos es posible sustituirlas por un sustantivo equivalente (cuando éste exista):

Nos preocupa que el clima esté cambiando. *OSS*	¿Le preguntaste si sabía la fecha? *OSS*
En la oración de la izquierda, la oración subordinada *que el clima esté cambiando* podría sustituirse por un elemento nominal (*el cambio climático*): Nos preocupa el cambio climático. En la oración de la derecha, la oración subordinada *si sabía la fecha* también podría sustituirse por un elemento nominal (*la fecha*): *¿Le preguntaste la fecha?*	

EJERCICIO 5.1

Lea las siguientes oraciones y reemplace la oración subordinada sustantiva subrayada por un sustantivo equivalente en sentido.

1. El periodista le preguntó si conocía el lugar de la conferencia sobre cambio climático.
   El periodista le preguntó el lugar de la conferencia sobre cambio climático.
2. A muchas personas les preocupa que el agua se desperdicie.
   ____
3. Sinceramente, me inquieta que los gobiernos sean pasivos ante la crisis climática.
   ____
4. Grupos de ciudadanos piden que se eliminen las bolsas de plástico.
   ____
5. Todos queremos que se establezcan centros de reciclaje efectivos.
   ____

Nexos que introducen las OSS

Las oraciones subordinadas sustantivas en su mayoría se vinculan con la oración principal a través de nexos, aunque en determinados casos no los requieren, como veremos más adelante. El nexo que más frecuentemente introduce a las OSS es la conjunción completiva (cc) *que*.

[8] La explicación y ampliación sobre *La oración subordinada sustantiva* aparece en la página web del libro.

Les gusta ***que*** hablemos de ecología. cc OSS	En estos ejemplos, la conjunción completiva (cc) *que* sirve como nexo que introduce la oración subordinada *hablemos de ecología*, en el primer ejemplo; *los jóvenes deben participar*, en el segundo y *la situación es grave*, en el tercero.
Pienso ***que*** los jóvenes deben participar. cc OSS	
Insisten en ***que*** la situación es grave. cc OSS	

Otro nexo frecuente que encontramos en las OSS es la conjunción *si*. Esta conjunción introduce OSS que se clasifican como *interrogativas indirectas* (int. ind.).[9]

Les preguntó ***si*** tenían una solución real. c OSS int. ind.	En estos ejemplos, la conjunción *si* sirve como nexo que introduce la oración subordinada sustantiva interrogativa indirecta *tenían una solución real*, en el primer ejemplo; y *podremos resolver la crisis*, en el segundo.
Nadie sabe ***si*** podremos resolver la crisis. c OSS int. ind.	

También existen OSS que no requieren ningún nexo para incluirse en la oración principal: son las llamadas *oraciones de infinitivo*, en donde este último posee un carácter sustantivador que se extiende a toda la oración subordinada que encabeza. En las OSS de infinitivo, existe una correferencia de sujetos entre el sujeto tácito de la subordinada introducida por el infinitivo y el sujeto u otro argumento (CD, CI, etc.) de la oración principal. En otras palabras, tanto el verbo principal como el verbo subordinado comparten el mismo sujeto.

Les inquieta ***perder*** *el suministro de agua.* (ellos) OSS	El infinitivo *perder* introduce una oración subordinada sustantiva. Nótese cómo el sujeto tácito (*ellos*) que marca el infinitivo de la subordinada está en correferencia con el pronombre de CI (*les: a ellos*) del verbo *inquietar.*
Queremos ***proponer*** *un nuevo reglamento.* (nosotros) OSS	El infinitivo *proponer* introduce la oración subordinada sustantiva. Nótese cómo el sujeto tácito (*nosotros*) que marca el infinitivo de la subordinada está en correferencia con el sujeto de la oración principal (*nosotros*) del verbo *querer.*

EJERCICIO 5.2

Complete las siguientes oraciones subordinadas sustantivas con el nexo o el infinitivo correcto de la tabla.

~~*que*~~ */ cambiar / si / educar / que / si /*

[9] Véase la explicación y ampliación sobre *La oración subordinada sustantiva* que aparece en la página web del libro.

1. No creo *que* mucha gente comprenda la gravedad de la situación ambiental actual.
2. Los científicos no saben ______________ la crisis climática pueda detenerse de manera significativa.
3. Muchas organizaciones quieren ______________ más a los niños y jóvenes sobre la importancia de un medio ambiente sano.
4. Pero existen poderosos grupos económicos a quienes no les interesa ______________ el *statu quo*.
5. En realidad, nadie sabe con certeza ______________ todavía hay tiempo suficiente para cambiar a fondo nuestros hábitos como sociedad para paliar el cambio climático.
6. A todos debe preocuparnos ______________ nuestra pasividad de hoy tendrá consecuencias severas en el futuro inmediato.

Uso del indicativo, subjuntivo o infinitivo en las OSS

En las oraciones subordinadas en general, la elección entre los modos indicativo o subjuntivo dependerá de la noción de "realización" o "no realización" de la información contenida en la subordinación. Así, en la oración "Me dijo que el reciclaje funcionaba muy bien", la información de la subordinada aparece en indicativo pues remite a un hecho "realizado" ya. En cambio, en la oración "Me sugirió que implementara un proceso efectivo de reciclaje", la subordinada hace referencia a una situación "no realizada" aún.[10]

Además de considerar lo anterior, para elegir entre indicativo o subjuntivo en las OSS en particular, el elemento clave que debemos considerar es el tipo de verbo de la oración principal (V1). Si éste es un verbo **asertivo**, esto es, que constata, percibe o informa sobre un hecho o circunstancia con respecto al sujeto de la OSS, entonces el verbo de la OSS (V2) normalmente requerirá el indicativo. A este grupo de verbos asertivos pertenecen los que expresan nociones de acaecimiento (*suceder, ocurrir, acontecer*, etc.), lengua o comunicación (*afirmar, asegurar, comentar, contar, decir, escribir, indicar*, etc.), entendimiento (*aprender, saber, enterarse de, leer*, etc.), percepción (*advertir, mirar, notar, observar, sentir*, etc.) y opinión (*considerar, creer, entender, opinar, pensar, suponer*, etc.).

El autor afirma (V1) que la educación es (V2) clave.	En este ejemplo, el verbo de la oración principal (V1) es de tipo asertivo del grupo de lengua o comunicación (*afirmar*), por lo cual el verbo de la OSS (V2) está en modo indicativo (*es*).
Notaron (V1) que las sequías eran (V2) más frecuentes.	En este ejemplo, el verbo de la oración principal (V1) es de tipo asertivo del grupo de percepción (*notar*), por lo cual el verbo de la OSS (V2) está en modo indicativo (*eran*).
Nadie sabía (V1) que la situación empeoraría (V2) pronto.	En este otro ejemplo, el verbo de la oración principal (V1) es de tipo asertivo del grupo de entendimiento (*saber*), por lo cual el verbo de la OSS (V2) está en modo indicativo (*empeoraría*).

[10] Véase una explicación más detallada en la sección sobre *La oración subordinada sustantiva* que aparece en la página web del libro.

Sin embargo, cuando los verbos asertivos de la oración principal (V1) aparecen en forma negativa, el modo del verbo de la OSS (V2) cambia al subjuntivo. Compárense las oraciones de la tabla siguiente.

La comisión informó que la situación era grave. V1 V2 La comisión **no** informó que la situación fuera grave. V1 V2	En estos ejemplos, cuando el verbo asertivo de la oración principal (V1) aparece en forma afirmativa, el verbo de la OSS (V2) está en modo indicativo.
Creemos que este proyecto es adecuado. V1 V2 **No** creemos que este proyecto sea adecuado. V1 V2	Por el contrario, cuando el verbo asertivo de la oración principal (V1) se niega por la presencia del adverbio de negación **no**, el verbo de la OSS (V2) cambia ahora al modo subjuntivo.

Por otra parte, en general puede decirse que las OSS que requieren subjuntivo forman parte de predicados **no asertivos**, que no informan de un estado de cosas, sino más bien presentan evaluaciones, emociones, intenciones o acciones ejercidas sobre algo o alguien. Son variadas las categorías de verbos no asertivos; las principales son las que conllevan nociones de voluntad, intención e influencia (*intentar, desear, procurar, querer, recomendar, solicitar, sugerir*, etc.), oposición (*objetar, oponerse, resistirse*, etc.), consecución (*conseguir, lograr, obtener*, etc.), sentimientos (*aburrir, alegrar, doler, fastidiar, entristecer, gustar, interesar, sorprender*, etc.) y valoración (*parecer bien/mal, estar bien/mal, verse bien/mal*).

Procuren que los jóvenes estén bien informados. V1 V2	En este ejemplo, el verbo de la oración principal (V1) es de tipo **no** asertivo del grupo de influencia (*procurar*), por lo cual el verbo de la OSS (V2) está en modo subjuntivo (*estén*).
Nos sorprende que nadie acepte sus responsabilidades. V1 V2	En este ejemplo, el verbo de la oración principal (V1) es de tipo **no** asertivo del grupo de sentimientos (*sorprender*), por lo cual el verbo de la OSS (V2) está en modo subjuntivo (*acepte*).
Me parece mal que los ciudadanos sean pasivos. V1 V2	En este otro ejemplo, el verbo de la oración principal (V1) es de tipo **no** asertivo del grupo de valoración (*parecer mal*), por lo cual el verbo de la OSS (V2) está en modo subjuntivo (*sean*).
¿Consiguieron que la empresa aceptase la propuesta? V1 V2	En este ejemplo, el verbo de la oración principal (V1) es de tipo **no** asertivo del grupo de consecución (*conseguir*), por lo cual el verbo de la OSS (V2) está en modo subjuntivo (*acepte*).

Por último, recordemos que las OSS también pueden ser introducidas por infinitivos. Esto ocurre cuando el sujeto tácito de la OSS está en correferencia con el sujeto de la oración principal. Es decir, cuando ambos verbos comparten el mismo sujeto.

Les duele aceptar la gravedad del problema. V1 V2 (en el infinitivo)	En este ejemplo, la OSS es introducida por el infinitivo *aceptar*, cuyo sujeto tácito (*ellos*) está en correferencia con el pronombre de CI (*les: a ellos*) del verbo de la oración principal (*doler*).
Logramos persuadir a los ediles. V1 V2 (en el infinitivo)	En este ejemplo, la OSS es introducida por el infinitivo *persuadir*, cuyo sujeto tácito (*nosotros*) está en correferencia con el sujeto (*nosotros*) del verbo principal (*lograr*).
Los afectados solicitaron recibir una indemnización. V1 V2 (en el infinitivo)	En este ejemplo, la OSS es introducida por el infinitivo *recibir*, cuyo sujeto tácito (*ellos: los afectados*) está en correferencia con el sujeto (*Los afectados*) del verbo principal (*solicitar*).

EJERCICIO 5.3

Subraye la forma adecuada de los verbos que aparecen en itálicas para completar las oraciones correctamente.

1. El conferencista aseguró que las consecuencias del cambio climático ya *se observan / se observen / observarse* en muchos países del mundo.
2. A muchos gobiernos les preocupa no *están / estén / estar* preparados para los retos a corto plazo del cambio climático.
3. Sin embargo, muchos políticos no desean que el tema de la crisis climática *forma / forme / formar* parte de los temas de campaña.
4. Por otra parte, grupos radicales de intereses oscuros incluso afirman que el cambio climático *es / sea / ser* un mito.
5. Con todo, cada vez más, los jóvenes se oponen a que gobiernos y corporaciones *eluden / eludan / eludir* su responsabilidad ante los problemas medioambientales.
6. En todo el mundo, la gente sabe que ya no *queda / quede / quedar* mucho tiempo para actuar de manera decisiva.
7. Sólo como ciudadanos conscientes y comprometidos, lograremos *influimos / influyamos / influir* en la implementación de medidas efectivas para paliar la crisis climática.

Técnicas de combinación de oraciones

Combinación y segmentación de oraciones subordinadas sustantivas

Los siguientes ejercicios de combinación y segmentación de oraciones[11] se enfocan en las oraciones subordinadas sustantivas. Ello nos permitirá afianzar nuestros conocimientos gramaticales y desarrollar a la vez una mayor soltura para escribir oraciones compuestas con estructuras sintácticas complejas.

[11] Véase lo referente a la Técnica de combinación y segmentación de oraciones en los capítulos 1 (pp. 29–33) y 2 (pp. 67–68), respectivamente.

EJERCICIO 5.4

Combine la siguiente secuencia de oraciones utilizando la primera con la letra *a)* como oración principal. Use el nexo que sea más conveniente (*que* o *si*) si se requiere, así como la forma correcta (indicativo, subjuntivo o infinitivo) para el verbo de la subordinada. Fíjese en el modelo.

1. a) Muchos científicos creen *algo*.
   b) El tiempo para resolver la crisis climática se está agotando.
   Muchos científicos creen que el tiempo para afrontar la crisis climática se está agotando.
2. a) A muchos ciudadanos mal informados no les importa *algo*.
   b) La sociedad consumista contribuye a los problemas medioambientales.
   ______
   ______
3. a) Muchos jóvenes se preguntan *algo*.
   b) ¿Todavía es posible detener o atenuar las consecuencias del calentamiento global?
   ______
   ______
4. a) Poderosos grupos internacionales de cabildeo se oponen a *algo*.
   b) Los gobiernos aprueban leyes de protección ecológica más estrictas.
   ______
   ______
5. a) Algunos autores afirman *algo*.
   b) La educación sobre la crisis climática debe enseñarse desde temprana edad a los jóvenes.
   ______
   ______
6. a) Todos los seres humanos deseamos *algo*.
   b) Vivir en una sociedad más justa y ecológicamente responsable.
   ______
   ______

EJERCICIO 5.5

Segmente los elementos que constituyen las siguientes oraciones compuestas. Para ayudarle a resolver cada ejercicio, la oración principal ya aparece escrita en la línea a).

1. La empresa asegura que la nueva bandeja para alimentos reduce un 90 por ciento el uso de plástico.
   a) *La empresa asegura algo.*
   b) La nueva bandeja para alimentos reduce un 90 por ciento el uso de plástico.
2. Algunas empresas de alimentación se preguntan si este nuevo tipo de bandejas podrá reemplazar por completo, a largo plazo, a las bandejas de plástico.
   a) *Algunas empresas de alimentación se preguntan algo.*
   b) ______
3. Productos biodegradables como esta bandeja logran persuadir cada vez más tanto a empresas como a consumidores preocupados por el manejo de productos desechables.
   a) *Productos biodegradables como esta bandeja logran algo.*
   b) ______

Documento final

Puesta en práctica

Texto expositivo sobre circunstancias adversas y soluciones

Termine de redactar un ensayo de entre 400 y 500 palabras sobre las soluciones para combatir la contaminación por basura que complete las actividades 5.19, 5.20 y 5.21 de este capítulo. Durante la redacción, incluya las citas directas o indirectas (dentro del texto) que crea necesarias en los párrafos que conformen el cuerpo del texto y prepare la lista de artículos utilizados, siguiendo el sistema de estilo MLA o APA, y los pasos indicados en la sección Inserción de citas y lista de referencias bibliográficas (véase pp. 13–15).

Según lo indique el profesor, podrá redactar otro texto diferente, escogiendo uno de los siguientes temas sobre la crisis climática:

- Regulaciones e impuestos verdes que los Estados y municipalidades pueden tomar para coadyuvar a la reducción de emisiones de gases de efecto invernadero por parte de industrias y conductores de vehículos de combustión interna.
- El modo en que las nuevas tecnologías apoyan el desarrollo de energías renovables como la solar, eólica e hidráulica.
- Algunos jóvenes activistas como Greta Thunberg han decidido dejar de ir a la escuela y organizar huelgas estudiantiles como medio para forzar a los representantes de los países de la ONU a tomar medidas serias para afrontar la crisis climática. Piense en la responsabilidad y el plan de acción que cada individuo dentro de la sociedad debería adoptar para resolver el problema climático.

Para ello, ponga en práctica todos los pasos esenciales del proceso de escritura que hemos visto a lo largo de este capítulo para completar todo el ensayo.

No olvide . . .

- planificar y generar ideas sobre el tema que haya escogido mediante el mapa conceptual (véase pp. 153–155);
- preparar el esquema que cubra el número aproximado de párrafos;
- cerciorarse de que en cada párrafo se desarrolle la oración temática y oraciones de apoyo, empleando la estructura de textos expositivos sobre circunstancias adversas y soluciones (véase pp. 156–158);
- detectar los párrafos que necesitan datos e información para apoyar el tema central del texto;
- realizar una búsqueda de libros que apoyen los datos que le hagan falta (véase capítulo 3, pp. 90–91);
- utilizar técnicas de inserción de citas según MLA o APA dentro del/los párrafos (véase capítulo 1, pp. 13–15);
- preparar el borrador del texto sin preocuparse mucho de la redacción;
- redactar el párrafo de introducción y de cierre o conclusión hasta el final (véase pp. 162–163);
- introducir perífrasis modales y oraciones impersonales que denoten obligación o necesidad dentro del texto (véase p. 158);

- introducir un título que capte la atención del lector (véase pp. 164–165);
- revisar todo el documento, asegurándose de que en cada párrafo se desarrolle una idea desprendida del esquema y de que al mismo tiempo haya conexión entre los demás párrafos, buscando que exista coherencia en cada uno de ellos, así como en el texto completo;
- revisar y hacer correcciones de estructuras morfosintácticas de las oraciones (concordancia de sujeto y predicado) cuya formulación necesite más trabajo dentro de cada uno de los párrafos;
- revisar y hacer correcciones sobre el uso de vocabulario dentro de cada uno de los párrafos;
- revisar todo el documento, asegurándose que en cada párrafo se desarrolle una idea desprendida del esquema y que al mismo tiempo haya conexión entre los demás párrafos, así como en el texto completo.[12]

Evaluación: hoja de chequeo

Utilice la siguiente hoja de chequeo para revisar la redacción del ensayo y, si es necesario, considerar cambios que lo mejoren.

Califica de...	
1 (insatisfactorio):	uso inadecuado de técnicas de redacción; necesita más desarrollo
2 (satisfactorio):	uso aceptable de técnicas de redacción; necesita un poco más de desarrollo
3 (muy bien):	uso adecuado de todas las técnicas de redacción con muy pocos errores
4 (excelente):	uso excepcional de todas las técnicas de redacción sin ningún error

	1	2	3	4
El tema del ensayo sobre cómo resolver el problema de la contaminación por basura es claro, con una solución en el párrafo introductorio relacionada con la tesis (véase pp. 162–163).				
Se ha empleado vocabulario académico de frecuencia y sinónimos de algunas palabras.				
El desarrollo de la tesis describe claramente el/los temas de análisis y la relación entre ellos, indicando las soluciones para resolver el problema (véase p. 161).				
El desarrollo de los párrafos del cuerpo del texto presenta unidad y apoya de manera lógica la tesis del ensayo.				
La estructura del texto adopta uno de los dos modelos de estructura para textos expositivos de circunstancias adversas y soluciones (véase pp. 156–157).				

[12] Para mejorar la calidad del ensayo, se recomienda que intercambie su texto con uno de sus compañeros para que, con ayuda de la hoja de revisión de textos expositivos, se proporcionen mutuamente *feedback*. Consulte la hoja de revisión de textos expositivos (apéndice 5, pp. 235–236).

(*cont.*)

	1	2	3	4
El uso de perífrasis y oraciones impersonales es adecuado (véase p. 157).				
El ensayo termina con un párrafo de cierre o conclusión que ofrece resultados de las soluciones al problema dado (véase pp. 163–164).				
El título que lleva el ensayo resulta atractivo para el lector (véase pp. 164–165).				
Se han utilizado adecuadamente las fuentes externas de información (libros) para apoyar las ideas principales del ensayo (véase capítulo 3, p. 90).				
Se ha empleado correctamente el sistema de citas del manual de la MLA o de la APA (véase capítulo 1, pp. 13–15).				
La redacción del texto presenta pocos errores de cohesión y coherencia textual.				

Reflexión pedagógica

Piense qué ha aprendido en este capítulo. Para ello, utilice la siguiente tabla para indicar qué cosas cree que necesita revisar para pasar al siguiente capítulo. Cuando termine, comparta el resultado con su compañero.

• El vocabulario relacionado con la crisis climática y economía circular	
• La inferencia sobre los temas del cambio climático y la economía circular	
• El desarrollo de ideas mediante mapas conceptuales	
• La estructura del modelo de descripción de todas las causas y soluciones o de descripción de causas y soluciones alternadas	
• La búsqueda de títulos de libros en mi universidad o en WorldCat	
• El uso del sistema de citas según el manual de la MLA o de la APA	
• La estructura gramatical de las oraciones subordinadas sustantivas	
• La técnica de combinación de oraciones: oraciones subordinadas sustantivas	
• La puesta en práctica del desarrollo de textos expositivos sobre circunstancias adversas y soluciones	

6 La publicación científica bajo la lupa

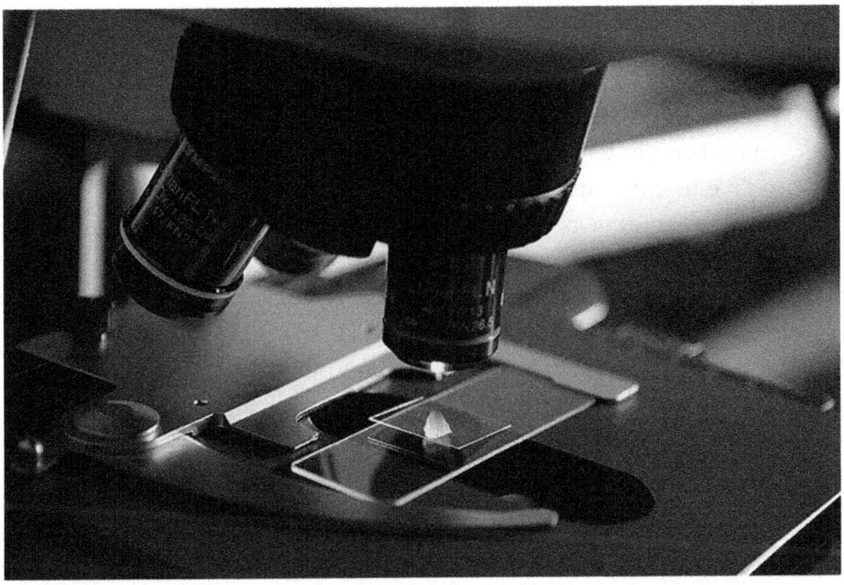

EN ESTE CAPÍTULO ...

- aprenderá vocabulario relacionado con la falsificación científica y el plagio;
- anticipará e inferirá el tema de la falsificación científica, el plagio y la corrupción en la industria transgénica;
- aprenderá a generar ideas con el diagrama de las seis preguntas básicas;
- aprenderá a desarrollar la estructura de un texto argumentativo;
- aprenderá a refutar una fuente externa dentro de un contraargumento;
- aprenderá a preparar el borrador de un párrafo introductorio con tesis y otro de cierre o conclusión, que integren un texto argumentativo sobre el tema de la publicación de artículos en revistas científicas;
- repasará la estructura gramatical de las oraciones subordinadas circunstanciales;
- aprenderá a combinar mediante la técnica de combinación de oraciones subordinadas circunstanciales;
- pondrá en práctica el desarrollo de textos argumentativos.

Lectura académica

En preparación ...

Las universidades e instituciones académicas de prestigio, además de formar miles de estudiantes en diferentes disciplinas, suelen contar con un cuerpo de expertos y especialistas que trabajan en la búsqueda de nuevos conocimientos colectivos dentro de la comunidad científica con el fin de entender y mejorar en todos los aspectos la condición de vida de la mayoría de los habitantes de este planeta. Todo este acopio de conocimiento se ha guardado y difundido mediante publicaciones, muchas de las cuales hasta ahora gozan de una reputación incuestionable. Sin embargo, esta difusión científica a escala mundial se ha visto afectada por la emergente industria editorial que se ha aprovechado de todos los recursos que ofrece el internet para comercializar la publicación de trabajos de carácter científico, inclinándose, en muchos casos, más por las ganancias que ofrece publicar masivamente que por la calidad del contenido de los artículos que se publican.

En este sexto capítulo veremos, entre otras cosas, la situación por la que atraviesan los estudiantes de posgrado ansiosos de darse a conocer mediante la publicación de sus artículos en las mejores revistas científicas y la presión que ejercen sobre ellos tanto las instituciones académicas como la industria editorial en detrimento, muchas veces, del contenido de los artículos. Esta situación la analizaremos a partir de tres artículos cuyos autores ofrecen su punto de vista sobre la realidad de la difusión científica en la era digital.

ACTIVIDAD 6.1

El conocimiento científico y los avances tecnológicos han transformado nuestra manera de vivir. Lea las siguientes afirmaciones y diga si estos conocimientos y avances nos han sido *muy útiles* (4), *bastante útiles* (3), *poco útiles* (2) o *realmente inútiles* (1), colocando el número correspondiente en el espacio en blanco.

1. En la integración de disciplinas y carreras profesionales que ofrecen las universidades e instituciones académicas.	4
2. En la protección de los recursos naturales y del medio ambiente.	
3. En el entendimiento del funcionamiento de nuestro planeta y el universo en general.	
4. En el ámbito de la salud pública y la prevención de enfermedades.	
5. En la toma de decisión de compra y venta de productos y servicios.	

Cuando haya terminado de responder, compare el resultado con el de uno de sus compañeros y opinen al respecto.

ACTIVIDAD 6.2

Lea la serie de palabras relacionadas con el término ciencia que aparecen en la siguiente tabla. Luego, escriba todas las palabras que crea que completan mejor esta serie.

El término ciencia lo relaciono con:

conocimientos			universidades
		física	
laboratorios			

ACTIVIDAD 6.3

Compare las palabras que ha escrito con las del compañero de al lado. Luego, vean si en ambas listas aparece alguna palabra relacionada con la investigación, los estudios científicos o las publicaciones en las que suelen aparecer estos estudios, y pregúntense por qué es importante que aparezcan en la lista.

ACTIVIDAD 6.4

Gracias a las nuevas tecnologías, hoy en día nos resulta mucho más fácil enterarnos de nuevos descubrimientos científicos o avances tecnológicos en nuestros países o en otros lugares del mundo. Lea las afirmaciones a continuación y diga con qué frecuencia utiliza los siguientes medios para obtener información científica, indicando si *todo el tiempo* (4), *con mucha frecuencia* (3), *algunas veces* (2) o *casi nunca* (1), colocando el número correspondiente en el espacio en blanco.

1. Sitios con contenido científico en el internet.	4
2. En programas científicos o documentales que se proyectan en el cine, en la televisión o Ted Talks en YouTube.	
3. Revistas o publicaciones de carácter científico o tecnológico.	
4. Seminarios, conferencias o charlas entre colegas o estudiantes del mismo programa de estudio.	
5. Programas científicos y culturales en la radio o en dispositivos digitales (podcast).	

Cuando haya terminado de responder, compare el resultado con el de uno de sus compañeros y opinen al respecto.

Desarrollo léxico

Frecuencia léxica

En este último capítulo continuaremos trabajando con palabras de baja y media frecuencia, además de términos académicos, para enriquecer nuestro bagaje léxico.

ACTIVIDAD 6.5

En la siguiente actividad, explorará el significado de algunas palabras clave extraídas de varios artículos que leerá más adelante.

A. Señale cuáles de las siguientes palabras con sus definiciones funcionan como sustantivos o como adjetivos y escriba el sustantivo o adjetivo que derive de la palabra.[1]

[1] Si no está familiarizado con alguna de estas palabras, búsquela en un buen diccionario monolingüe.

Palabra	Definición	Sustantivo	Adjetivo
fraude	• acción contraria a la verdad y a la rectitud, que perjudica a la persona contra quien se comete	✓	*fraudulento*
riguroso	• preciso, exacto, minucioso		
paradigma*	• ejemplo o modelo de algo		
falsificación	• hecho u objeto falseado o adulterado		
desatinado	• que carece de tino o acierto en sus palabras u obras		
error	• concepto equivocado, acción desacertada o juicio falso		
cuestionado	• que es puesto en duda con respecto a lo que afirma		
minoría	• parte menor de un conjunto de personas		
arbitrario*	• sujeto a la libre voluntad o al capricho antes que a la ley o a la razón		
impropio	• falto de las cualidades convenientes según las circunstancias		

B. Ahora que ya sabe el significado de estos términos y la función gramatical que realizan, lea las siguientes oraciones y rellene el espacio en blanco con la opción correcta (sustantivo o adjetivo) que aparece entre paréntesis.

1. En los últimos años, cada vez se han hecho públicos más _cuestionamientos_ (*cuestionamientos / cuestionados*) de la propia comunidad científica, con respecto a la falta de ______________ (*rigor / riguroso*) científico de muchas investigaciones que aparecen en las publicaciones académicas.
2. Hoy en día, publicar artículos en gran número y a toda costa, sacrificando la calidad del contenido, es una tendencia ______________ (*error / errada*) de muchos jóvenes científicos.
3. Además, no sólo el plagio se ha identificado como un problema grave, sino también la ______________ (*falsificación / falsificada*) de datos y resultados en estudios ______________ (*fraudes / fraudulentos*) que buscan engañar, por diversos motivos, al público.
4. Casos tristemente ______________ (*paradigmas / paradigmáticos*) son los diversos estudios que, al tratar de replicar estudios anteriores sobre alimentos transgénicos, han hallado tanto ______________ (*errores / errados*) como interpretaciones ______________ (*arbitrariedades / arbitrarias*) o tendenciosas de los resultados.
5. Ante estos problemas, la respuesta de la comunidad científica ha sido hasta ahora ______________ (*desatino / desatinada*), pues poderosos factores de diversa índole siguen contribuyendo a la existencia de ______________ (*fraudes / fraudulentos*) en el ámbito científico.

6. Los fraudes en la ciencia resultan completamente inaceptables porque promueven conscientemente la difusión de ______________ (*errores* / *errados*) y son ______________ (*impropiedad* / *impropios*) de los estándares científicos y éticos del conocimiento.

C. En el siguiente cuadro aparecen algunas palabras académicas y otras que tienen una baja frecuencia de uso. Elija la palabra que tenga sentido equivalente al de la palabra o frase común o general que está entre paréntesis en cada oración.

relevante* / nexo / parangón / sinsentido / ascenso / ponderar/ naderías / ~~seleccionar~~* / germen / gigantesca

1. En las revistas científicas, el trabajo de los revisores y editores es seleccionar (*escoger*) las publicaciones que aparecen en la revista.
2. Toda revista científica debe ______________ (*examinar con cuidado*) el valor, el interés y el rigor científico de los artículos que publica.
3. Para muchos investigadores y académicos, la publicación de artículos es un aspecto ______________ (*importante*) del desarrollo de su carrera.
4. Ser autor de un número adecuado de publicaciones se considera esencial para lograr el ______________ (*avance*) de la propia trayectoria profesional.
5. En el sistema actual de publicaciones científicas y académicas, se ha establecido un ______________ (*elemento de unión*) muy sólido entre la publicación de artículos y el prestigio de los autores.
6. Como consecuencia, este sistema ejerce una ______________ (*excesiva*) presión sobre los autores para que publiquen con gran frecuencia y en gran cantidad.
7. Desde el interior de los propios ámbitos académico y científico, muchas voces han señalado el ______________ (*hecho absurdo*) de esta idea de "publicar a toda costa".
8. Al principio, ante estas críticas, varios editores de revistas científicas restaban importancia a las consecuencias de la publicación desmedida o las descalificaban, considerándolas ______________ (*cosas de poca importancia*).
9. Sin embargo, en los últimos años, una serie de escándalos sin ______________ (*comparación*) relacionados con plagios, artículos fraudulentos o estudios con resultados dolosamente sesgados, han puesto en evidencia la amplitud del problema.
10. Hoy no queda duda de que la presión para publicar copiosa y frecuentemente, el usar las publicaciones antes que nada como medio de adquirir prestigio y hacer avanzar la propia carrera, la relajación de los estándares para evaluar el rigor científico de los artículos publicados e incluso la presión de grupos de poder económico, han sido en conjunto el ______________ (*origen*) de la muy preocupante situación actual.

D. En cada número de este ejercicio, aparecen dos oraciones que ejemplifican el uso de cinco colocaciones comunes del español. Las palabras que forman cada colocación están subrayadas. Fíjese en ellas como modelo y luego escriba su propia oración.

1. a. Un medio científico con pocos recursos, patrocinado por las poderosas transnacionales de alimentos transgénicos, ha sido el caldo de cultivo ideal para la aparición de estudios científicos con resultados sesgados o casi fraudulentos.
   b. Sabemos que la pobreza extrema, la falta de apoyos sociales y el desempleo crónico constituyen el caldo de cultivo de la inseguridad y la violencia en las comunidades.
   c. ____
   ____

2. a. A pesar de todos los estudios científicos, el problema de las consecuencias reales que los alimentos transgénicos tienen en la salud humana dista mucho de estar resuelto.
   b. El conocimiento digital de los mileniales dista mucho del de las generaciones anteriores.
   c. ____

   ____

3. a. La comunidad científica no puede mirar para otro lado ante el problema de la corrupción que se ha infiltrado en el ámbito de la ciencia.
   b. Muchos gobiernos que decidieron mirar para otro lado y no combatir las graves injusticias de sus pueblos, hoy sufren de rechazo y falta de credibilidad.
   c. ____

   ____

4. a. Competir por los artículos de autores prestigiosos es moneda de uso corriente entre las revistas científicas.
   b. Desgraciadamente, la difusión masiva de noticias e informaciones falsas es moneda de uso corriente en las redes sociales.
   c. ____

   ____

5. a. Muchos artículos periodísticos han sacado a relucir los vínculos cuestionables entre ciertas instituciones científicas y las influyentes empresas transnacionales que patrocinan sus estudios.
   b. La investigación pormenorizada del caso sacó a relucir el pasado criminal del acusado.
   c. ____

   ____

¿Qué nos dice el diccionario?

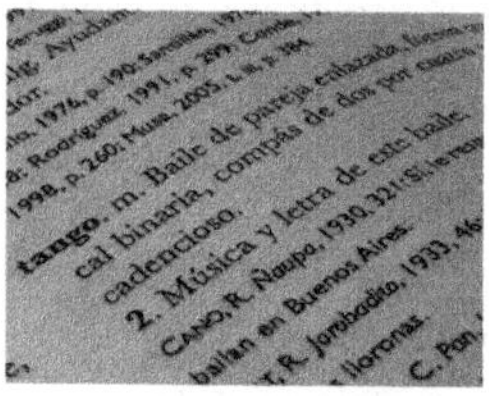

Los sufijos que aparecen más abajo son comunes en los términos científicos y académicos. Consulte el DLE para conocer el sentido que tiene cada uno de estos sufijos. Luego escriba la palabra o frase del recuadro que corresponda al significado de cada uno de ellos y anote además una palabra, hallada en su consulta del DLE, que ejemplifique su uso.

escritura / ~~dolor~~ / piedra / parecido a / afición / doctrina / medida / lugar en que se guarda algo / aversión / gobierno

1.-algia *dolor* Ejemplo: *neuralgia*
2.-cracia ____________ Ejemplo: ____________
3.-fobia ____________ Ejemplo: ____________
4.-ismo ____________ Ejemplo: ____________
5.-oide ____________ Ejemplo: ____________
6.-filia ____________ Ejemplo: ____________
7.-grafía ____________ Ejemplo: ____________
8.-lito ____________ Ejemplo: ____________
9.-metría ____________ Ejemplo: ____________
10.-teca ____________ Ejemplo: ____________

Desarrollo de la habilidad lectora

Antes de leer

A continuación, leerá un artículo editorial en el que el autor cuestiona el sentido de honestidad científica, no sólo por parte de los autores que publican artículos sino también por parte de los editores de revistas científicas que se los publican; pero antes, realice las dos actividades siguientes.

ACTIVIDAD 6.6

Según el diccionario de la Real Academia Española, la palabra endogamia tiene tres acepciones. ¿A cuál de las tres acepciones cree que pueda referirse el autor al hablar de estudiantes de posgrado o profesionales en el medio académico?

Práctica de contraer matrimonio entre sí personas de ascendencia común, naturales de una misma localidad o comarca, o de un grupo social.	❍
Actitud social de rechazo a la incorporación de miembros ajenos al propio grupo o institución.	❍
Cruzamiento entre individuos de una raza, comunidad o población aislada genéticamente.	❍

Cuando haya escogido una de las tres acepciones, compare el resultado con el de su compañero y pregúntense qué tienen en común cualquiera de estas tres acepciones.

ACTIVIDAD 6.7

Para comprender la situación que atraviesa la publicación científica, lea las siguientes afirmaciones y diga si está *muy de acuerdo* (4), *de acuerdo* (3), *en desacuerdo* (2) o *muy en desacuerdo* (1), colocando el número correspondiente en el espacio en blanco.

1. Con todos los avances tecnológicos con los que contamos, hoy en día resulta muy fácil descubrir si un trabajo científico es falso o verdadero.	2
2. El trabajo científico tiene como objetivo buscar la verdad detrás de la naturaleza por el bien de la especie humana y el entorno que la rodea.	
3. En la búsqueda de la verdad debemos pensar y actuar de manera racional e imparcial, poniendo de lado nuestros intereses personales.	
4. Que logremos que un buen artículo científico aparezca publicado en una revista de prestigio responde más a un golpe de buena suerte que a la calidad de su contenido.	
5. El avance científico es proporcional a la cantidad de trabajos científicos que se publican anualmente.	

ACTIVIDAD 6.8

Ahora comience a leer el texto y, mientras lee, subraye o marque con rotuladores de diferentes colores la información que le parezca más importante en cada párrafo. Si encuentra una palabra que no entiende, rodéela con un círculo y más tarde busque su significado en un buen diccionario monolingüe.

Publicar ciencia: Un problema crónico

[1] Escribo este artículo en pleno debate sobre un escándalo generado entre científicos españoles ante el supuesto fraude de los trabajos de uno de ellos. Si dichas acusaciones fueran ciertas, resultaría que sus trabajos publicados, los supuestamente manipulados, han pasado durante años los filtros de máximo rigor de la excelencia científica. El fraude o la copia en la ciencia también se merecen otra lectura: si en la actualidad se falsifican euros, bolsos, medicinas, componentes electrónicos ... ¿Por qué no los trabajos científicos?

[2] La contradicción que tenemos ante nuestros ojos es que podemos saber rápidamente si un euro, o un bolso, es falso o no; sin embargo, las falsificaciones científicas pueden pasar con éxito exámenes de mentes brillantes y veredictos de jueces de las revistas más prestigiosas. La verdad es que cada cierto tiempo la ciencia se ve sacudida por falsificaciones; aunque otra cosa es la magnitud del escándalo mediático. De hecho, todo lo que se relaciona con las revistas científicas involucradas en este supuesto fraude del que estamos hablando se ha amplificado de forma desproporcionada. Pero también hay que decir que son las propias revistas las que constantemente buscan publicitarse a base de los trabajos que les envían los científicos. Sin lugar a dudas, hay un nexo entre revista y científicos cuyo objetivo dista mucho, en algunos casos, de publicitar únicamente la excelencia científica.

[3] Creo que es bueno que como científicos y ciudadanos reflexionemos sobre el funcionamiento de las cosas, su racionalidad y su relación con el bien común. Yo creo que trabajar en ciencia, que en definitiva es jugar a descubrir las verdades que se ocultan en la naturaleza, es una de las madres de la actividad humana. Dicha actividad, junto con todas las que buscan el bien de la humanidad, son al fin y al cabo las que marcan el sentido de la flecha del tiempo: nos señalan el camino del futuro frente al retorno al pasado.

[4] Para entender mejor lo que —supuestamente— ha ocurrido, me centraré en algunos interrogantes muy concretos: ¿Por qué estos desatinos en un mundo en el que debería prevalecer la honestidad científica? ¿Cómo se llega a falsificar lo que se descubre en el arco de la ciencia? Y, ¿cuáles son los beneficios de publicar mucho, independientemente de la calidad real del contenido?

[5] La respuesta a las tres preguntas anteriores se reduce a entender que la tendencia —más bien «enfermedad»— colectiva actual de publicar más y más, de la que son víctimas fundamentalmente nuestros jóvenes científicos, es un sinsentido, y además el mejor caldo de cultivo para cometer arbitrariedades que se propagan por todo el sistema universitario mundial. En mi opinión, el proceso que se sigue en la actualidad hasta llegar a la publicación de un resultado científico se separa, muchas veces, de la racionalidad y la neutralidad, porque responde esencialmente a nuestra vertiente humana del ejercicio de la libertad, en la que se conjugan, a veces por igual, nuestras ganas de hacer el bien y el mal.

[6] ¿Esto ha sido siempre así? Es decir, ¿los científicos hemos estado siempre tan sometidos a esta presión, a veces asfixiante, de publicar? Si nos guiamos por los muchos estudios que se han publicado sobre cómo se hizo ciencia en otras épocas, creo que no es exagerado decir que el número de estupideces y maldades que cometen los científicos en la actualidad no tiene parangón con lo ocurrido en el pasado. Las disputas entre los grandes maestros de entonces y sus respectivos seguidores también tuvieron elementos irracionales, muchas veces llenos de, por ejemplo, prejuicios sexistas; pero nunca alcanzaron el grado de simplismo de la mayoría de nuestras miserias actuales. La publicacionitis actual responde más a un modelo en el que el fin —la promoción tanto personal como de la revista y del campo de investigación— justifica los medios. Ahí reside la tentación de actuar de forma deshonesta tanto para los autores como para los revisores y editores de las revistas.

[7] Muchas veces, de lo que se trata al ejercer de juez anónimo de un artículo es simplemente de ejercer el poder para, por ejemplo, impedir el ascenso de un imaginario competidor, pasando por encima de la calidad y de la novedad de la investigación. Otro hecho relevante en la actualidad es que, en muchos casos, lo importante no es el contenido de la «carta», sino el nombre del «cartero». De ahí que sea moneda de uso corriente entre científicos decir «he publicado en tal o cual revista» sin comentar el contenido del trabajo.

[8] Un hecho difícil de entender para los que están fuera del sistema es que la publicación de un trabajo científico es consecuencia, en muchos casos, de tener buena suerte. Los actores que determinan el sí o el no de la publicación no son más de tres o cuatro personas: los llamados revisores (*referees* en inglés), que actúan en el anonimato y con secretismo, y los editores de las revistas. Si estas personas son buenos científicos y además honrados, te ha tocado la lotería y tu trabajo será bien leído y mejor juzgado. Pero la realidad es que, con la inflación de trabajos científicos y el reparto de regalías, hay una gran probabilidad de que la publicación dependa más de otros factores. Entonces puede pasar de todo: por ejemplo, que un mal trabajo se publique, o que un buen trabajo no se publique, o que se haga con un año de retraso, o que su publicación sirva únicamente para propagar la endogamia temática, o que las presiones del sistema hagan entrar la falsificación en el escenario. Llegar al equilibrio entre el contenido de las publicaciones y el renombre de la revista en el análisis crítico es el punto importante. Por eso, si nos fijamos únicamente en el nombre de las publicaciones, a la postre son los editores de las revistas los únicos responsables, sin quererlo, de la selección de los profesores universitarios españoles.

[9] Lo que muchos no atinan a ver —o quizá es simplemente que miran para otro lado— es que, a la larga, el desarrollo y el progreso científico dependen poco del nombre del «cartero». En otras palabras, solamente aquellos trabajos que llevan el germen del cambio y de lo nuevo son los que quedan, y además son los responsables del lento, pero continuo —al menos hasta ahora— caminar de la ciencia. Y esto ocurre independientemente de la revista en la que se publiquen. De hecho, y curiosamente, es la promoción de los científicos la única que está totalmente determinada por el «cartero».

[10] El debate sobre el futuro de las publicaciones científicas sigue abierto, y continuamente se discute sobre nuevas formas de publicar ciencia y acertar a la hora de seleccionar la excelencia científica. Eso sí, creo que todavía hay una gran mayoría de científicos que piensan que la ciencia se merece mucho más y algunas revistas bastante menos.

Javier Tejada Palacios, "Publicar ciencia: Un problema crónico", *Mètode: Revista de difusión de la investigación*, 2016, 90, pp. 3–4. Disponible en: <https://metode.cat/wp-content/uploads/2016/12/90ES-publicar-ciencia-problema-cronico.pdf>.

Después de leer

ACTIVIDAD 6.9

Ahora en parejas o en grupos de tres personas lean las tres preguntas siguientes y discutan al respecto.

1. ¿Coinciden sus aseveraciones en la actividad 6.7 con el contenido del texto? Compárelas con las de su compañero de clase y juntos vean si sus respuestas se corresponden con la información del artículo.
2. ¿Por qué cree que, según el autor Javier Tejada Palacios, los científicos de hoy en día cometen más estupideces y maldades que los de otras épocas pasadas?
3. ¿A qué se refiere el autor cuando dice que el progreso de la ciencia depende poco del nombre del "cartero"?

ACTIVIDAD 6.10

Después de haber leído el artículo y realizado la actividad 6.8, escriba en hoja aparte un párrafo breve de entre nueve y diez líneas en el que exprese su opinión sobre la obligación de proporcionar información objetiva, veraz e imparcial cuando escribimos para un público lector. Redacte el texto con sus propias palabras, apoyándose en el vocabulario del artículo, pero reemplazando palabras clave del original por sinónimos y pronombres.

ACTIVIDAD 6.11

Una vez que haya terminado, intercambie el párrafo con el de uno de sus compañeros y cerciórese de que haya reemplazado palabras del texto original por sinónimos.[2]

Principios básicos para el desarrollo de textos

Desarrollo de ideas

Las seis preguntas básicas

Los planteamientos sensatos que ha empleado Tejada Palacios en su artículo sobre las falsificaciones científicas seguramente surgen gracias a la generación de ideas obtenidas de su propia experiencia personal como docente e investigador, de las conversaciones con colegas y estudiantes y de la observación de hechos en los círculos tanto científico como académico. Con estos planteamientos el autor no sólo intenta denunciar una práctica deshonesta en los círculos académicos sino también persuadirnos de la necesidad de entender el importante papel que tiene la ciencia para el futuro de la humanidad. Para ello, Tejada Palacios ha tenido que identificar el problema, en este caso, el fraude o la copia de trabajos científicos, y las razones justificadas o no de quienes lo practican. Al final el autor no nos da una solución concreta a este problema endémico y se conforma con dejar abierto el debate que nos insta como lectores a adoptar una posición frente a esta práctica deshonesta.

Cuando redactemos un texto argumentativo, así como este autor, intentaremos persuadir o convencer a nuestros lectores para no sólo alcanzar nuestros objetivos sino demostrar que tenemos razón. Una manera fácil de generar ideas sobre temas controversiales o asuntos polémicos es mediante las seis preguntas básicas que nos ayudan a obtener datos y hechos relacionados con el tema o asunto sobre el que queremos argumentar.

¿Qué?	tema o asunto del que queremos persuadir al lector
¿Por qué?	motivos por los que se presenta una situación dada
¿Quién?	gente relacionada con el tema o asunto
¿Dónde?	espacio en el que tiene lugar o se lleva a cabo este asunto
¿Cuándo?	fecha en que tiene lugar este tema o asunto
¿Cómo?	modo en que se presenta medidas y soluciones para resolverlo

Una vez identificado un tema o asunto, escogemos aquellas palabras que se relacionen mejor con el tema y ampliamos la información, respondiendo a cada una de

[2] Utilice la hoja de revisión del párrafo (véase apéndice 5, p. 233).

las seis preguntas. Por ejemplo, en el círculo científico se suele hablar de la desigualdad entre géneros que desfavorece sobre todo a la mujer. Podemos comenzar viendo qué preguntas pueden generar más ideas sobre el tema en un mapa de ideas. Al hacerlo iremos anotando todas las ideas que surjan en torno de cada pregunta, algunas de las cuales quizá requerirán una búsqueda de información para poder apoyarlas.

Diagrama 6.1

Dependiendo del tema o asunto, decidiremos con cuáles de las preguntas trabajaremos a partir de las respuestas que hayamos anotado, seleccionando aquellas que nos parezcan más interesantes o adecuadas para el desarrollo de nuestro texto o ensayo.

ACTIVIDAD 6.12

Piense en los beneficios y los inconvenientes de financiar la investigación científica de universidades o centros de estudio. Utilice el siguiente diagrama para generar ideas a partir de las seis preguntas, las cuales puede repetir o adaptar como en el modelo anterior. Mientras lo hace, intente responder a cada pregunta relacionada con el tema. Cuando haya terminado, compare el diagrama con el de uno de sus compañeros y, si es necesario, añadan más respuestas a cada una de las preguntas.

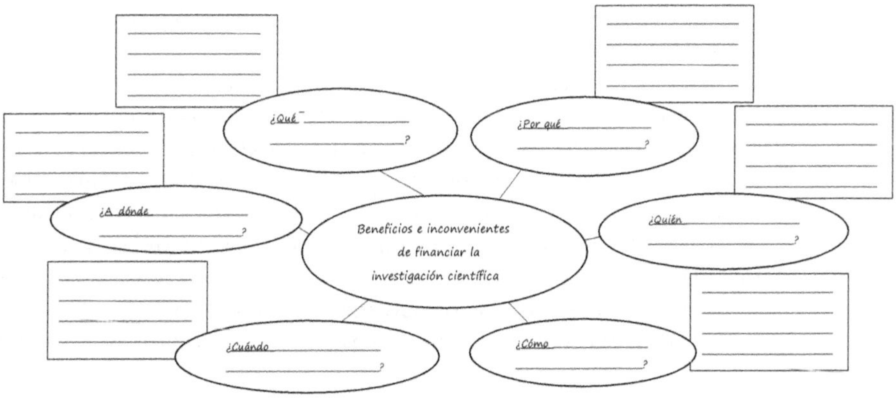

Estructura de textos

Textos argumentativos

En medio de una charla es muy común que, al dar nuestra opinión sobre algún tema de controversia, intentemos convencer o persuadir a quienes nos escuchan. Al escribir un texto argumentativo también aportamos razones que apoyan ideas u opiniones sobre un tema determinado con la finalidad de persuadir al lector de nuestro particular punto de vista. Por ejemplo, en el artículo sobre la falsificación científica, como hemos visto, Javier Tejada Palacios, basado en su experiencia como docente y científico, presenta una serie de argumentos persuasivos con los que intenta convencernos de que también en el círculo científico anida la corrupción generada por la "publicacionitis" de las revistas científicas (véase p. 182) que sólo buscan publicitarse al máximo, obteniendo así no sólo prestigio sino también altos beneficios pecuniarios.

Luego, cualquier problemática dada o tema controversial serio y debatible se basará en argumentos lógicos y convincentes apoyados por datos, ejemplos, comentarios u opiniones de un experto. Así pues, si volvemos al ejemplo de Tejada Palacios, tanto quienes adoptan la misma postura que él como los que se oponen a ella, defenderán su punto de vista con hechos relevantes y razonamientos lógicos, pues para cualquier problemática siempre habrá partidarios a favor o en contra.

ACTIVIDAD 6.13

Lea el siguiente artículo sobre los riesgos de la producción de maíz transgénico en México según un estudio científico que a la vez revela la corrupción en la industria biotecnológica. Cuando haya terminado, en parejas o en grupos de tres, respondan a las siguientes preguntas.

Transgénicos, cáncer y corrupción en la ciencia

[1] Gran parte del maíz transgénico que Monsanto y otras empresas presionan para plantar en millones de hectáreas en México es el tipo que provocó cáncer y otros daños a la salud (hígado y riñones, infertilidad, muerte prematura) en ratas de laboratorio, según un reciente estudio científico en Francia. El estudio ha sido objeto de muchos reconocimientos científicos y también cuestionamientos. Pese a que las críticas vienen de científicos ligados a la industria transgénica, es muy saludable que se discuta este y cualquier otro experimento científico. Lo que es enfermo y no se justifica en ningún escenario es que mientras tanto, se autorice la siembra y consumo de maíz transgénico, sometiendo a la población a esos riesgos.

[2] Si el gobierno aprueba esas solicitudes, México, por ser uno de los países de más alto consumo de maíz del mundo —comemos maíz cada día, durante toda la vida— se transformará en un gigantesco experimento de las transnacionales, las mujeres, niños y hombres seremos sus ratas de laboratorio. Si comparamos en extensión de vida, el cáncer y otros problemas empezarían a aparecer después de varios años de consumo —probablemente antes en los niños.

[3] Las solicitudes son para Sinaloa y Tamaulipas, estados que como explicó Ana de Ita (*La Jornada*, 16/10/12), proveen de maíz a la ciudad de México y otras, por lo que el perverso experimento comenzaría masivamente apenas 6 meses después que se plantara ese maíz. Por ello crece la alerta en las ciudades tanto como en el campo, exigiendo que no se apruebe ningún maíz transgénico.

[4] El estudio en Francia mostró resultados tan graves, que se ha convertido en un caso paradigmático, tanto sobre los riesgos de los transgénicos, como por revelar la corrupción de científicos y agencias reguladoras, mostrando que el sistema que usan para evaluación de riesgos es altamente deficiente.

[5] En septiembre 2012, Gilles-Eric Séralini y su equipo de la Universidad de Caen, Francia, publicaron los resultados de alimentar durante dos años a ratas de laboratorio con maíz transgénico NK603, resistente al herbicida Roundup, mostrando que produjo tumores cancerígenos y otros daños severos en ratas. Es el estudio más amplio que se ha realizado a nivel mundial y la revista que lo publicó, la más prestigiada en el tema de toxicología en alimentos.

[6] Séralini usó el mismo tipo de ratas y la misma metodología que había usado Monsanto con el maíz NK603, pero empleó un mayor número de ratas y prolongó el estudio durante toda la vida de éstas, mientras Monsanto lo interrumpió a los tres meses. Pero Monsanto afirmó que las ratas no tuvieron problemas y basada en sus datos, la EFSA (Autoridad Europea de Seguridad Alimentaria) declaró que el maíz era seguro para el consumo. Curiosamente, los síntomas de daño aparecieron a partir del cuarto mes, lo que cuestiona el período de tres meses que usó Monsanto, aceptado por la EFSA, que ha sido objeto de muchas denuncias —incluyendo a la Corte Europea de Auditores— por sus relaciones incestuosas con la industria de transgénicos, de alimentos y de agrotóxicos, incluyendo haber eliminado informes críticos (como hizo con otro maíz transgénico en 2005) y que la mayoría de los científicos que cita y con quien trabaja en temas cruciales de riesgo sobre la salud, tienen conflicto de intereses. (Ver detalles en Corporate Europe Observatory.)

[7] Apenas publicado el estudio de Séralini, un centro de relaciones públicas financiado por la industria biotecnológica y otras industrias contaminantes, que se hace llamar Science Media Centre (SCM), compiló citas de científicos que cuestionaban el estudio de Séralini, alegando problemas de metodología, que las ratas usadas tienden a desarrollar tumores, que eran pocas, que hay animales alimentados con maíz transgénico a nivel industrial pero no se reportan tumores (ocultando que ni los buscan ni el caso es comparable por ser períodos de vida mucho más cortos). En pocas horas científicos ligados a los transgénicos en todo el mundo, incluso en México, repetían como loros los argumentos que les redactó este centro. Varios científicos citados por el SCM tienen vinculación con Syngenta, Monsanto y otras transnacionales de transgénicos. (Ver informe Smelling a corporate rat, 12/12/12, SpinWatch.)

[8] La EFSA se pronunció contra el estudio y exigió a Séralini todos los documentos base del mismo. Séralini demandó que el mismo tipo de documentos debían ser hechos públicos para el estudio sobre NK603 realizado por Monsanto, pero la EFSA se negó, alegando que era información confidencial de la empresa, demostrando sus dobles estándares.

[9] A fin de noviembre, la EFSA publicó su informe, cuestionando la metodología de Séralini y afirmando que no hay que volver a examinar las evaluaciones previas de seguridad sobre el NK603, citando informes de otros países —todos sospechosamente similares. Pero Séralini usó las mismas ratas y la misma metodología que Monsanto, por lo que la conclusión obvia es que la metodología de Monsanto está errada, y por tanto se debe retirar del mercado todo lo que contenga maíz transgénico. Séralini publicó un nuevo artículo que contesta todos los cuestionamientos.

[10] Pese a que el tema es mucho más grave para México, la comisión de bioseguridad (Cibiogem) sólo publica la versión de EFSA, ignorando otros informes científicos que apoyan a Séralini, sus respuestas, e incluso a otras agencias gubernamentales, como la ANSES, Francia. Los científicos de Cibiogem y sus organismos deben declarar sus conflictos de interés y por qué eliminan los datos críticos a los transgénicos.

Silvia Ribeiro (investigadora del Grupo ETC), "Transgénicos, cáncer y corrupción en la ciencia", *La Jornada*, diciembre 2012. Disponible en: <www.jornada.com.mx/2012/12/15/opinion/025a1eco>.

1. ¿A quién ataca la autora Silvia Ribeiro en el artículo sobre maíz transgénico?
2. ¿En qué estudio se basa para lanzar sus ataques?
3. ¿De quién defiende los derechos la autora Silvia Ribeiro?
4. ¿Qué tipo de información emplea para apoyar sus argumentos?

Estructura de textos argumentativos

En un ensayo argumentativo, se suelen emplear estructuras parecidas a las de los textos expositivos vistas en capítulos anteriores, dependiendo del tema que se trate. Así, por ejemplo, Ribeiro desarrolla en su artículo párrafos sobre causa y efecto que se combinan con párrafos sobre comparación y contraste. Sin embargo, el propósito fundamental del texto argumentativo es refutar argumentos opuestos. De este modo, el objetivo de Ribeiro, o de cualquier otro escritor, será convencer al lector de que tiene razón, y de que su oponente está equivocado, o de que por lo menos vale la pena tomar en cuenta su punto de vista.

Si analizamos la estructura de la lectura anterior, veremos que cada uno de los párrafos del cuerpo principal desarrolla un argumento que apoya el tema central, en este caso, la corrupción generada por la industria transgénica. El conjunto de argumentos de cada párrafo apoya la tesis del ensayo que, en este caso, plantea el riesgo que corre la población mexicana que consume productos transgénicos. Dentro de ese conjunto, Ribeiro incluye un contraargumento que parece contradecir el resto de los argumentos. En efecto, en el párrafo [7] de este mismo artículo la autora parece refutar los argumentos previos, cuestionando la validez del estudio de Séralini con los resultados de otros estudios pagados por la industria biotecnológica. Con esta contraargumentación se busca reforzar la tesis central y reconocer el punto de vista en conflicto; sin embargo, al final el resto de la argumentación demuestra (véase párrafo [9]) que la tesis de Ribeiro es mucho más válida. Obviamente, la colocación del párrafo de contraargumentación dentro del cuerpo principal dependerá del orden que el autor le quiera dar al texto en conjunto.

ACTIVIDAD 6.14

Lea cuidadosamente el párrafo [7] y subraye toda la información que crea que sirve como contraargumento en relación con el resultado obtenido en el estudio de Séralini. Cuando haya terminado, compare la información subrayada con la del compañero de al lado.

> [7] Apenas publicado el estudio de Séralini, un centro de relaciones públicas financiado por la industria biotecnológica y otras industrias contaminantes, que se hace llamar Science Media Centre (SCM), compiló citas de científicos que cuestionaban el estudio de Séralini, alegando problemas de metodología, que las ratas usadas tienden a desarrollar tumores, que eran pocas, que hay animales alimentados con maíz transgénico a nivel industrial pero no se reportan tumores, (ocultando que ni los buscan ni el caso es comparable por ser períodos de vida mucho más cortos). En pocas horas científicos ligados a los transgénicos en todo el mundo, incluso en México, repetían como loros los argumentos que les redactó este centro. Varios científicos citados por el SCM tienen vinculación con Syngenta, Monsanto y otras transnacionales de transgénicos. (Ver informe Smelling a corporate rat, 12/12/12, SpinWatch.)

El siguiente esquema presenta la estructura que se suele emplear en el desarrollo de textos o ensayos argumentativos.

Estructura del texto argumentativo

- Párrafo introductorio	Planteamiento de la problemática y tesis.
- Párrafo 2	Explicación y ampliación sobre la problemática en caso de que sea necesario.
- Párrafo 3	Primera argumentación exponiendo causas o efectos, comparaciones, etc.
- Párrafo 4	Segunda argumentación proporcionando ejemplos o datos relevantes sobre la problemática.
- Párrafo de contraargumentación	Argumentos del oponente y desarrollo de contraargumentación.
- Párrafo de cierre o conclusión	Resumen y planteamiento de posibles acciones, soluciones o predicción de resultados.

Consejo práctico:
Para el desarrollo de textos o ensayos argumentativos nos podemos valer de diferentes tipos de conectores con los que no será más fácil organizar nuestras ideas dentro del texto. Los usamos sobre todo para indicar al lector cómo va avanzando la argumentación entre cada párrafo. Se sugiere utilizarlos con discreción, alternarlos según el tipo de argumentación y emplearlos con moderación.

Conectores empleados en la argumentación de textos		
Presentación del tema	Primer argumento	Segundo argumento
- *Comencemos por*	- *En primer lugar*	- *Después*
Otros argumentos	Poner en relieve	Citar a alguien
- *Asimismo*	- *Conviene destacar (que)*	- *Como dijo X...*
Contraargumentar	Resumir lo expuesto	Conclusión
- *Ahora bien*	- *Así pues*	- *Concluyendo*

ACTIVIDAD 6.15

Ahora intente clasificar, según su función dentro del texto, el resto de los conectores que aparecen en el siguiente recuadro.

Por un lado / Podemos añadir / En conclusión / En primer lugar / aunque / para seguir / y que conste que ... / Para empezar / En síntesis / pero / No hay que olvidar ... / La verdad es que ... / En pocas palabras / En tercer lugar / A pesar de lo que dijo X opinamos que ... / encima / X hace notar que ... / Para terminar / Finalmente / pese a que / con todo / por otra parte / vamos a hablar de / Cabe agregar / Resumiendo / Cabe subrayar / Vamos a ver cómo ... / Por una parte / concluyendo / Empecemos por / Es más / X nos dice que / por otro lado / En resumen / Para concluir / En segundo lugar / X opina que ... / He de hacer notar que / como afirma X / Sin embargo / En contra de la teoría de X yo opino que ... / aun así

ACTIVIDAD 6.16

El autor del siguiente artículo cuestiona de manera bastante sorprendente los derechos de autor y la práctica del plagio. Lea con detenimiento el texto, tratando de identificar la función que realiza cada párrafo y el modo en que cada uno apoya la argumentación del autor. Pero antes de leerlo, échele un vistazo a las preguntas que aparecen bajo el artículo como guía de análisis y, luego de haber leído el texto, respóndalas.

A favor del plagio

[1] Yo no tengo nada contra el plagio. Ustedes, como lectores, seguramente tampoco. Bueno, tal vez prejuicios. Es lógico que los tengan con tanto artículo condenándolo. Hasta ahora, que yo sepa, nadie ha escrito para defenderlo. Los que sí tienen algo, parece ser, son los autores. Una minoría, al fin y al cabo. Ya sé que hay que respetar el derecho de las minorías, pero el asunto del plagio, como tantos otros, deberíamos examinarlo con más detalle, y preguntarnos, por ejemplo, ¿por qué se molestan tanto los autores cuando les plagian? ¿En nombre de qué?, sería también una buena pregunta. No me irán a decir a estas alturas que en nombre de la comunidad científica. A fin de cuentas, el plagio beneficia la difusión de la ciencia. Los autores se molestan en nombre propio. Naturalmente tienen su derecho, no se lo vamos a discutir, pero ¿no demuestra eso cierto narcisismo impropio de un científico? ¿La ciencia no es de todos?, como suelen decir en otras ocasiones. Pues entonces hay que predicar con el ejemplo. Además, ¿es que su artículo es realmente tan original como pretenden? ¿Que sale perjudicada la credibilidad científica? Todo lo contrario, diría yo. Frente a estas pequeñas molestias que el plagio puede ocasionar a un grupo minoritario, y no muy bien avenido todo hay que decirlo, las ventajas son enormes como vamos a tratar de demostrar. Y en cuanto a los que sacan a relucir los derechos de autor a la menor oportunidad, yo les diría sencillamente, ¿acaso un autor no tiene derecho a que se le plagie?

[2] El plagio, como indicador bibliométrico de visibilidad sería mucho más fiable que el dudoso factor de impacto bibliográfico. Nada de "*este artículo ha sido citado tantas veces*", sino: "*este artículo ha sido plagiado tantas veces*". El problema residiría sólo en los plagios de plagios y quizás en los autoplagios, más frecuentes de lo que se imagina. Pero sobre todo en que, reconozcámoslo, hay muchos plagios bastante mejores que los originales. Bastaría creo yo con una fórmula estadística para ponderar este tema.

[3] Por otro lado, el plagiario puede muy bien colocar su plagio en una revista mejor que aquella en que se publicó el artículo original, con el consiguiente beneficio lógico tanto para el autor como para la difusión de su trabajo. De modo que en este caso también deberíamos estar agradecidos de que se nos plagiase. A fin de cuentas, ¿quién se tomaría la molestia de plagiar un mal artículo? Para eso lo escribimos nosotros mismos. Y se me ocurre que lo mismo que hay revistas de resúmenes, podrían crearse revistas de plagios, revistas que sólo publicaran plagios. Autoplagios, revisiones de plagios, plagios sistemáticos. No les faltarían suscriptores. Tampoco colaboradores. El plagio evitaría además que se escribieran muchos artículos superfluos. No hace falta insistir en el hecho de que el móvil de gran cantidad de artículos es la publicación. De modo que si de lo que se trata es de publicar, ¿qué mejor que plagiar un buen artículo?

[4] Cuando una práctica se convierte en algo habitual conviene, si no legalizarla, al menos regularla. Así que yo al plagio, una práctica tan beneficiosa como hemos podido ver, sólo le pondría una condición: que el autor del plagio lo declarara expresamente después del título del artículo. Sugiero aquí varias fórmulas para su estudio, que yo creo que se podrían incluir en próximas ediciones de los *Requisitos de uniformidad*, y no esas naderías de un punto más o menos que lo único que consiguen es desacreditarlos. Fórmulas como, por ejemplo: "*Este artículo es un plagio descarado del artículo tal o cual, publicado originalmente en la revista tal o cual*"; quien prefiera el clásico y coloquial "*fusilado*", pues eso: "*Artículo fusilado, etc., etc.*". O bien, como alternativa, en la sección de agradecimientos incluir un párrafo que dijera más o menos lo siguiente: "*Los autores del plagio agradecen a los autores originales su artículo sin el cual el nuestro no habría sido posible*". También aconsejaría que se evitara en lo posible plagiar malos artículos. Yo creo que no vale la pena. Aunque ya sé que si plagiamos un mal artículo hasta puede parecer que lo hemos escrito nosotros, pero créanme, no beneficiamos a nadie. Hasta las malas prácticas hay que hacerlas bien.

[5] Por lo demás hay mucha hipocresía en esto del plagio. Les contaré una anécdota para terminar, apócrifa, pero solo en cuanto a los detalles. Seguro que ustedes conocen otras similares. Un veterano investigador, perfectamente sobrio por lo demás, le cuenta a un colega a propósito de un antiguo artículo suyo: "*lo fusilé del Nature, no se dieron ni cuenta*". "*No me digas,* contesta asombrado el colega, *¿cómo es posible?*" Pero no está pensando ni mucho menos "*¡cómo puedes ser tan chorizo!*", no, está pensando: "*¡cómo puede haber editores tan estúpidos!*". Claro que, dirán ustedes con razón: ¿y quién no ha plagiado alguna vez en su vida? A fin de cuentas, en la universidad no nos enseñan otra cosa. No lo llaman así, claro, lo llaman metodología de investigación, pero todo el mundo sabe de lo que se trata.

Nota: El autor de este artículo autoriza su plagio siempre y cuando se mencione expresamente, y en lugar bien visible, la procedencia del mismo.

Manuel Arranz, "A favor del plagio", *Gestión clínica y sanitaria*, 7:2 (2005), pp. 73–74. Disponible en: <http://pepsic.bvsalud.org/pdf/cnps/v1n2/v1n2a07.pdf>.

1. ¿Cuál es la idea principal del artículo?
2. ¿Cuál es la opinión real de Manual Arranz sobre el plagio?
3. ¿Por qué Arranz pide como única condición que "el autor del plagio lo declarara expresamente después del título del artículo"?
4. ¿Qué estructuras de texto (orden de importancia, causa–efecto, comparación y contraste, etc.) reconoce dentro de este artículo?
5. ¿Ha notado si el autor recurre a la contraargumentación dentro del texto? Si lo hace, indique el párrafo en donde aparece.
6. ¿Reconoce alguno de los conectores que aparecen en el recuadro de consejo práctico?

Desarrollo de habilidades básicas de investigación

Selección y uso de información de fuentes externas, tercera parte

En la sección sobre la estructura de textos argumentativos (véase pp. 188–189), hemos mencionado que dentro de la estructura se suele introducir un contraargumento con el que se busca reforzar la tesis. Una manera de hacerlo es mediante la inclusión de fuentes con las que no estamos de acuerdo, pero cuya mención nos ayuda a reconocer el punto de vista en conflicto con el que interactuaremos, intentando demostrar que está equivocado. En pocas palabras, cuando mencionamos que las opiniones o comentarios de una fuente externa son erróneos, estaremos poniendo en práctica la refutación de una fuente dentro de un contraargumento.

En cuanto a las técnicas de estilo, las refutaciones suelen contener los mismos elementos que las citas en los textos expositivos, es decir, inclusión de *citas directas, citas dentro del texto*, verbos declarativos, etcétera (véase pp. 13–15). Sin embargo, es necesario que expresemos las ideas de la fuente en conflicto, confrontándolas con nuestra opinión mediante conectores que expresen contraste o contradicción (véase capítulo 3, pp. 87–88). Recordemos que la finalidad de refutar es demostrar que la fuente externa está equivocada.

ACTIVIDAD 6.17

Observe los siguientes ejemplos en los que se refuta la misma fuente externa y resalte con un rotulador de color la idea de la fuente y la refutación del escritor, y encierre la cita en un círculo. Luego, subraye el conector o conectores que expresen contraste o contradicción.

1. La revisión de Snell et al. (2012) considera que el estudio de Séralini no logra demostrar los daños que el consumo de productos transgénicos podría ocasionar. Sin embargo, otros estudios realizados por encargo de la industria transgénica también deberían ser rigurosamente examinados por el bien de la salud de todos los consumidores.
2. Si bien Snell et al. (2012) sugieren que el estudio de Séralini es insuficiente para demostrar los daños por el consumo de productos transgénicos, la verdad es que otros estudios similares realizados por encargo de la industria transgénica deberían ser revisados de nuevo por el bien de la salud de todos los consumidores.

Obra citada

Snell, C., Bernheim, A., Bergé, J.-B., Kuntz, M., Pascal, G., Paris, A. y Ricroch, A. E. "Assessment of the Health Impact of GM Plant Diets in Long-Term and Multigenerational Animal Feeding Trials: A Literature Review", *Food and Chemical Toxicology* 50 (2012), pp. 1134–1148.

ACTIVIDAD 6.18

Siguiendo el modelo de las dos citas en la actividad 6.17, redacte su propia versión, empleando cualquiera de los verbos o frases que aparecen en el siguiente recuadro. Cuando haya terminado, compare el resultado con el de su compañero de al lado.

A continuación, aparece una lista con algunos verbos y frases que podemos emplear para refutar una fuente externa:

- aclara - aconseja - advierte - afirma	- censura - desmiente - discrepa - difiere	- disiente - diverge - exhorta a - insiste	- rechaza - refuta - reprocha - revela	- aunque . . . - en mi opinión - es más - incluso	- para mí . . . - pero también - sin embargo, - sin lugar a duda

Principios básicos de redacción de textos

Desarrollo de la habilidad escrita

Redacción de textos o ensayos argumentativos

En los capítulos anteriores hemos trabajado con textos o ensayos expositivos cuyo propósito principal ha sido explicar o analizar hechos, causas, soluciones, etcétera. En este último capítulo, el tipo de ensayo que veremos tendrá como propósito convencer o persuadir al lector sobre un tema que plantee una problemática sujeta a discusión.

En efecto, solemos discutir cuando no compartimos la misma opinión que los demás. Así, cada uno de nosotros defiende su opinión personal con una serie de razones que la justifique. Sin embargo, siguiendo el refrán que los padres suelen repetir a sus hijos: "en la mesa no se habla de política, ni de fútbol ni de religión", es preferible evitar argumentar sobre temas relacionados con el partidismo político, gustos o aficiones o creencias religiosas, pues de algún modo se alejan del tipo de argumentos que podemos tratar de manera efectiva y lógica en un ensayo argumentativo.

Cuando defendemos nuestra opinión sobre una problemática dada con argumentos lógicos, buscamos evidencias como datos, ejemplos, hechos, opiniones de expertos o razonamientos lógicos que los apoyen. Por ejemplo, en el artículo sobre el riesgo de productos transgénicos, en el párrafo introductorio, Silvia Ribeiro argumenta que no se debería autorizar la siembra y el consumo de maíz transgénico, tomando en cuenta los resultados del estudio científico realizado por el grupo del experto francés Gilles-Eric Séralini (véase pp. 186–187), quien cuestiona las dudosas prácticas comerciales de la industria biotecnológica. En este caso, Ribeiro sostiene su argumentación mediante la opinión de expertos que forman dos grupos, uno a favor y otro en contra de los riesgos que supone la producción de maíz transgénico.

ACTIVIDAD 6.19

Vuelva al diagrama de la actividad 6.12 y, de entre las seis preguntas que haya generado, escoja las que le parezcan más importantes o en relación más directa con el tema sobre los beneficios e inconvenientes de financiar la investigación científica. Luego, busque información al respecto en la red y compárela con la que haya generado en el diagrama.

La tesis en textos argumentativos

A diferencia de los capítulos anteriores, la tesis de un texto o ensayo argumentativo no puede limitarse exclusivamente a presentar hechos. Este tipo de tesis debe transmitir una opinión que indique claramente un punto de vista en relación con una problemática dada. En el caso del artículo anterior, la postura de Ribeiro frente al problema del consumo de maíz transgénico se refleja claramente en el enunciado de la tesis, con lo que consigue establecer un particular punto de vista sujeto a debate, ya que no todos los lectores estarán necesariamente de acuerdo con ella. Así pues, cuanto más debatible sea el tema que trate un ensayo o texto argumentativo más atractivo será para el lector. Analicemos con más detalle el párrafo introductorio del artículo de Silvia Ribeiro:

> [1] Gran parte del maíz transgénico que Monsanto y otras empresas presionan para plantar en millones de hectáreas en México, es el tipo que provocó cáncer y otros daños a la salud (hígado y riñones, infertilidad, muerte prematura) en ratas de laboratorio, según un reciente estudio científico en Francia. El estudio ha sido objeto de muchos reconocimientos científicos y también cuestionamientos. Pese a que las críticas vienen de científicos ligados a la industria transgénica, es muy saludable que se discuta este y cualquier otro experimento científico. Lo que es enfermo y no se justifica en ningún escenario es que mientras tanto, se autorice la siembra y consumo de maíz transgénico, sometiendo a la población a esos riesgos.

Como podemos ver, Ribeiro proporciona información valiosa con relación al riesgo del consumo de maíz transgénico. Todos estos datos sirven para apoyar la tesis con la que intenta convencernos, como lectores, sobre la validez de sus argumentos. Esta información también se presenta a manera de ideas de apoyo que la autora desarrolla lógicamente a lo largo del cuerpo del artículo. En este mismo párrafo Ribeiro introduce la tesis que, apoyada en los resultados del estudio del grupo francés, abre un constructivo debate: "El estudio ha sido objeto de muchos reconocimientos científicos y también cuestionamientos. Pese a que las críticas vienen de científicos ligados a la industria transgénica, es muy saludable que se discuta este y cualquier otro experimento científico." Pero, Silvia Ribeiro no sólo abre el debate, sino que también aprovecha la ocasión para denunciar la autorización por parte del Estado de la siembra y comercialización de este producto transgénico a pesar de los riesgos que conlleva su consumo. Si toda esta información no es suficiente para persuadir a todos los lectores sobre este riesgo, por lo menos lo es para que muchos de ellos consideren su punto de vista.

En cuanto a la redacción de una tesis argumentativa, como acabamos de ver, ésta suele establecer una postura frente a la problemática y ofrecer posibles soluciones que podemos expresar mediante la perífrasis modal deber, ya sea de manera directa o implícita. Considere, por ejemplo, la tesis que aparece en el párrafo introductorio del artículo de Manuel Arranz (véase p. 190):

> Ya sé que hay que respetar el derecho de las minorías, pero el asunto del plagio, como tantos otros, deberíamos examinarlo con más detalle, y preguntarnos, por ejemplo, ¿por qué se molestan tanto los autores cuando les plagian? ¿En nombre de qué?, sería también una buena pregunta.

Aunque muchos lectores no estén de acuerdo con Arranz, la tesis argumentativa "el asunto del plagio deberíamos examinarlo con más detalle, y preguntarnos . . ." capta la atención del lector deseoso de saber si, con sus argumentos, el autor puede persuadirlo de que tiene razón. Si lo logra, este mismo lector debe ser cauteloso al interpretar el agudo tono irónico empleado por Manuel Arranz, del que comentaremos más adelante (véase p. 198).

ACTIVIDAD 6.20

A continuación, aparecen tres temas. Léalos y escriba una tesis argumentativa para cada uno de ellos. Para ello, debe adoptar una posición frente a la problemática y desarrollar ideas de apoyo que la complementen.

1. Desigualdad entre géneros en el círculo científico: el caso de las minorías.
2. Comercialización de productos transgénicos.
3. Reemplazo de humanos por nuevas tecnologías en el mercado laboral.

ACTIVIDAD 6.21

Vuelva a la actividad 6.13 y, a partir del diagrama y la información que haya encontrado en la red, prepare el borrador de una tesis de trabajo para el tema sobre los beneficios e inconvenientes de financiar la investigación científica. Cuando haya terminado, compare su tesis con la de un compañero o en un grupo de tres, y, si lo cree necesario, realice revisiones en función de sus comentarios.

En cuanto a la redacción general del cuerpo del texto, ya hemos sugerido en la sección sobre la estructura de textos argumentativos la inclusión de un contraargumento (véase pp. 188–189) que se base en las opiniones de quienes no están de acuerdo con nuestro punto de vista. Para ello, se sugiere que a partir de la tesis argumentativa se prepare una lista con argumentos a favor y en contra que nos ayude a identificar y entender las posibles opiniones de nuestros detractores. Una vez identificadas, nos será más fácil agrupar argumentos y contraargumentos que nos sirvan para respaldar mejor aún la tesis argumentativa de nuestro ensayo. Pongamos por ejemplo una serie de opiniones a favor y en contra sobre la edad mínima para consumir alcohol:

Se debería cambiar la edad mínima para consumir alcohol

Opiniones a favor	**Opiniones en contra**
a) El consumo moderado de alcohol nos ayuda a afrontar la vida con más optimismo.	a) Su abuso puede llevarnos a la adicción y al consumo de drogas y estupefacientes.
b) Las restricciones de venta de alcohol a menores no impiden que estos lo consigan.	b) Las autoridades deben imponer penas severas a quien vende alcohol a menores.
c) El consumo moderado de bebidas alcohólicas es una buena manera de divertirse sanamente con los amigos.	c) La conducción etílica entre jóvenes es responsable de graves accidentes de tráfico.

ACTIVIDAD 6.22

Ahora, en hoja aparte, prepare una lista de pros y contras para las tesis que haya generado en la actividad anterior. Cuando haya terminado, compare su lista con la del compañero de al lado.

Párrafo introductorio

Para darnos idea de cómo trabajaremos con el párrafo introductorio, volvamos al artículo sobre la falsificación científica de Javier Tejada Palacios (véase pp. 182–183) y analicemos el primer párrafo, en el que desde el inicio el autor nos da antecedentes sobre un escándalo de plagio entre científicos españoles que lo lleva a expresar su opinión al respecto. Al hacerlo, y al igual que en el artículo de Ribeiro, Tejada Palacios establece una tesis argumentativa con la que cuestiona la integridad ética tanto de científicos como de editores de revistas científicas. Analicemos todo el párrafo introductorio que aparece a continuación:

> [1] Escribo este artículo en pleno debate sobre un escándalo generado entre científicos españoles ante el supuesto fraude de los trabajos de uno de ellos. Si dichas acusaciones fueran ciertas, resultaría que sus trabajos publicados, los supuestamente manipulados, han pasado durante años los filtros de máximo rigor de la excelencia científica. El fraude o la copia en la ciencia también se merecen otra lectura: si en la actualidad se falsifican euros, bolsos, medicinas, componentes electrónicos . . . ¿Por qué no los trabajos científicos?

En primer lugar, es importante notar que el autor escribe en primera persona, con lo que asume toda la responsabilidad por la opinión que expresa en su artículo. En segundo lugar, al darnos los antecedentes, consigue plantear la problemática sobre la falsificación científica, esto es, "[los] trabajos publicados, los supuestamente manipulados, han pasado durante años los filtros de máximo rigor de la excelencia científica". En cuanto a la tesis, Tejada Palacios establece un paralelo entre la falsificación de dinero y otros objetos de valor con la falsificación de trabajos científicos, que refuerza con una pregunta retórica que precisamente emplea para cuestionar el estado de cosas entre científicos y editores de revistas científicas: "¿Por qué no los trabajos científicos?" Ahora bien, para mantenernos atentos a lo largo de la lectura, Tejada Palacios se preocupa de que en cada párrafo haya información que nos vaya recordando la tesis desde el comienzo hasta el final del artículo.

ACTIVIDAD 6.23

Con la tesis argumentativa que ha desarrollado en la actividad 6.21, escriba, en hoja aparte, un párrafo introductorio que, dependiendo de la información que haya obtenido de la actividad 6.22, proporcione argumentos persuasivos que apoyen la tesis sobre los beneficios e inconvenientes de financiar la investigación científica.

Párrafo de cierre o conclusión

La redacción del último párrafo de un texto o ensayo argumentativo puede concluir de diferentes maneras. Por ejemplo, en la conclusión del artículo sobre la falsificación científica, la problemática planteada nos viene a la memoria cuando Tejada Palacios nos hace recordar que "[el] debate sobre el futuro de las publicaciones científicas sigue abierto, y continuamente se discute sobre nuevas formas de publicar ciencia y acertar a la hora de seleccionar la excelencia científica" (véase p. 183). Por otro lado, en el párrafo de cierre del artículo sobre el plagio, Arranz concluye con una pregunta retórica que de algún modo refuerza la conexión del lector con el tema, haciéndole recordar en tono irónico los argumentos presentados en el artículo. Analicemos con más detenimiento la conclusión del artículo de Arranz:

> [5] Por lo demás hay mucha hipocresía en esto del plagio. Les contaré una anécdota para terminar, apócrifa, pero sólo en cuanto a los detalles. Seguro que ustedes conocen otras similares. Un veterano investigador, perfectamente sobrio por lo demás, le cuenta a un colega a propósito de un antiguo artículo suyo: "*lo fusilé del Nature, no se dieron ni cuenta*". "*No me digas,* contesta asombrado el colega, *¿cómo es posible?*" Pero no está pensando ni mucho menos "*¡cómo puedes ser tan chorizo!*", no, está pensando: "*¡cómo puede haber editores tan estúpidos!*". Claro que, dirán ustedes con razón: ¿y quién no ha plagiado alguna vez en su vida? A fin de cuentas, en la universidad no nos enseñan otra cosa. No lo llaman así, claro, lo llaman metodología de investigación, pero todo el mundo sabe de lo que se trata.

Apoyándose en una anécdota personal que sintetiza su particular visión del plagio, Arranz comienza este último párrafo haciéndonos buscar en la trastienda de la memoria algún caso parecido al que nos narra: "Seguro que ustedes conocen otras similares." Esta anécdota advierte sobre la desvergüenza de algunos científicos que Arranz utiliza para cuestionar la integridad del lector con la pregunta retórica "¿y quién no ha plagiado alguna vez en su vida?"

Con esta pregunta retórica, Arranz también nos invita a reflexionar sobre todos los argumentos con los que defiende su postura frente al plagio. Por eso, esta pregunta tiene que estar íntimamente ligada con el contexto, en este caso, el mundo académico, para que, cualquiera que sea la respuesta del lector, existan puntos en común con la óptica del autor. Lo más curioso es que, después de esta conclusión, Arranz incluye una nota final con la que hace resaltar aún más el tono irónico de su artículo y nos vuelve a hacer reflexionar sobre la importancia de respetar los derechos de autor: "Nota: El autor de este artículo autoriza su plagio siempre y cuando se mencione expresamente, y en lugar bien visible, la procedencia del mismo".

ACTIVIDAD 6.24

Inspirado en el párrafo introductorio derivado de la actividad 6.23, piense si la tesis argumentativa que ha incluido se presta para insertar una pregunta retórica en un párrafo de cierre o conclusión. Luego, escriba en hoja aparte una conclusión que termine con un comentario que haga reflexionar al lector y que funcione bien con esa introducción.

Abrimos un paréntesis para comentar sobre el tono irónico del artículo "A favor del plagio" de Manuel Arranz (véase pp. 190–191). En primer lugar, diremos que, al revés de lo que solemos pensar, la ironía no es sólo decir lo contrario de lo que se quiere expresar. La ironía nos sirve, más bien, como recurso argumentativo que no sólo empleamos en la redacción de artículos sobre todo de carácter político, sino también en medio de una acalorada discusión entre colegas o amigos al querer persuadirlos mediante contradicciones sobre la verdad de hechos o situaciones dadas con argumentos inversos (Alcaide Lara, 2004[3]). Arranz hace precisamente eso: a lo largo de su artículo ridiculiza la situación actual de la falsificación científica que se ha vuelto un mal tan endémico (véase el artículo de Tejada Palacios, pp. 182–183) que sólo escrito en tono de ironía podría hacer reaccionar a los lectores, generando en ellos un factible rechazo a la práctica del plagio. Ahora bien, dado que la ironía suele tener un carácter sobre todo ofensivo, en el caso de Arranz, un ataque frontal contra los autores de la comunidad científica, recomendamos tener mucho cuidado al utilizarlo, pues si el tono irónico no queda claramente redactado dentro de un texto nos puede conducir al error o a malinterpretaciones, o, peor aún, puede herir la susceptibilidad de aquel a quien hace alusión la ironía.

Criterios de textualidad

Coherencia: *progresión temática*

Dada la dificultad que supone la redacción de textos o ensayos con argumentos persuasivos, conviene repasar el concepto de coherencia como uno de los elementos esenciales de la textualidad. Entendemos por coherencia, la propiedad constituida y atribuida al texto por el lector gracias a su competencia comunicativa. Esta competencia le permite establecer interconexiones entre los segmentos de un texto, incorporándolos en su conocimiento del mundo y en una situación comunicativa dada. Para ello, el lector deberá interpretar el sentido global del texto, activando y actualizando el contexto situacional compuesto por eventos, acciones y personas a los que se hace referencia en el ensayo.

Un recurso textual que ayuda a que el lector interprete adecuadamente un texto es la progresión temática, cuyo propósito consiste en hacer avanzar las ideas de un texto mediante el desarrollo lógico de oraciones y párrafos, evitando contradicciones mediante una planificación rigurosa del escrito. Si observamos cualquiera de los tres artículos con los que hemos trabajado hasta ahora, veremos que todos presentan una progresión lógica que se desarrolla a partir de una tesis que se justifica mediante argumentos apoyados por datos, comentarios, ejemplos, etcétera.

Un buen ejemplo es el artículo sobre la falsificación científica de Javier Tejada Palacios, cuya tesis intenta demostrar que hoy en día no es raro que se copien o falsifiquen los trabajos científicos como se hace con otros objetos de valor. Desde los primeros párrafos, el autor inicia la progresión temática, centrándose en el papel que juegan las revistas científicas que buscan a toda costa aumentar el número de publicaciones en detrimento de la calidad de los trabajos científicos. Ahora bien, como Tejada Palacios quiere mantener la atención constante del lector, en el cuarto párrafo decide prepararlo con una serie de preguntas que le ayudarán a darle más sentido al desarrollo lógico de los demás argumentos. Analicemos el párrafo completo:

[3] Esperanza Alcalde-Lara, "La ironía: Recurso argumentativo en el discurso político", *RILCE: Revista de filología hispánica*, 20:2 (2004), pp. 169–189.

[4] Para entender mejor lo que —supuestamente— ha ocurrido, me centraré en algunos interrogantes muy concretos: ¿Por qué estos desatinos en un mundo en el que debería prevalecer la honestidad científica? ¿Cómo se llega a falsificar lo que se descubre en el arco de la ciencia? Y, ¿cuáles son los beneficios de publicar mucho, independientemente de la calidad real del contenido?

En efecto, gracias a las tres preguntas planteadas por el autor, se logra mantener la progresión temática en los demás párrafos que componen el artículo, desarrollando sucesivamente las respuestas de *por qué* se falsifican trabajos científicos, *cómo* lo hacen y *cuáles* son los beneficios que obtienen tanto autores como revistas científicas que se atreven a publicar tales falsificaciones.

Luego, la progresión temática se obtiene mediante una estructura que comienza con una tesis de la que se desprenden diferentes argumentos que la justifican. El desarrollo analítico de cada argumento contendrá razonamientos lógicos apoyados por hechos y observaciones que nos permitirán llegar a una conclusión.

ACTIVIDAD 6.25

Lea de nuevo el artículo de Arranz (véase pp. 190–191) e intente descubrir todos los párrafos que sirven para darle progresión temática al texto. Recuerde que se trata de ver que la información contenida en cada párrafo presente una coherencia lógica que mantenga constantemente la atención del lector.

ACTIVIDAD 6.26

Vuelva a las actividades 6.21 y 6.22 e intente desarrollar un párrafo que busque mantener la atención del lector con dos o tres preguntas que expliquen los beneficios e inconvenientes de financiar la investigación científica. Cuando haya terminado, compare su párrafo con el de un compañero o en grupos de tres, y, si lo cree necesario, realice revisiones en función de sus comentarios.

Estructuras gramaticales

La oración subordinada circunstancial

De igual modo que en capítulos anteriores nos hemos referido a las oraciones subordinadas adjetivas o de relativo y a las oraciones subordinadas sustantivas, en este capítulo abordaremos el tercer tipo de oraciones subordinadas, llamadas circunstanciales (OSC).

Las OSC son aquellas que efectúan la función de complemento circunstancial en la oración, es decir que funcionan como un adverbio que califica la acción del verbo.

Las oraciones subordinadas circunstanciales se clasifican en tres grupos: adverbiales, comparativas y de conexión lógica. Las OSC **adverbiales** son aquellas que pueden sustituirse por un adverbio de lugar, tiempo o modo. Las OSC **comparativas** establecen una comparación y están subordinadas a un adverbio cuantificador (*tan, tanto, más, menos, mejor, peor, mayor, menor*) o determinativo cuantificador (*tanto/a/os/as*). Las OSC de **conexión lógica** presentan una relación lógica con la oración principal a través de nexos que determinan su tipo (causales, finales, concesivas, condicionales y consecutivas). En la siguiente tabla aparecen algunos ejemplos de todos estos tipos de OSC.

OSC adverbiales
Publicaremos donde el director nos recomiende. → Publicaremos allí. *OSC* *adverbio de lugar*
Los resultados se presentarán cuando estén listos. → Los resultados se presentarán entonces. *OSC* *adverbio de tiempo*
Duplicaron el estudio como señalaba el original. → Duplicaron el estudio así. *OSC* *adverbio de modo*
OSC comparativas
Los plagios son *más* frecuentes *que* en años anteriores. *OSC-comp.*
Pareciera que el rigor científico es *menos* importante *que* el número de publicaciones. *OSC-comp.*
El estudio original fue *tan* comentado *como* el que replicó sus resultados. *OSC-comp.*
Hay *tantos* detractores *como* defensores del modelo actual. *OSC-comp.*
OSC de conexión lógica
Se publican muchos artículos científicos *porque* hay una gran demanda. *OSC-causal*
Presentará el informe *para que* lo examine el comité. *OSC-final*
Aunque ha habido fraudes, muchos niegan el problema. *OSC-concesiva*
Si no se actúa con firmeza, el problema será cada vez mayor. *OSC-condicional*
Hay *tales* presiones económicas *que* muchos científicos pierden objetividad. *OSC-consecutiva*

En este capítulo, nos enfocaremos en tres tipos particulares de OSC de conexión lógica: causales, finales y condicionales.[4]

OSC causales

Las OSC causales son oraciones subordinadas que expresan el motivo, causa o razón de lo que se enuncia en la oración principal. Pueden reemplazarse por categorías nominales como sustantivos y pronombres, de ahí que se las considere oraciones sustantivas de complemento circunstancial.

[4] La explicación y ampliación sobre todos los tipos de oraciones subordinadas circunstanciales puede consultarse en la página web del libro.

Fue reconocido *porque* propuso un método novedoso. → Fue reconocido por eso. OSC-causal preposición + pronombre
En este ejemplo, la OSC causal original ha podido sustituirse por una categoría nominal formada, en este caso, por un pronombre (*eso*) precedido de preposición (*por*).

Los nexos que introducen a este tipo de OSC son las conjunciones *porque*, *pues* y *como*, así como las locuciones conjuntivas *ya que*, *puesto que*, *dado que*, *en vista de que*, entre otras.

Publicar es importante *porque* difunde el conocimiento. OSC-causal	La OSC causal es introducida por el nexo *porque*, y así expresa el motivo de lo que se enuncia en la oración principal (*Publicar es importante*).
Hubo un escándalo, *pues* se detectó plagio. OSC-causal	En este ejemplo, la OSC causal es introducida por el nexo *pues*, y de esta forma expresa el motivo de lo que se enuncia en la oración principal (*Hubo un escándalo*).
Como el artículo era novedoso, decidieron publicarlo. OSC-causal	Aquí, la OSC causal se vincula con la principal a través del nexo *como*, expresando de esta manera el motivo de lo enunciado en la oración principal (*decidieron publicarlo*).
Ya que no hay fondos, se aceptan patrocinios privados. OSC-causal	En este otro ejemplo, la OSC causal es introducida por el nexo *ya que*, y de este modo expresa el motivo de lo que se enuncia en la oración principal (*se aceptan patrocinios privados*).
El problema debe discutirse *puesto que* es grave. OSC-causal	El nexo *puesto que* introduce a la OSC causal, misma que así puede expresar el motivo de lo enunciado en la oración principal (*El problema debe discutirse*).
Se publica mucho *dado que* hay una gran presión. OSC-causal	En este ejemplo, la OSC causal aparece introducida por el nexo *dado que*, con lo cual expresa el motivo de lo que se enuncia en la oración principal (*Se publica mucho*).
En vista de que no hubo resultados, se canceló el estudio. OSC-causal	Aquí, la OSC causal es introducida por el nexo *en vista de que*, y de este modo expresa el motivo de lo que se enuncia en la oración principal (*se canceló el estudio*).

Existen también OSC causales que aparecen con una estructura que admite el infinitivo, el gerundio y el participio cuando el sujeto es el mismo en la oración principal y en la subordinada. Así, la preposición *por* y las locuciones *de tanto* y *a fuerza de* aparecen seguidas de infinitivo.

Por publicar mucho, ha cometido errores. OSC-causal	En este ejemplo, la OSC causal está constituida por un infinitivo (*publicar*) que aparece precedido de la preposición *por*. El sujeto es el mismo (*él, ella*) tanto en la principal como en la subordinada.
Obtuve el financiamiento *de tanto* insistir. OSC-causal	Aquí, la OSC causal está encabezada por la locución *de tanto* seguida de un infinitivo (*insistir*), siendo el mismo sujeto (*yo*) en la oración principal y en la subordinada.
A fuerza de estudiar, se volvieron especialistas. OSC-causal	En este otro ejemplo, la locución *a fuerza de* seguida de un infinitivo (*estudiar*) conforma la OSC causal. El sujeto de la principal y las subordinadas (*ellos/ellas*) es el mismo.

OSC finales

Las OSC finales son oraciones subordinadas que poseen un significado de finalidad o intención, esto es, señalan el propósito o el fin de la acción que expresa el verbo de la oración principal. Al igual que las OSC causales, pueden ser reemplazadas por categorías nominales (sustantivos y pronombres), por lo cual se consideran oraciones sustantivas de complemento circunstancial.

Ha venido *para que* le expliquen la situación. → Ha venido para eso. OSC-final preposición + pronombre
En este ejemplo, la OSC final original ha podido sustituirse por una categoría nominal formada, en este caso, por un pronombre (*eso*) precedido de preposición (*para*).

Los nexos más comunes de las OSC finales son las locuciones conjuntivas *para que, a que, a fin de que, con el objeto de que,* etcétera. Este tipo de OSC requiere siempre un verbo en subjuntivo.

Traigo el informe *para que* lo examinen. OSC-final	La OSC final es introducida por el nexo *para que*, y así expresa el propósito o fin de lo que se enuncia en la oración principal (*Traigo el informe*).
Vino *a que* le confirmaran la publicación de su artículo. OSC-final	En este ejemplo, la OSC final es introducida por el nexo *a que*, y de esta forma expresa el propósito o fin de lo que se enuncia en la oración principal (*Vino*).

Se formará un comité *a fin de que* evalúe el caso. OSC-final	Aquí, la OSC final se vincula con la principal a través del nexo *a fin de que*, expresando de esta manera el propósito o fin de lo enunciado en la oración principal (*Se formará un comité*).
Mostró los datos *con el objeto de que* se validaran los resultados. OSC-final	El nexo *con el objeto de que* introduce a la OSC final, misma que así puede expresar el propósito o fin de lo enunciado en la oración principal (*Mostró los datos*).

En los casos en los que el sujeto de la oración principal y el de la subordinada es el mismo, se utiliza un verbo en infinitivo y los nexos pierden el relativo *que*, como puede observarse en los siguientes ejemplos.

Publican *para* avanzar en su carrera. OSC-final	La OSC final es introducida por la preposición *para* seguida de un infinitivo, pues el sujeto tanto de la oración principal como de la oración subordinada es el mismo (*ellos/ellas*).
Nos presentamos *a* señalar un plagio. OSC-final	En este ejemplo, la OSC final es introducida por la preposición *a* seguida de un infinitivo, ya que el sujeto de la oración principal y de la oración subordinada es el mismo (*nosotros*).
Debe actuar *a fin de* mejorar la situación. OSC-final	Aquí, la OSC final es introducida por la locución conjuntiva *a fin de* seguida de un infinitivo, pues el sujeto tanto de la oración principal como de la oración subordinada es el mismo (*él/ella*).
Hizo un llamado *con el objeto de* obtener financiamiento. OSC-final	La locución conjuntiva *con el objeto de* introduce a la OSC final; se usa un infinitivo porque el sujeto de la oración principal y el de la subordinada es el mismo (*él/ella*).

OSC condicionales

Las OSC condicionales se caracterizan porque formulan un requisito o condición necesarios para que pueda cumplirse lo que se expresa en la oración principal. En este tipo de OSC, la oración subordinada se conoce como prótasis, mientras que se llama apódosis a la oración principal.

El nexo más común en las OSC condicionales es *si*. Además, pueden usarse los adverbios *como* y *mientras* en función conjuntiva, al igual que las locuciones conjuntivas *a menos que, a condición de que, con tal de que, siempre que*, etcétera.

Si no se actúa con firmeza, el problema seguirá. OSC-condicional	La OSC condicional es introducida por el nexo *si*, y de este modo expresa la condición necesaria para el cumplimiento de lo que se enuncia en la oración principal (*el problema seguirá*).
Como no se discuta la situación, no podrá resolverse. OSC-condicional	En este ejemplo, la OSC condicional es introducida por el nexo *como*, y de esta forma expresa la condición necesaria para el cumplimento de lo que se enuncia en la oración principal (*no podrá resolverse*).
Mientras no pueda duplicarse, el estudio será cuestionable. OSC-condicional	Aquí, la OSC condicional se vincula con la principal a través del nexo *mientras*, expresando de esta manera la condición necesaria para el cumplimento de lo enunciado en la oración principal (*el estudio será cuestionable*).
No deben publicarse artículos *a menos que* tengan calidad. OSC-condicional	En este otro ejemplo, la OSC condicional es introducida por el nexo *a menos que*, y de este modo expresa la condición necesaria para el cumplimento de lo que se enuncia en la oración principal (*No deben publicarse artículos*).
Se otorgará el presupuesto *a condición de que* lo apruebe el comité. OSC-condicional	El nexo *a condición de que* introduce a la OSC condicional, misma que así expresa la condición necesaria para el cumplimiento de lo enunciado en la oración principal (*Se otorgará el presupuesto*).
Hay que tomar medidas firmes *con tal de que* se solucione el problema. OSC-condicional	En este ejemplo, la OSC condicional aparece introducida por el nexo *con tal de que*, con lo cual expresa la condición necesaria para el cumplimento de lo que se enuncia en la oración principal (*Hay que tomar medidas firmes*).
La situación mejorará, *siempre que* todos contribuyan. OSC-condicional	Aquí, la OSC condicional es introducida por el nexo *siempre que*, expresando así la condición necesaria para el cumplimento de lo enunciado en la oración principal (*La situación mejorará*).

El infinitivo, el gerundio y el participio también pueden aparecer encabezando OSC condicionales en casos donde el sujeto es el mismo, tanto en la oración principal como en la subordinada. En las OSC condicionales con infinitivo, éste va introducido por las preposiciones *de* y *con*. Tanto el gerundio como el participio encabezan directamente las OSC condicionales.

De tener financiamiento, harían el estudio. OSC-condicional	En este ejemplo, la OSC condicional está constituida por un infinitivo (*tener*) que aparece precedido por la preposición *de*. El sujeto es el mismo en la oración principal y en la subordinada (*ellos/ellas*).
Con plagiar, un científico destruye su carrera. OSC-condicional	Aquí, la OSC condicional está encabezada por la preposición *con* seguida de un infinitivo (*plagiar*). El sujeto tanto de la principal como de la subordinada es el mismo (*el científico*).
Mirando para otro lado, no cambiarán nada. OSC-condicional	En este otro ejemplo, la OSC condicional también está encabezada por un gerundio (*mirando*). Tanto el sujeto de la oración principal como el de la subordinada es el mismo (*ellos/ellas*).
Escrito con premura, un artículo contendrá errores. OSC-condicional	Aquí, un participio (*escrito*) es el primer elemento de la OSC condicional. La oración principal y la subordinada tienen el mismo sujeto (*un artículo*).

EJERCICIO 6.1

En las siguientes oraciones, subraye la oración subordinada circunstancial y luego identifique de qué tipo es, colocando *C* para las causales, *F* para las finales y *Cond.* para las condicionales.

1. Los propios científicos deben organizarse para que se erradiquen los diferentes problemas del ámbito de la ciencia. *F*
2. Ya que se publican indiscriminadamente, la calidad de los artículos científicos ha mermado. _____
3. Debe cuestionarse la práctica de "publicar por publicar" con el objeto de recuperar la calidad de los artículos científicos y académicos. _____
4. Mientras no se modifique esta situación, el problema prevalecerá. _____
5. También hay que transparentar las fuentes de financiamiento de los estudios científicos para eliminar toda presión económica. _____
6. Como no siempre hay fondos públicos suficientes para los estudios científicos, poderosos grupos económicos ofrecen su patrocinio. _____
7. No deben aceptarse estas fuentes de financiamiento a menos que los patrocinadores renuncien a ejercer cualquier tipo de presión sobre los estudios que financian. _____
8. A fin de que los plagios se detecten, los editores y revisores de las revistas médicas deben ser más minuciosos. _____
9. Escándalos recientes de fraudes o plagios científicos han ocurrido porque las revistas han sido negligentes en el escrutinio de los artículos que publican. _____
10. Estos casos han tenido gran repercusión, pues su número ha ido en aumento. _____

11. Si ahora han sido más mediatizados, ha sido por la fulgurante rapidez con que circula la información en la red. _____
12. La comunidad científica debe estar consciente de estas situaciones para que se recuperen los estándares y la independencia que han caracterizado el quehacer objetivo de la ciencia. _____
13. Una reflexión profunda es indispensable dado que mucho está en juego. _____
14. Aún es tiempo de enmendar errores y desvíos, a condición de que se actúe enseguida. _____

Uso de indicativo o subjuntivo en las OSC causales, finales y condicionales

Como ya dijimos en otro capítulo, en las oraciones subordinadas en general, la elección entre los modos indicativo o subjuntivo dependerá de la noción de "realización" o "no realización" de la información contenida en la subordinada. Además de esto, debe considerarse que hay algunos tipos de OSC que requieren siempre indicativo o siempre subjuntivo, mientras que en otros tipos pueden alternar ambos modos.[5]

Así, las OSC causales suelen funcionar con verbos en indicativo, en tanto que las OSC finales requieren siempre un verbo en subjuntivo (véanse los ejemplos en las tablas a lo largo de esta sección). Por su parte, las OSC condicionales necesitan verbos en subjuntivo, excepto en el caso del nexo *si*, el cual puede aceptar tanto indicativo como subjuntivo. Al respecto, obsérvense los ejemplos de la siguiente tabla.

Si se comprueba el plagio, habrá un escándalo. *OSC-condicional*	Este ejemplo muestra que el caso del nexo *si* constituye una excepción al uso prevalente del subjuntivo en las OSC condicionales. Aquí se utiliza el indicativo (presente) para enunciar una hipótesis realizable.
Si fueran correctos, los datos se aceptarían. *OSC-condicional*	En este otro ejemplo, el uso del modo subjuntivo (imperfecto) en la OSC ocurre porque se enuncia una hipótesis no realizable. Esto es, *si fueran correctos (pero no lo son), los datos se aceptarían.*
Si hubiera tenido resultados, habría completado el estudio. *OSC-condicional*	En este caso, el uso del modo subjuntivo (pluscuamperfecto) en la OSC ocurre porque se enuncia una hipótesis no realizable en el pasado. Esto es, *si hubiera tenido resultados (pero no los tuvo), habría completado el estudio.*

[5] Véase el uso de indicativo, subjuntivo o ambos para los demás tipos de oraciones subordinadas circunstanciales en la página web del libro.

EJERCICIO 6.2

Subraye la forma adecuada de los verbos que aparecen en cursivas para completar las oraciones correctamente.

1. Puesto que actualmente *se habla / se hablara / hablarse* mucho del plagio, un autor ha decidido abordarlo de modo humorístico.
2. Se dio a la tarea de escribir un artículo para *desmitifica / desmitifique / desmitificar* algunos aspectos del problema del plagio.
3. En su texto, asegura que si los autores plagiados *se sienten / se sintieran / sentirse* molestos, es porque son narcisistas.
4. Afirma que las ideas se plagian porque *se reconoce / se reconozca / reconocerse* su valor.
5. Nadie se toma el trabajo de plagiar un artículo a menos que *lo considera / lo considere / considerarlo* digno de mérito.
6. Sugiere que se publiquen revistas especializadas en plagios para que la publicación de éstos *es / sea / ser* sistemática.
7. Esto sería útil, pues *habría / hubiera / haber* casos en que el plagio resultaría mejor que el original.
8. Con el objeto de no *olvida / olvide / olvidar* del todo el texto original, sugiere encabezar los plagios con la fórmula: "Este artículo es un plagio de tal o cual artículo."
9. Al final de su texto humorístico, el escritor autoriza a plagiar su artículo con tal de que *se le menciona / se le mencione / mencionársele* como fuente original.

Técnicas de combinación de oraciones

Combinación y segmentación de OSC causales, finales y condicionales

Los siguientes ejercicios de combinación y segmentación de oraciones[6] se enfocan, en este capítulo, en tres tipos específicos de oraciones subordinadas circunstanciales: causales, finales y condicionales. Estos ejercicios nos permitirán afianzar nuestros conocimientos gramaticales y desarrollar a la vez una mayor soltura para escribir oraciones compuestas con estructuras sintácticas complejas.

EJERCICIO 6.3

Combine la siguiente secuencia de oraciones, utilizando la primera con la letra a) como oración principal. Use el nexo causal, final o condicional que se le indica, así como la forma correcta (indicativo, subjuntivo o infinitivo) para el verbo de la subordinada. Fíjese en el modelo.

1. a) Los resultados del estudio fueron cuestionados.
   b) Los datos de base presentaban errores.
   Nexo: *pues*
   Los resultados del estudio fueron cuestionados, pues los datos de base presentaban errores.

[6] Véase lo referente a la sección Técnicas de combinación de oraciones del capítulo 1 (véase pp. 29–33) y la sección Segmentación de oraciones en el capítulo 2 (véase pp. 67–68).

2. a) Los autores del estudio pidieron la intervención del comité evaluador.
   b) Los autores del estudio se inconformaron con las críticas.
   Nexo: *como*

   ____
   ____
   ____

3. a) El caso se ha turnado al comité evaluador.
   b) El comité evaluador resolverá la controversia.
   Nexo: *para que*

   ____
   ____
   ____

4. a) El artículo en disputa se retiró de la página de internet.
   b) La revisión del comité llevará algunas semanas.
   Nexo: *ya que*

   ____
   ____
   ____

5. a) El comité evaluador pedirá la colaboración de un especialista de otra institución.
   b) El comité tendrá así una opinión independiente.
   Nexo: *para*

   ____
   ____
   ____

6. a) Los autores del estudio han decidido no hacer más declaraciones.
   b) La resolución del comité evaluador no se conoce.
   Nexo: mientras

   ____
   ____
   ____

EJERCICIO 6.4

Segmente los elementos que constituyen las siguientes oraciones compuestas. Para ayudarle a resolver cada ejercicio, la oración principal ya aparece escrita en la línea a).

1. Los fraudes en la ciencia son graves porque pueden desacreditar el rigor científico y la ética de individuos e instituciones.
   a) *Los fraudes en la ciencia son graves.*
   b) *Los fraudes en la ciencia pueden desacreditar el rigor científico y la ética de individuos e instituciones.*
2. Son varias las medidas instituidas para que un científico no pueda falsear los datos o resultados de sus estudios.
   a) Son varias las medidas instituidas.
   b) ______________________________
3. Si estas medidas de control no han funcionado, es momento de modificarlas.
   a) *Estas medidas de control no han funcionado.*
   b) ______________________________

4. Los científicos deben también plantear estrategias con el objeto de que su trabajo se blinde contra presiones externas ajenas a la investigación científica.
   a) *Los científicos deben también plantear estrategias.*
   b) ______________________________

Documento final

Puesta en práctica

Texto argumentativo

Termine de redactar un ensayo de entre 400 y 500 palabras sobre los beneficios e inconvenientes de financiar la investigación científica que complete las actividades 6.21, 6.22, 6.23 y 6.24. Durante la redacción, incluya las citas directas o indirectas (dentro del texto) que crea necesarias en los párrafos que conformen el cuerpo del texto y prepare la lista de artículos utilizados, siguiendo el sistema de estilo MLA o APA y los pasos indicados en la sección Inserción de citas y lista de referencias bibliográficas (véase pp. 13–15).

Según lo indique el profesor, podrá redactar otro texto diferente, escogiendo uno de los siguientes temas:

- La desigualdad entre géneros que desfavorece sobre todo a la mujer a partir de la información generada en el diagrama que aparece en la página 185;
- Comercialización de productos transgénicos;
- Reemplazo de humanos por nuevas tecnologías en el mercado laboral.

Para ello, ponga en práctica todos los pasos esenciales del proceso de escritura que hemos visto a lo largo de este capítulo para completar todo el ensayo.

No olvide . . .

- planificar y generar ideas sobre el tema que haya escogido mediante las seis preguntas básicas (véase pp. 184–185);
- preparar el esquema que cubra el número aproximado de párrafos;
- cerciorarse de que en cada párrafo se desarrolle la oración temática y oraciones de apoyo, empleando la estructura de textos argumentativos (véase pp. 188–189);
- detectar los párrafos que necesitan datos e información para apoyar el tema central del texto;
- realizar una búsqueda de libros que apoyen los datos que le hagan falta (véase capítulo 3, pp. 90–91);
- insertar un párrafo con un contraargumento (véase p. 188), apoyado por una cita dentro del texto que sirva para refutar los argumentos de una fuente externa (véase p. 192);
- utilizar técnicas de inserción de citas según MLA o APA dentro del/los párrafos (véase capítulo 1, pp. 13–15);
- preparar el borrador del texto sin preocuparse mucho de la redacción;
- redactar el párrafo de introducción y de cierre o conclusión hasta el final (véase pp. 196–197);

- introducir conectores empleados en la redacción de textos argumentativos dentro del texto (véase pp. 188–189);
- revisar todo el documento, asegurándose de que en cada párrafo se desarrolle una idea desprendida del esquema y de que al mismo tiempo haya conexión entre los demás párrafos, buscando que haya progresión temática en cada uno de ellos, así como en el texto completo (véase pp. 198–199);
- revisar y hacer correcciones de estructuras morfosintácticas de las oraciones (concordancia de sujeto y predicado) cuya formulación necesite más trabajo dentro de cada uno de los párrafos;
- revisar y hacer correcciones sobre el uso de vocabulario dentro de cada uno de los párrafos;
- revisar todo el documento, asegurándose que en cada párrafo se desarrolle una idea desprendida del esquema y que al mismo tiempo haya conexión entre los demás párrafos, así como en el texto completo.[7]

Evaluación: hoja de chequeo

Utilice la siguiente hoja de chequeo para revisar la redacción del ensayo y, si es necesario, considerar cambios que lo mejoren.

Califica de ...	
1 (insatisfactorio):	uso inadecuado de técnicas de redacción; necesita más desarrollo
2 (satisfactorio):	uso aceptable de técnicas de redacción; necesita un poco más de desarrollo
3 (muy bien):	uso adecuado de todas las técnicas de redacción con muy pocos errores
4 (excelente):	uso excepcional de todas las técnicas de redacción sin ningún error

	1	2	3	4
El tema del ensayo sobre sobre los beneficios e inconvenientes de financiar la investigación científica es claro, con ideas de apoyo en el párrafo introductorio relacionada con la tesis (véase p. 196).				
Se ha empleado vocabulario académico de frecuencia y sinónimos de algunas palabras.				
El desarrollo de la tesis establece una opinión en relación con una problemática dada (véase pp. 193–195).				
El desarrollo de los párrafos del cuerpo del texto presenta unidad y apoya de manera lógica la tesis del ensayo.				
La estructura del texto adopta la estructura para textos argumentativos (véase pp. 188–189).				
El uso de conectores para ensayos argumentativos es adecuado (véase pp. 188–189).				

[7] Para mejorar la calidad del ensayo, se recomienda que intercambie su texto con uno de sus compañeros para que, con ayuda de la hoja de revisión de textos expositivos, se proporcionen mutuamente *feedback*. Consulte la hoja de revisión de textos argumentativos (apéndice 5, pp. 236–237).

(*cont.*)

	1	2	3	4
El ensayo termina con un párrafo de cierre o conclusión que hace reflexionar al lector sobre la problemática dada (véase pp. 196–197).				
Se han utilizado adecuadamente las fuentes externas de información (libros) para apoyar las ideas principales del ensayo (véase capítulo 3, pp. 100–102).				
Se ha empleado correctamente el sistema de citas del manual de la MLA o de la APA (véase capítulo 1, pp. 13–15).				
La redacción del texto presenta pocos errores de cohesión y coherencia textual.				

Reflexión pedagógica

Piense qué ha aprendido en este capítulo. Para ello, utilice la siguiente tabla para indicar qué cosas cree que necesita revisar al final de este último capítulo. Cuando termine, comparta el resultado con su compañero.

• El vocabulario relacionado con la falsificación científica, el plagio y el consumo de productos transgénicos	
• La inferencia sobre el tema de la falsificación científica, el plagio y el consumo de productos transgénicos	
• El diagrama sobre las seis preguntas básicas	
• La estructura de textos argumentativos	
• La búsqueda de títulos de libros en mi universidad o en WorldCat	
• El uso del sistema de citas según el manual de la MLA o de la APA	
• La estructura gramatical de las oraciones subordinadas circunstanciales	
• La técnica de combinación de oraciones: oraciones subordinadas circunstanciales	
• La puesta en práctica del desarrollo de textos argumentativos	

APÉNDICE 1: USO Y APLICACIÓN DE REGLAS DE ACENTUACIÓN

La sílaba

Antes de estudiar la acentuación,[1] conviene echarle un vistazo al concepto de sílaba con el fin de entender más fácilmente la relación entre el acento prosódico y el acento ortográfico, que trataremos más adelante.

Entendemos por sílaba el sonido o conjunto de sonidos articulados que se pronuncian de una vez entre dos depresiones sucesivas de la emisión de voz. La palabra *casa*, por ejemplo, está formada por dos sílabas (*ca-sa*) que percibimos como tales porque cada una de ellas se pronuncia en un solo golpe de voz y con dos depresiones sucesivas: *ca*↓ *sa*↓.

La sílaba se compone de un núcleo que, en la lengua española, siempre es una *vocal*. Esta puede venir sola o acompañada de sonidos consonánticos delante o detrás del núcleo. A estos sonidos se les suele llamar márgenes silábicos. Ejemplos: e-*r*a, *s*a*l*, *p*a-*r*e*d*, *d*i*n*-*t*e*l*.

Sílabas abiertas y cerradas

Existen dos tipos de sílabas: las sílabas abiertas y las sílabas cerradas. Las sílabas abiertas terminan en vocal. Ejemplos: c*a*-m*i*-s*a*, c*o*-c*i*-n*a*, m*u*-ch*a*-ch*o*. Las sílabas cerradas terminan en consonante. Ejemplos: ca*l*, a*l*-ti-tu*d*, con*s*-tru*c*-ció*n*.

Sílabas tónica y átona

Cuando el núcleo de una palabra tiene un grado mayor de intensidad y tono alto comparado a las demás sílabas de la palabra se denomina sílaba tónica. Ejemplos de palabras con sílabas tónicas señaladas en negritas: **mi**-na, mi-**ne**-ro, mi-ne-**ral**.

Las demás vocales que, dentro de una palabra, contienen un menor grado de intensidad y nitidez articulatoria se identifican como vocales átonas, y forman parte de sílabas átonas. Ejemplos de palabras con sílabas átonas señaladas en cursivas subrayadas: mi-*na*, *mi*-ne-*ro*, *mi*-*ne*-ral.

Cabe mencionar que en español las palabras tienen un máximo de una sílaba tónica y las demás son átonas (excepto los adverbios en -mente, cuyo caso es debatible).

[1] Explicaciones y ampliaciones detalladas sobre el uso y aplicación de reglas de acentuación están disponibles en la página web del libro.

Palabras monosílabas y polisílabas

Las palabras formadas de una sílaba las llamaremos monosílabas, de dos, bisílabas, y de más de dos, polisílabas. En español un número considerable de palabras son monosílabas. La lista a continuación presenta una serie de ejemplos de palabras tanto monosílabas como polisílabas con sus respectivas categorías gramaticales. Observe que las polisílabas vienen con la sílaba tónica en negrita.

Monosílabas		Bisílabas o polisílabas		
o	(conjunción)	*cerrar*	*ce-**rrar***	(verbo)
y	(conjunción)	*porque*	***por**-que*	(conjunción)
con	(preposición)	*durante*	*du-**ran**-te*	(preposición)
ti	(pronombre personal)	*alegre*	*a-**le**-gre*	(adjetivo)
ser	(verbo)	*mañana*	*ma-**ña**-na*	(adverbio o sust.)
sol	(sustantivo)	*moderado*	*mo-de-**ra**-do*	(adjetivo)
su	(adjetivo posesivo)	*pasajero*	*pa-sa-**je**-ro*	(sustantivo)
vid	(sustantivo)	*samaritano*	*sa-ma-ri-**ta**-no*	(adjetivo)

Acento prosódico y acento ortográfico (tilde)

Entendemos por acentuación la marca de excepción a las tendencias más comunes de la lengua. Sin embargo, tanto hablantes nativos como no nativos del español suelen tener problemas al intentar no sólo diferenciar entre sílabas tónicas y átonas, sino también escribir palabras sin cometer faltas de ortografía.

Un primer paso para entender el sistema de acentuación en español es saber distinguir entre el *acento prosódico* y el *acento ortográfico.* Si pronunciamos una sílaba con mayor fuerza respiratoria hablamos de acento prosódico. En la palabra *perfil,* por ejemplo, el acento prosódico recae en la sílaba tónica situada, de derecha a izquierda, en la última sílaba (per-**fil**). El acento ortográfico, en cambio, es un signo gráfico llamado *tilde,*[2] que se usa para señalar la acentuación de una palabra que no sigue precisamente las tendencias más comunes de la lengua. Por ejemplo, la palabra *Berlín* lleva acento ortográfico en la última sílaba y éste se indica con una tilde sobre la letra *í*.

En la inmensa mayoría de palabras que conforman la lengua española el acento prosódico recae en la última o la penúltima sílaba, comenzando de derecha a izquierda. En el resto de las palabras el acento recae en la antepenúltima y en contadas ocasiones después de la antepenúltima sílaba, indicado por una tilde en la escritura. Ejemplos: **tí**-tu-lo, li-**bé**-lula, a-**prén**-de-te-lo.

Según la posición de la sílaba tónica en las palabras, estas se clasifican yendo de derecha a izquierda en *agudas, llanas,*[3] *esdrújulas* y *sobreesdrújulas.*[4] En el siguiente esquema, se explica de manera gráfica esta clasificación:

[2] Aquí nos referimos exclusivamente a la virgulilla (´) que se pone sobre una vocal para denotar su acentuación.

[3] **Atención**: También se les llaman *palabras graves*. Aquí las llamaremos *llanas*.

[4] **Atención**: En español sólo son sobresdrújulas aquellas palabras compuestas de un verbo conjugado y dos pronombres enclíticos. Ejemplo: repíteselo (re-*pí*-te-se-lo), véndesela (*vén*-de-se-la).

palabras *agudas*	a-pren-**der**	acento en la *última* sílaba
palabras *llanas*	a-**pren**-de	acento en la *penúltima* sílaba
palabras *esdrújulas*	a-**prén**-de-te	acento en la *antepenúltima* sílaba
palabras *sobreesdrújulas*	a-**prén**-de-te-lo	acento en *la sílaba que antecede* a la antepenúltima sílaba

EJERCICIO 1

Ahora que comienza a familiarizarse mejor con el sistema de acentuación de las palabras polisílabas, intente clasificar en el siguiente recuadro todas las palabras que aparecen a continuación según la posición acentual de la sílaba tónica.

Para eso, su profesor leerá cada palabra en voz alta para que a usted le sea más fácil reconocer el mayor grado de intensidad de la sílaba tónica. Una vez que la haya localizado y clasificado, subráyela como se muestra en los ejemplos. Cuando haya terminado, compare sus respuestas con las de su compañero de al lado.

~~célula~~ – ascensor – pálido – chófer – ~~ángel~~ – origen – almacén – lobo – ~~francés~~ – barco – capital – ~~unidad~~ – cambuj – tuvo – ~~casa~~ – repasar – doscientos – relax – Uruguay – noche – fútil – mapamundi – bambú – Carlos – bisturí – actriz – trabajan – cursi – edad – hotel – tribu – safari – lúgubre

La sílaba tónica se encuentra en:				
LA ANTEPENÚLTIMA SÍLABA (palabras *esdrújulas*)	LA PENÚLTIMA SÍLABA (palabras *llanas*)		LA ÚLTIMA SÍLABA (palabras *agudas*)	
acento ortográfico (tilde)	*acento ortográfico (tilde)*	*acento prosódico*	*acento ortográfico (tilde)*	*acento prosódico*
célula	ángel	casa	francés	edad

Como habrá notado, la mayoría de las palabras que quedan agrupadas entre las llanas y agudas llevan acento prosódico (i.e. sin tilde). Esta marcada concentración de palabras nos puede ayudar a deducir las reglas que rigen la acentuación en español. ¿Qué tal si las descubre por sí mismo? Para ello, le sugerimos que, comenzando a partir de la primera columna *de derecha a izquierda*, primero localice la sílaba tónica, luego observe detenidamente con qué vocal o consonante termina cada palabra y complete las reglas que aparecen a continuación.

Regla 1	Las palabras cuya sílaba tónica recae en la ________________ sílaba se denominan ______________. Cuando estas palabras terminan en ______________ a excepción de las letras ___ o ___ **NO** llevan tilde. Si terminan en *vocal*, *n* o *s*, llevan tilde sobre la última sílaba, que es la sílaba tónica de estas palabras.

Regla 2	Las palabras cuya sílaba tónica recae en la ______________ sílaba se denominan ___________. Cuando estas palabras terminan en _________, ___ o ___ **NO** llevan tilde. Si terminan en cualquier otra *consonante* llevan la tilde sobre la penúltima sílaba, que es la sílaba tónica de estas palabras.

Regla 3	Las palabras cuya sílaba tónica recae en la _____________ sílaba se denominan _____________. Estas palabras llevan *invariablemente* la tilde en la antepenúltima sílaba, que es la sílaba tónica de estas palabras.

Una vez que haya rellenado los espacios en blanco, comente sus respuestas con su compañero. Estas reglas se pueden resumir a través del siguiente esquema:[5]

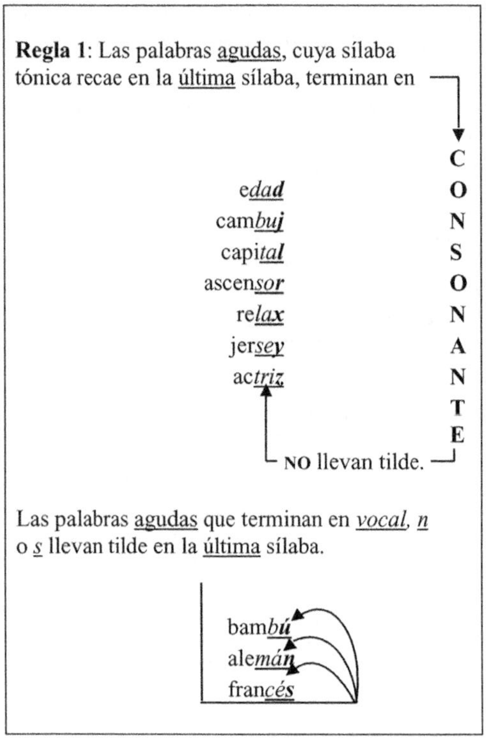

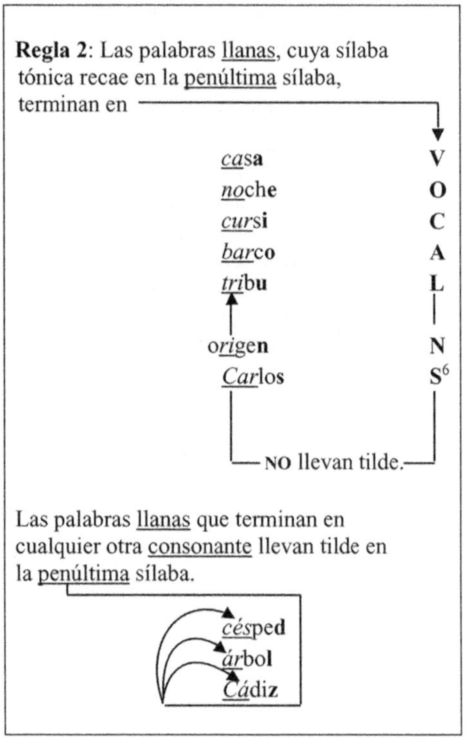

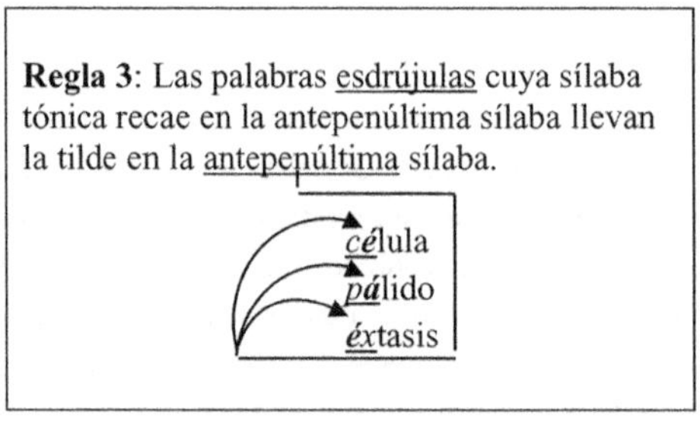

[5] Si revisa con detenimiento las tres reglas, notará que la mayoría de las palabras en español terminan en *vocal* y en las consonantes *d, l, n, r, s, y, z*. Las palabras que no terminan en estas letras son de origen extranjero. Cabe mencionar que la letra *"y"* en posición final de sílaba funciona como semivocal (i.e., ho***y***, so***y***, vo***y***, etc.); en posición inicial, en cambio, funciona como consonante (i.e., ***y***o, ***y***a, ***y***ema, ma***y***o, etc.).

[6] A excepción de un reducido número de palabras que se acentúan cuando terminan en *-s* precedida de otra consonante. Ejemplos: *bíce**ps**, cómi**cs**, fórce**ps***.

Como podemos ver, el sistema de acentuación en español es bastante preciso y nos permite detectar con cierta facilidad el acento prosódico y el acento ortográfico de la gran mayoría de palabras que conforman la lengua española.

EJERCICIO 2

Siguiendo el esquema anterior, veamos si hemos entendido bien las reglas de acentuación. Después de que su profesor lea la siguiente lista de sustantivos, intente localizar la sílaba tónica de cada palabra, subráyela e indique con la letra *a* si se trata de una palabra *aguda* o con la letra *ll* si se trata de una palabra *llana*, y coloque la tilde si es necesario. Observe el modelo siguiente:

tene<u>dor</u>	*a*	cu<u>cha</u>ra	*ll*	cu<u>chi</u>llo	*ll*
1.actitud		5.convoy		9.bifocal	
2.virrey		6.llave		10.ardid	
3.balaj		7.parabrisas		11.comedor	
4.joven		8.rapidez		12.dogma	

Ahora haga lo mismo con la siguiente lista de palabras terminadas en *n* o *s* . No olvide localizar la sílaba tónica de cada palabra, subrayarla e indicar con la letra *a* si se trata de una palabra *aguda* o con la letra *ll* si se trata de una palabra *llana*, y colocar la tilde si es necesario.

1.abdomen		5.buzon		9.capellan	
2.sarten		6.comun		10.canon	
3.germen		7.polen		11.plancton	
4.algodon		8.desorden		12.escalon	

1.ademas		5.virus		9.islandes	
2.nosotros		6.jamas		10.crisis	
3.autobus		7.sinopsis		11.Londres	
4.apenas		8.feligres		12.cosmos	

En la siguiente lista, intente localizar la sílaba tónica de cada palabra, subráyela e indique con la letra *e* si se trata de una palabra *esdrújula* o con la letra *ll* si se trata de una palabra *llana*, y coloque la tilde si es necesario.

1.acropolis		5.sintaxis		9.pobreza	
2.paciente		6.barbaro		10.libido	
3.cargamento		7.livido		11.analisis	
4.capitulo		8.costumbres		12.metodo	

APÉNDICE 2: USO Y APLICACIÓN DE REGLAS BÁSICAS DE PUNTUACIÓN

La puntuación surge como la necesidad de reproducir mediante signos los diferentes tipos de entonaciones que tenemos todos al hablar y de expresar con mucha más claridad el mensaje que queremos transmitir en un texto escrito, intentando evitar en lo posible la ambigüedad y el equívoco.

En este apartado resumiremos las reglas básicas de puntuación que se aplican concretamente en la construcción de estructuras sintácticas más complejas.

La Ortografía de la lengua española (OLE)[1] nos propone once signos de puntuación que esquematizaremos en la siguiente tabla. Dada la diminuta dimensión de algunos de estos signos, los pondremos entre corchetes para distinguirlos fácilmente.

Signos de puntuación	Empleo
[.] punto	El *punto* se emplea para concluir un enunciado con sentido completo. Hay tres tipos de puntos: *Punto y seguido* que se coloca inmediatamente después de que termine una oración dentro de un mismo párrafo. *Punto y aparte* que se coloca al final de un párrafo y continúa el texto con uno nuevo. *Punto final* que se coloca al final de un texto o de una parte importante de un texto.
[;] punto y coma	El *punto y coma* se emplea para separar oraciones que se relacionan entre sí. Este signo expresa una pausa más amplia que la de una coma, y menor que la de un punto. Compare los siguientes ejemplos: *Aún no me llega el paquete; es probable que esté en camino. / Aún no llega el paquete. ¿Se habrá extraviado?*
[:] dos puntos	Los *dos puntos* se emplean para anunciar una enumeración o para introducir una cita textual. Ejemplos: *El libreto se escribió en varios idiomas: italiano, castellano, catalán, francés, inglés y portugués. / Ernest Hemingway dijo: "Se necesitan dos años para aprender a hablar y sesenta para aprender a callar".*

[1] Real Academia Española, *Ortografía de la lengua española*. Madrid: Espasa Calpe, 2010, § 3.4, pp. 284–400.

(*cont.*)

Signos de puntuación	Empleo
[…] puntos suspensivos	Los *puntos suspensivos* indican una pausa suspendida u omitida con la que se suele expresar duda, énfasis o temor. Estos tres puntos vienen unidos a la última palabra de una frase interrumpida. Ejemplos: *Lo más leído en …* / *Cuando llegamos a casa, ¿quién creen que nos esperaba …?*
[,] coma	La *coma* es uno de los signos de puntuación que más se emplea en la redacción, pues sirve para separar palabras o secuencias de palabras dentro de una oración o enunciado a lo largo de un texto. La coma equivale a una pausa breve que indica en la pronunciación un tono ascendente o en suspensión. He aquí algunos de los usos más comunes del signo de la coma: – enumeraciones. Ejemplo: *visitamos Barcelona, París, Berlín y Roma.* – vocativos. Ejemplo: *Sandra, gracias por tu ayuda.* – aposiciones u oraciones subordinadas adjetivas. Ejemplos: *París, la ciudad luz, es la capital de Francia.* / *El museo de Louvre, que se halla ubicado en París, abrió sus puertas a fines del siglo XVIII.* – conectores textuales. Ejemplo: *El museo de Louvre cuenta con obras de arte de grandes pintores como, por ejemplo, Leonardo da Vinci, Jan van Eyck, Johannes Vermeer, etcétera.* – oraciones yuxtapuestas en las que se elimina el verbo. Ejemplos: *El museo de Louvre se encuentra en París; y el Guggenheim, en Bilbao.* – Elementos extraoracionales (adverbios, tópicos o circunstantes). Ejemplos: *Afortunadamente, pudimos visitar el museo.* / *En cuanto al viaje, todo salió muy bien.* / *En ocasiones, tuvimos que pedir ayuda, pero nada grave.*
[**¿ ?**] signo de interrogación[2]	El signo de interrogación se emplea para indicar que se está haciendo una pregunta directa que puede expresar duda, inquietud, ironía o sarcasmo. Ejemplo: *Señor, perdone,* ***¿****dónde se encuentra el museo Reina Sofía****?*** / *¿Qué habrá sido de la pintura que se robaron****?***
[**¡ !**] signo de exclamación[3]	El signo de exclamación se emplea para indicar sentimientos o emociones tales como dicha, dolor, admiración. Ejemplos: **¡***Qué gusto me da verte, Ana***!** / **¡***Menudo discursito dio el tío ese***!**
[**([ ])**] paréntesis y corchetes	Los *paréntesis* **( )** se emplean para encerrar información adicional para el lector, pero no necesaria sobre el tema del que se habla. Ejemplo: *El Royal Opera* **(***Covent Garden***)** *es una compañía de ópera con sede en Londres.* Los *corchetes* **[ ]** se utilizan para encerrar información que va entre paréntesis. Ejemplo: *El museo Reina Sofía abre los lunes, miércoles, jueves, viernes y sábado de las 10 a las 21 horas (excepto los domingos* **[***de las 10:00 a las 14:30 horas***]***)*

[2] Es importante señalar que tanto los signos de interrogación como de exclamación son dos, uno que indica apertura (**¿ ¡**) y el otro, cierre (**? !**). Estos se colocan al principio y al final del enunciado interrogativo o exclamativo, según el caso. Ejemplo: *¿dónde dejaste las entradas?* / *¡Qué bueno estuvo el concierto!* Se considera un error omitir cualquiera de los signos de apertura, imitando la ortografía de otras lenguas como el inglés, el francés o el alemán.

[3] Véase la nota anterior.

(*cont.*)

Signos de puntuación	Empleo
[" "] comillas	Las comillas se utilizan en citas textuales o para destacar palabras o frases que se emplean como títulos, apodos, o que se usan en sentido figurado. Ejemplos: al escritor francés Guy de Maupassant se le atribuye la siguiente cita: *"Cualquier cosa que se quiere decir sólo hay una palabra para expresarla, un verbo para animarla y un adjetivo para calificarla."* **Nota**: aunque en español se aconseja utilizar las comillas latinas (« »), hoy en día se le suele dar preferencia a las comillas inglesas (" ").
[—] raya	La raya se representa con una línea horizontal más larga que el guion (ver explicación en el siguiente recuadro) y se utiliza para encerrar información marginal que no se relaciona directamente con el tema del que se trata. Ejemplo: *Quisiera —si tuviera más tiempo— visitar museos una vez por semana.* También se emplea para encabezar los diálogos de una conversación o de una narración. Ejemplo: *—¡Estamos ganando la Tercera Guerra Mundial!*
[-] guion	El *guion*, a diferencia de la raya, sólo sirve para dividir palabras en sílabas y para palabras compuestas. Ejemplo: *La palabra circulación se divide en 4 sílabas cir-cu-la-ción. / La estabilidad económico-laboral*

Todos estos signos nos servirán para organizar la información contenida en frases, oraciones, párrafos, capítulos, etcétera. Sin embargo, en el siguiente recuadro podemos ver la relación estrecha que existe entre los signos de puntuación más importantes, las partes que componen un texto y el valor comunicativo que transmite cada división del texto.

Signo de puntuación	División del texto	Valor comunicativo
– punto final	– texto o parte importante del texto	– mensaje completo
– punto y aparte	– párrafo	– asuntos, hechos, tema de un capítulo . . .
– punto y seguido	– oración	– concepto, noción, idea . . .
– punto y coma	– frase, sintagma	– explicación, paralelismo, adversidad . . .
– coma	– inciso, aposición	– enumeración, incisos, conectores, circunstantes . . .

La puntuación es necesaria para ayudar a estructurar las partes del texto, no sólo en párrafos, sino también entre conceptos e ideas o en la ampliación de éstas mediante explicaciones o paralelismo, o en la enumeración de ejemplos, etcétera. El uso correcto de estos signos de puntuación se reflejará entonces en la organización del contenido del texto que lo hará más claro y coherente.

EJERCICIO 1

A. Según la tabla de signos básicos de puntuación, coloque los signos donde lo considere necesario (atención: en algunos casos, hay varias opciones aceptables). La primera oración ya está correctamente puntuada.

1. —Lucía, ¿has oído hablar de Vincent Van Gogh?
2. —Sí claro que sí Visitamos el museo Van Gogh el año pasado
3. —Dónde está ese museo Lucía
4. —El Museo Van Gogh se localiza en Museumplein Amsterdam
5. —Se puede llegar fácilmente con transporte público tranvías 2, 3, 5 y 12, y autobuses 170, 171 y 172.
6. —Oí decir que aunque su obra fue reconocida después de su muerte se considera uno de los grandes maestros de la pintura.
7. —Se le atribuyen 900 pinturas entre ellas 27 autorretratos y 148 acuarelas y más de 1600 dibujos.
8. —Según dicen, Van Gogh padeció enfermedades mentales epilepsia, depresión, psicosis que afectaron profundamente su vida hasta la muerte.
9. —Vincent van Gogh atormentado por sus pensamientos se dio un tiro en el pecho que más tarde lo conduciría a la muerte
10. —Afligido por la muerte de su hermano Theo murió seis meses más tarde en una clínica en la ciudad de Utrecht.

B. En estos grupos de tres oraciones sólo una está correctamente puntuada. Lea cada una de ellas y determine cuál de ellas es la correcta.

1. (a.) Vincent era serio, callado y pensativo; su hermano Theo, alegre y generoso.
   b) Vincent, era serio, callado y pensativo; Su hermano Theo, alegre y generoso.
   c) Vincent era serio, callado y pensativo; su hermano Theo alegre y generoso.
2. a) Van Gogh tenía graves problemas psicológicos, padecía angustia, terror y alucinaciones con accesos de ira muy intensos.
   b) Van Gogh tenía graves problemas psicológicos; padecía angustia, terror, y alucinaciones con accesos de ira muy intensos.
   c) Van Gogh tenía graves problemas psicológicos; padecía angustia, terror y alucinaciones con accesos de ira muy intensos.
3. a) Vincent aunque enfermo, fue un artista genial.
   b) Vincent, aunque enfermo, fue un artista genial.
   c) Vincent, aunque, enfermo fue un artista genial.
4. a) Van Gogh envió seis pinturas a una exposición en Bruselas; dos de la serie de los girasoles y cuatro sobre paisajes.
   b) Van Gogh envió seis pinturas a una exposición en Bruselas: dos de la serie de los girasoles y cuatro sobre paisajes.
   c) Van Gogh envió seis pinturas a una exposición en Bruselas: dos de la serie de los girasoles y cuatro, sobre paisajes.
5. a) Vincent produjo toda su obra (900 pinturas y 1.600 dibujos) en tan sólo una década.
   b) Vincent produjo toda su obra [900 pinturas y 1.600 dibujos] en tan sólo una década.
   c) Vincent produjo toda su obra "900 pinturas y 1.600 dibujos" en tan sólo una década.

EJERCICIO 2

Después de leer detenidamente un fragmento del siguiente artículo, revise la puntuación. Hay que añadir algunos signos de puntuación: diez comas (,), tres signos de punto y coma (;), cinco signos de punto y seguido (.), dos signos de punto y aparte (.), un par de signos de interrogación (**¿?**) y un punto final (.).

Entre ninis y memes ...

Los ninis

Dudo mucho que usted ignore qué son los *ninis*, por las dudas déjeme decirle que en principio son seres humanos jóvenes que por muchas razones, en su mayoría ajenas a ellos, ni estudian ni trabajan de esta situación el famoso apelativo *ninis* En México se calculan en más de siete millones los ninis, y no se piense que son exclusivos de este país; en el mundo deambulan al igual que aquí. Escuché lo de ninis por primera vez cuando el Dr. José Narro Robles rector de la UNAM, los sacó a relucir

Quién sostiene a éstos jóvenes A la mayoría de ellos aparentemente los sostienen sus propias familias; inicialmente esto puede no ser un problema el problema viene años después y no muchos años después sin opciones de estudiar y sin posibilidades de empleo formal, el futuro para ellos es el subempleo y la economía informal (se supone que no estudiar implica eso) en el mejor de los casos; no hay que olvidar que a la vuelta de la esquina los espera (quizá más empujados por la necesidad que por inclinación propia) la participación en delitos menores y en delincuencia organizada; al cabo la vida se irá rápido y mejor "bien vivida"; recordemos el dicho de *pobre del pobre que al cielo no va, amolado* [dañado] *aquí, amolado allá.*

Estas alternativas implican en un futuro cercano una masa creciente de ciudadanos descontentos, dispuestos quizá a recuperar de cualquier forma el futuro prometido.

Los menos, con suerte, la opción es migrar hacia países que les proporcionen la posibilidad de un trabajo honesto medianamente remunerado que les dé algo de dignidad y sobre todo, una alternativa futura para sus familias Para empeorar las cosas los países susceptibles de ser alcanzados por ellos cada vez cierran más sus fronteras, imponen leyes más duras y no dejan de mirarlos como estorbo y un mal necesario sólo después de algunas generaciones sus descendientes lograrán ser integrados a esas sociedades Uno puede sentirse impulsado a lamentar y hasta sentir pena por los ninis sin embargo los platos rotos los pagaremos todos Una sociedad con diferentes grados de resentimiento generalizado, por causas diversas, no augura un entorno de convivencia sana, socialmente responsable, de acciones solidarias; más bien promueve de forma callada, constante y sutil el comportamiento egoísta y un derrotero hacia un nada halagüeño futuro social Y en el horizonte: curitas, violeta de genciana, ungüentos para aliviar la inflamación y un poco el dolor; ninguna cura a fondo como comúnmente se dice *nada que al alma llegue.*

Luis Felipe Fernández Martínez, "Entre ninis y memes . . .", *CULCyT: Cultura científica y tecnológica*, 38–39 (2010), p. 47. Disponible en: <https://dialnet.unirioja.es/servlet/articulo?codigo=3739154>.

APÉNDICE 3: LISTADO DE VOCABULARIO ACADÉMICO EN ESPAÑOL

A

abandonar
abogar por
abstracto, abstraer
academia
acceso
acomodar
acompañar
actitud
acumular
adaptar
adecuado, adecuar
administrar
adquirir
adulto
adyacente
afectar, afecto
agregar, agregado
ajustar, ajuste
alocución
alterar
alternativo
ambiguo
analogía, análogo
análisis, analizar
anual
anticipar, anticipo
aparentar, aparente
apreciar
apropiado, apropiar
aproximado, aproximar
arbitrar, arbitrario
área
asamblea
asesorar, asesor
asignación, asignar
asistencia, asistir
aspecto
asumir
asunto
atributo, atribuir
autor, autoría
autoridad
automático

B

baja, bajada, bajar
balance, balancear
beneficio, beneficiar
bienestar
bloqueo, bloquear
breve, brevedad
bulo
buscar, búsqueda

C

caber, cabida
cálculo, calcular
canal, canalizar
capaz, capacidad
capitulación, capítulo
carta
ceder, cesión
cesantía, cesar
ciclo
circunstancia
cita, citar
cívico, civil, civilidad
claridad, claro
clásico
cláusula
código
coherente
coincidencia, coincidir
colapso, colapsar
colega
comenzar, comienzo
comentar, comentario
cometer, cometido
comisión, comisionar
comodidad
compatible
compensar
compilar, compilación
complejo
complemento

Basado en: Robert W. Bushong II, "The Academic Word List Reorganized for Spanish-Speaking English Language Learners", MA thesis, University of Central Florida, 2010. Disponible en: <https://stars.library.ucf.edu/cgi/viewcontent.cgi?article=2597&context=etd>. Este listado recoge algunas palabras que no se encuentran dentro del texto, pero que se consideran parte del vocabulario académico. Si no conoce el significado de algún vocablo y sus acepciones, se sugiere que consulte el DLE en línea.

- componente
- componer, compuesto
- comprensivo
- computar, cómputo
- comunicación
- comunidad
- concebir, concepción
- concentrar
- concepto
- concluir, conclusión
- concurrente
- conducta, conducir
- conferencia, conferencista
- confinamiento, confinar
- confirmación, confirmar
- conflictividad, conflicto
- conformación, conformar
- consecuencia, consecuente
- consentimiento, consentir
- considerable, considerar
- consistir
- constante
- constitución, constituir
- constreñir, constricción
- construcción, construir
- consulta, consultar
- consumir, consumo
- contacto, contactar
- contemporáneo
- contexto, contextual
- contradecir, contradicción
- contraer, contrato
- contrariedad, contrario
- contraste, contrastar
- contribución, contribuir
- controversia, controvertido
- convenio, convenir
- conversación, conversar
- convencer, convencido
- convertir, converso
- cooperación, cooperar
- coordinación, coordinar
- corporación, corporativo/a
- correspondencia
- corriente
- creación, crear
- crédito, crediticio
- criterio
- crucial
- cultura, cultural

D

- dato
- debate, debatir
- década
- declinación, declinar
- deducción, deducir
- definición, definir
- definido, definir
- demostración, demostrar
- denotación, denotar
- depresión, deprimir
- derivación, derivar
- desplazamiento
- desviar, desvío
- detección, detectar
- diferencia, diferenciar
- dimensión
- dinámico
- discreción, discreto
- discriminación
- diseño, diseñar
- disminución, disminuir
- disponer, disposición
- distinción, distinto
- distorsión, distorsionar
- distribución, distribuir
- diversión, diverso
- documento, documentar
- domesticar, doméstico
- dominio, dominar
- drama, dramatizar
- duración, durar

E

- ecocidio
- ecología, ecológico
- economía, economizar
- edición, editar
- efecto, efectuar
- eficacia, eficaz
- elemental, elemento
- eliminación, eliminar
- emergente, emerger
- empírico, empirismo
- encuentro, encontrar
- energía
- énfasis, enfatizar
- enmendar, enmienda
- enorme, enormidad
- entidad
- equiparar
- equivalente
- equivocación, equivocar
- erosión, erosionar
- errar, erróneo, error
- establecimiento
- estadista, estadística
- estimación, estimar
- ético
- etnia, étnico, etnología
- evaluación, evaluar
- eventual
- evidencia, evidente
- evolucionar, evolución
- exceder, exceso
- excluir, exclusión
- exhibición, exhibir
- expandir, expansión

- experto
- explícito
- explotación, explotar
- exponer, exposición
- exportación, exportar
- exterior, externo
- extracto, extraer

F

- facilidad, facilitar
- factor
- fallo, fallar
- federación, federal
- fémina, feminismo
- fila
- final, finalidad
- finanzas, financiar
- finito, finitud
- flexibilidad, flexible
- fluctuación, fluctuar
- foco, enfocar
- fondo
- formatear, formato
- fórmula, formular
- función, funcionar
- fundamental, fundamento
- fundación, fundar

G

- garantía, garantizar
- gastar, gasto
- generar, género
- generación
- gestionar, gestión
- girar, giro
- golpe, golpear
- gradual, graduar, grado
- gratitud, grato
- gregario/a, gregarismo

H

- hegemonía, hegemónico
- hincapié
- hipótesis, hipotético
- hispano, hispanidad
- hostil, hostilidad
- humano, humanizar

I

- idéntico, identificar
- ideología, ideologización
- idioma, idiomático
- ignorancia, ignorar
- ilegal, ilegalizar
- ilustración, ilustrar
- impedimento, impedir
- imprescindible
- incumbencia, incumbir
- incurrir, incurso
- inferencia, inferir
- insumir, insumo
- inversión, invertir

J

- jerarquía, jerarquización
- jornada, jornal
- juicio, enjuiciar
- jurídico
- jurisdicción
- justificación, justificar

L

- laborar, labor
- lanzamiento, lanzar
- latinoamericano
- lectura
- legado, legal
- legislación, legislar
- legitimar, legítimo
- liberal, liberar
- licencia, licenciar
- llamado, llamar
- localización, localizar
- lógico
- logístico/a
- lucrar, lucrativo, lucro

M

- madurar, maduro
- malogrado, malograr
- malversación, malversar
- mandar, mandato
- manipulación, manipular
- mantener, mantenimiento
- manual, manualidad
- margen, marginal
- maximizar
- mayoría
- mecanismo
- media, mediar
- medicación, médico
- medio
- mental, mentalidad
- método, metodología
- militar, militarismo
- mínimo, minimizar
- ministro
- minoría
- modificación, modificar
- modo, moda
- monitor, monitorizar
- muestra, muestreo
- multimedia

N

- natural, naturalizar
- necesidad, necesitar
- negación, negar
- negociar, negocio
- neutral, neutro
- nexo, anexar
- noción
- norma, normalizar
- nuclear, núcleo

O

- objetivo
- obligar, obligatorio
- obtención, obtener
- obvio
- observación, observar
- ocupación, ocupar
- ocurrencia, ocurrir
- oferta, ofertar
- ofrecer, ofrecimiento
- omisión, omitir
- opción, optar

organización, organizar
orientar, oriente
oscilación, oscilante
oscilar, oscilatorio
otorgamiento, otorgar

P

panel
paradigma
paralelo
parámetro
participación, participar
pasividad, pasivo
percepción, percibir
período
persecución, perseguir
persistencia, persistir
perspectiva
pertenecer, pertenencia
planificación, planificar
planteamiento, plantear
población, poblar
política, politizar
polivalencia, polivalente
porción
posar, pose
positivo
potencial, potenciar
practicante, práctica
precedente, preceder
precisar, precisión
predeterminación
predominante
preliminar
prescindible, prescindir
presumir, presunción
previo
primario
primordial
principal
principio
prioridad, priorizar
privación, privar
procedimiento
proceso, procesar
profesión, profesional
prohibición, prohibir
promoción, promover
proporción
prospecto
protocolizar, protocolo
proyectar, proyecto
psicología, psicólogo
publicación, publicar

R

raciocinio, racional
racionalidad
racionalismo
racionalización
racionalizar
racismo, racista
radical, radicalismo
radicalización
radicalizar
ralentizar, ralentí
rango
rareza, rarificar, raro/a
rasgo
ratificación, ratificar
razón, razonable
razonamiento, razonar
reacción, reaccionar
reactivación, reactivar
real, realidad
realizable, realización
realizador, realizar
rebaja, rebajamiento
rebajar
rebatible, rebatir
recobrar, recuperar
recurso
rechazar, rechazo
refinamiento, refinar
reforzar, refuerzo
régimen
región, regional
registro, registrar
regular, regularidad
relajamiento, relajar
relatividad
relativismo
relativizar, relativo
relegación, relegar
relevante
remanente
remisión, remitir
remover, removible
requerir, requisito
residencia, residir
resolución, resolver
responder, respuesta
restauración
restricción, restringir
retención, retener
revelación, revelar
reversión, revertir
revisión, revisar
revocación, revocar
revolución
rigidez, rígido
rotación, rotar
rúbrica, rubricar
ruina, ruindad
ruta
rutina, rutinario

S

salarial, salario
salubre, salubridad
saneamiento, sanear
sanidad, sanitario
sección, seccionar
secuencia, secuenciar
segmentar, segmento
segregación, segregar
seguro, seguridad
selecto, seleccionar
serie, serial
sexo, sexual

significación
simbolizar, símbolo
similar, similitud
simulación, simular
sitiar, sitio
soberanía, soberano
sobrevivir
solvente, solventar
solución, solucionar
someter, sometimiento
sostener, sostenible
subordinación
subordinar
subsidiar, subsidio
subsiguiente
sucesión, sucesor
suficiente
sufrimiento, sufrir
sugerencia, sugerir
suma, sumar, sumario
suministrar, suministro
supeditación, supeditar
supervisar, supervisión
supervivencia
suplemento
susceptibilidad
suscripción, suscribir
suspensión, suspenso
sustancia, sustancial
sustentar, sustento
sustituto, sustituir

T

táctica
tarifa, tarifar
técnico/a, tecnología
tema, temático
temporal, temporalidad
tendencia, tender
tenencia, tener
tensión, tenso, tensar
tentativa
teoría, teórico
terminal, terminar
tesina, tesis
testificar, testigo
texto, textual
tipo, tipología
titular, título
tópico
tradición, tradicional
transferencia, transferir
transformación
transitar, tránsito
transmisión, transmitir
transporte, transportar
trazar, trazo

U

ubicación, ubicar
ultimar, último
unánime, unanimidad
unicidad, único
unificación, unificar
uniformar, uniforme
uniformidad
uniformización
uniformizar
unilateral
unión, unionismo
unitario, unitarismo
universal, universalizar
urbanidad, urbanismo
urbanización, urbanizar
urbe
urgencia, urgente, urgir
usual, usuario
usufructo, usufructuar
usurpación, usurpar
utilidad, utilitarismo
utilizable, utilización
utilizar

V

validación, validar
validez, válido
valor, valoración, valorar
valorativo, valorización
valorizar
vandálico, vandalismo
vanguardia, vanguardismo
variabilidad, variable
variación, variante, variar
vecinal, vecindad, vecino
vector, vectorial
vegetal, vegetarianismo
vegetariano, vegetativo
vehemencia, vehemente
vehiculizar, vehículo
vejación, vejar
velocidad, veloz
vencer, vencido
vencimiento
venta
ventaja, ventajoso/a
veracidad, veraz
verdad, verdadero
vergonzoso, vergüenza
verídico, verificabilidad
verificación, verificar
verosímil, verosimilitud
versar
versátil, versatilidad
versión
vertedero, verter
vertical, verticalismo
verticalización
vertiginosidad, vertiginoso
vértigo
vetar, veto
viabilidad, viabilizar, viable
viciar, vicio, vicioso/a

vicisitud
vigencia, vigente
vigilancia, vigilante, vigilar
vigor, vigorizar, vigoroso/a
vinculación, vinculante
vincular, vínculo
vindicación, vindicar
vindicativo, vindicatorio
violación, violador, violar
violencia, violentar

violento
viral
virtual, virtualidad, virtuoso
virulencia, virulento, virus
visibilidad, visible
visión, visionado, visionar
visual
visto/a, vistoso/a
visual, visualidad
visualización
visualizar

vital, vitalidad
vivienda, viviente
vivificante, vivificar
vocación, vocacional
volubilidad, voluble
volumen
voluntad
voluntariedad
voluntario/a
votación, votante
votar, voto
vulgaridad, vulgar
vulgarización

vulgarizar
vulnerabilidad
vulnerable
vulneración, vulnerar
Y
yacer, yacimiento
yuxtaponer
yuxtaposición
yuxtapuesto
Z
zanjar, zanjeo
zigzag, zigzagueante
zigzaguear, zigzagueo
zona, zonal

APÉNDICE 4: CONECTORES TEXTUALES

Conectores adversativos		Conectores consecutivos	
aunque	Ahora bien,	así que	Así pues,
a pesar de (que)	Aun así,	con lo que	A consecuencia de . . .
en cambio	A pesar de eso/todo,	de ahí que	En consecuencia,
en tanto que	Sin embargo,	de forma/manera/modo que	Por consiguiente,
mientras que	En cambio,	por lo que	Por ende,
pero	No obstante,	pues	Por eso,
pese a (que)	Por el contrario,		Por esa causa/razón
sino (que)			Por tal motivo,

Conectores de comparación		Conectores de contraste	
así como	igual que	al contrario	No obstante,
como	lo mismo que	aunque	Por el contrario,
comparado/a con	más que	en cambio	Sin embargo,
de igual forma	menos que	en tanto que	
de igual manera	tan como	mas	
del mismo modo	tanto como	mientras (que)	
en comparación a/con		pero	

Conectores de causa		Conectores de consecuencia	
como	pues	a consecuencia de . . .	Como consecuencia,
dado que	puesto que	con lo que	En consecuencia,
debido a que	visto que	de ahí que	Por ello
es que	ya que	por lo que	Por esa razón
porque		por consiguiente	Por eso
		por tanto	

Como podrá notar, algunos de estos conectores aparecen repetidos en algunas de estas tablas, o escritos con mayúscula o minúscula inicial. Se sugiere consultar Rodríguez Fuentes, *Diccionario de conectores y operadores del español*, Madrid: Arco/Libros, 2018, que contiene una lista mucho más detallada de conectores con explicaciones y ejemplos de uso en contexto.

Progresión de un texto mediante conectores textuales		
De inicio	De continuación	De cierre o conclusión
De entrada En primer lugar Para empezar Por un lado	Después (de) En segundo lugar en seguida por otro lado	En conclusión En último lugar Finalmente Para concluir Por último
De adversidad	De reformulación	De comparación y contraste
Ahora bien No obstante pero Sin embargo	a saber es decir esto es más bien mejor dicho	al igual que de igual modo en cambio mientras que tanto como

Conectores y frases fijas empleados en la argumentación de textos		
Presentación del tema	Primer argumento	Segundo argumento
Comencemos por Empecemos por Vamos a hablar de ... Vamos a ver cómo ...	En primer lugar Para empezar Por un lado Por una parte	Después En segundo lugar Por otro lado Por otra parte
Otros argumentos	Poner en relieve	Citar a alguien
Asimismo Además En tercer lugar Cabe agregar Cabe subrayar Para seguir Podemos añadir	Conviene destacar (que) encima es más He de hacer notar que y que conste que no hay que olvidar la verdad es que	Como dijo X ... A pesar de lo que dijo X opinamos que ... Como afirma X ... X hace notar que ... X nos dice que ... X opina que ... En contra de la teoría de X, yo opino que ...
Contraargumentar	Resumir lo expuesto	Conclusión
Ahora bien A pesar de (que) aun así aunque con todo pero pese a (que) sin embargo,	así pues en pocas palabras En resumen En síntesis En suma Para resumir Resumiendo	Concluyendo En conclusión En último lugar Finalmente Para concluir Para terminar Por último

APÉNDICE 5: GUÍA Y HOJAS DE REVISIÓN ENTRE COMPAÑEROS, CÓDIGO Y REGISTRO DE ERRORES FORMALES

Hoja de revisión entre compañeros: el párrafo

Tras haber terminado de escribir el borrador de su párrafo,[1] intercámbielo con uno de sus compañeros para que lo lea y revise.[2] Básese en las siguientes preguntas para hacer la revisión; escriba sus respuestas en hoja aparte si no hay suficiente espacio.

Revisor/a:______________________________ Escritor/a:______________________________

1. ¿Cuál es el tema del párrafo? __________ ¿Se ha reducido lo suficiente? ¿Podría reducirse aún más?

____

2. ¿Cuál es la idea principal del párrafo? ¿Está clara y bien enfocada? ¿Tiene alguna sugerencia para mejorar la idea principal?

____

3. ¿Cuál es la oración temática del párrafo? Escríbala aquí mismo. (Diga cuál es la oración temática en sus propias palabras si no es explícita.)

____

____

4. ¿Todas las oraciones apoyan la idea principal? _______ Si no, señale las oraciones que son irrelevantes.

____

5. ¿Están las ideas ordenadas lógicamente? _______ Si no, sugiera la manera de ordenarlas mejor.

____

6. ¿Qué fragmento del párrafo le parece más interesante? ¿Por qué? ______________

____

7. ¿Qué ha hecho bien el/la escritor/a?

____

____

8. ¿El/la escritor/a usa detalles, hechos o ejemplos apropiados para el tema? ___________

____

9. Si es necesario, ¿qué otros detalles, hechos o ejemplos de apoyo sugeriría? ___________

____

____

[1] Si no tiene suficiente espacio, adjunte sus respuestas en hoja aparte. Fotocopie esta página cada vez que sea necesario o bájela a partir del sitio web del libro.

[2] Por medio del código de errores (véase pp. 237–239), identifique los errores formales que encuentre en el texto **sin corregirlos explícitamente**.

Hoja de revisión entre compañeros: el resumen

Tras haber terminado de escribir el borrador de su resumen,[3] intercámbielo con uno de sus compañeros para que lo lea y revise.[4] Responda a las siguientes preguntas para hacer la revisión.

Revisor/a: ______________________________ Escritor/a: ______________________________

1. ¿Cuál es el tema del resumen? ________________ ¿Se ha reducido lo suficiente? ¿Podría reducirse aún más?

____

2. ¿Cuál es la idea principal de este resumen? Escríbala aquí mismo. (Diga cuál es la idea principal en sus propias palabras si no es explícita.) ¿Está clara y bien enfocada? ¿Tiene alguna sugerencia para mejorarla?

____

3. ¿Todas las ideas de apoyo refuerzan la idea principal? Sí____ No_____. Si no, señale la información o las ideas que son irrelevantes.

____

4. ¿Están las ideas ordenadas lógicamente? Sí____ No_____. Si no, sugiera la manera de ordenarlas mejor.

____

5. ¿En el resumen aparece el nombre del autor de la fuente y un verbo declarativo que transmita la intención y la idea principal del texto? Sí____ No_____. Si no, ¿por qué?

____

6. ¿Cree que el resumen no contiene opiniones personales ni detalles innecesarios? Sí____ No_____. Si no, ¿por qué?

____

7. ¿Cree que ha empleado bien el léxico con sinónimos y vocabulario académico y de frecuencia?

____

8. ¿Cree que ha redactado bien el resumen utilizando verbos declarativos para darle la palabra al autor, y empleando el sistema de citas de la APA o de la MLA?

____

9. ¿Qué ha hecho bien el/la escritor/a?

____

____

[3] Si no tiene suficiente espacio, adjunte sus respuestas en hoja aparte. Fotocopie esta página cada vez que sea necesario o bájela a partir del sitio web del libro.

[4] Por medio del código de errores (véase pp. 237–239), identifique los errores formales que encuentre en el texto **sin corregirlos explícitamente**.

Hoja de revisión entre compañeros: textos expositivos

Revisor/a: ______________________ Escritor/a: ______________________

Tras haber terminado de escribir el borrador de su ensayo,[5] intercámbielo con uno de sus compañeros para que lo lea y revise.[6] Responda a las siguientes preguntas para hacer la revisión.

1. ¿Tiene título el escrito de su compañero? ¿Lo podría mejorar? Sí ___ No ___ Explique cómo:

2. ¿La introducción del texto capta su atención? Sí ___ No ___ Explique por qué:

3. ¿Cuál es la tesis del texto? ¿Está completo o podría mejorarse? ¿Cómo?

4. ¿Cuáles son las oraciones temáticas y de apoyo en el cuerpo de cada párrafo? ¿Están bien unidas? Si no, explique por qué.

	Oración temática	Oraciones de apoyo	¿Están bien unidas?
Párrafo 1			Sí ___ No ___
Párrafo 2			Sí ___ No ___
Párrafo 3			Sí ___ No ___
Párrafo 4			Sí ___ No ___
Párrafo 5			Sí ___ No ___
Párrafo 6			Sí ___ No ___
Párrafo 7			Sí ___ No ___
Párrafo 8			Sí ___ No ___

5. ¿Pierde el hilo de la lectura del texto o el/la escritor/a salta de una idea a otra? Si es el caso, señale en qué lugar del texto.

6. ¿La conclusión cumple con la tesis propuesta? Sí ___ No ___ Explique, por favor.

[5] Si no tiene suficiente espacio, adjunte sus respuestas en hoja aparte. Fotocopie esta página cada vez que sea necesario o bájela a partir del sitio web del libro.

[6] Por medio del código de errores (véase pp. 237–239), identifique los errores formales que encuentre en el texto **sin corregirlos explícitamente**.

7. ¡Hágale un cumplido a su compañero! ¿Qué es lo que más le ha gustado de su texto? ¿Qué es lo que su compañero ha hecho muy bien?

____

____

____

____

____

____

Hoja de revisión entre compañeros: textos argumentativos

Revisor/a: ____________________ Escritor/a: ____________________

Tras haber terminado de escribir el borrador de su ensayo,[7] intercámbielo con uno de sus compañeros para que lo lea y revise.[8] Responda a las siguientes preguntas para hacer la revisión.

1. ¿Tiene título el escrito de su compañera/o? ¿Lo podría mejorar? Sí ___ No ___ Explique cómo:

____

____

2. ¿La introducción del texto capta su atención? Sí ___ No ___ Explique por qué:

____

____

____

3. ¿Cuál es la tesis del texto? ¿Está completa o podría mejorarse? ¿Cómo?

____

____

____

4. ¿Cuáles son las oraciones temáticas y de apoyo en el cuerpo de cada párrafo? ¿Están bien unidas? Si no, explique por qué.

	Oración temática	Oraciones de apoyo	¿Están bien unidas?
Párrafo 1			Sí ___ No ___
Párrafo 2			Sí ___ No ___
Párrafo 3			Sí ___ No ___
Párrafo 4			Sí ___ No ___
Párrafo 5			Sí ___ No ___
Párrafo 6			Sí ___ No ___
Párrafo 7			Sí ___ No ___
Párrafo 8			Sí ___ No ___

[7] Si no tiene suficiente espacio, adjunte sus respuestas en hoja aparte. Fotocopie esta página cada vez que sea necesario o bájela a partir del sitio web del libro.

[8] Por medio del código de errores (véase pp. 237–239), identifique los errores formales que encuentre en el texto **sin corregirlos explícitamente**.

5. ¿Pierde el hilo de la lectura del texto o el/la escritor/a salta de una idea a otra? Si es el caso, señale en qué lugar del texto.

____

____

6. ¿La conclusión cumple con la tesis propuesta? Sí ____ No ____ Explique, por favor.

____

____

7. ¡Hágale un cumplido a su compañera/o! ¿Qué es lo que más le ha gustado de su texto? ¿Qué es lo que ha hecho muy bien?

____

____

____

____

____

____

____

____

Código de errores

Código	Significado	Ejemplo
CF	Construcción inadecuada de la oración	El autor ~~que su~~ obra es muy conocida.
COH	Problema de cohesión	Me gusta leer novelas latinoamericanas, porque ~~las novelas latinoamericanas~~ son muy interesantes.
CSV	Concordancia inadecuada: sujeto-verbo	Me ~~gusto~~ hacer compras en línea.
CV	Conjugación inadecuada del verbo	~~Habían~~ muchos periodistas en la rueda de prensa.
DICC	Necesidad de consultar el diccionario	Acabo de ~~aplicar~~ para un puesto de ~~manager~~.
EE	Expresión equivocada	~~A nivel de calle~~, la gente respeta el distanciamiento social.
FI	Frase incompleta	Como llovió ayer **FI**. Tal vez otro día que no llueva.
FIN	Terminación incorrecta	Vivían en un ambiente famili~~al~~.

(*cont.*)

Código	Significado	Ejemplo
FL	Frases muy largas	Primero, tiene que organizar todas sus clases y pasa 4 o 5 horas ahí, y hay 30 estudiantes en su clase y toma apuntes y después los organiza . . .
G/A	Uso de galicismos o anglicismos (falsos cognados)	El presidente ~~detiene~~ el poder desde hace un año.
GEN	Género inadecuado	La agencia tiene problemas con los turist~~os~~.
MV	Modo inadecuado del verbo	Te pido que me ~~ayudas~~ a hacer los deberes.
OP	Orden de las palabras	Trabaja para la ~~municipal~~ policía.
ORT	Ortografía	¿~~Que~~ come la gente si la comida es tan ~~carra~~?
PE	Elección de palabra equivocada[9]	La vacuna no cura, ~~pero~~ previene enfermedades.
PUN	Problema de puntuación	*The Gazette* **PUN** que es el diario más antiguo de Montreal **PUN** planea contratar personal.
S/E	Uso inadecuado de ser o estar.	Juan ~~está~~ canadiense
TIPO	Error tipográfico	Exac~~tm~~ente
TV	Tiempo inadecuado del verbo	Cuando volvió, ya se ~~ha~~ ido a dormir.
UP	Uso inadecuado de la palabra	Vive alegr~~emente~~ y calmadamente.
¡!	Veracidad de datos	Los seres humanos somos capaces de respirar ~~bajo el agua~~.
#	Número inadecuado: *singular* o *plural*	¿Cuántos ~~libro~~ quieres?

[9] Consulte el siguiente recuadro.

(*cont.*)

Código	Significado	Ejemplo
^	Omisión de palabra(s)	Ayer visité ^ mis amigos.
¿?	Información incompleta, estructura de frase deficiente o caligrafía ilegible, etc.	La primera cosa que hacía caso era que la pata de la mesa era roto. **¿?**
/¶/	Cambiar de párrafo	. . . que equivalía a los 10 puntos del programa. /¶/ El tercer programa también contenía 10 puntos . . .

El código PE puede referirse a palabras que necesitan ser reemplazadas por otro tipo de palabra, las cuales se especifican mediante los siguientes códigos:

Adj.	adjetivo
Adv.	adverbio
Conj.	conjunción
Det.	determinantes: artículo (art.), demostrativo (dem.), indefinido (ind.), numeral (num.), posesivo (pos.)
Prep.	preposición
Pron.	pronombre
Rel.	oración relativa (adjetiva)
Sust.	sustantivo
V.A.	voz activa

Si ve un código que no aparece en esta lista, pídale a su profesor que le diga su significado.

Registro de errores formales

La progresiva corrección de errores es un elemento esencial del proceso de escritura. Con la ayuda de la lista de código de errores, anote los tipos de errores que ha cometido debajo de la columna apropiada. Una mirada de conjunto le ayudará a determinar cuáles son los aspectos formales más sólidos de su escritura y cuáles necesitan reforzarse. En la línea PE podrá anotar los tipos de errores que no se contemplan en la lista de código de errores (consulte la clasificación de palabras, p. 239). Si lo considera necesario, puede fotocopiar esta página o bajársela a partir del sitio web del libro. Incluya todas sus composiciones, tanto las obligatorias como las opcionales.

	Texto 1	Texto 2	Texto 3	Texto 4	Texto 5	Texto 6	Texto 7	Texto 8	Texto 9
CF									
COH									
CSV									
CV									
DICC									
EE									
FI									
FL									
G/A									
MV									
OP									
ORT									
PE									
PUN									
S/E									
TIPO									
TV									
UP									
♀									
#									
^									
¿?									
/¶/									

APÉNDICE 6: RESUMEN (ACTIVIDAD 1.12, P. 13)

En el artículo "Caracterización de la alfabetización digital", la autora Susana García Ávila (2017) explica cómo la alfabetización digital se dirige sobre todo a adultos con el fin de que logren dominar el uso eficiente de las nuevas tecnologías en la era digital.

Esta alfabetización se centra en saber encontrar fuentes de información y hacer buen uso de ellas, y en emplear adecuadamente las distintas tecnologías según las cinco dimensiones a saber, la instrumental, la cognitivo-intelectual, la sociocomunicacional, la axiológica y la emocional. Las dos primeras dimensiones se enfocan en la adquisición de conocimientos de las nuevas herramientas tecnológicas y el desarrollo de destrezas cognitivas para dar con la información y gestionarla según nuestras necesidades. Las otras tres dimensiones ponen énfasis en la comunicación entre usuarios y el comportamiento que se debe adoptar en el ciberespacio según los valores éticos y morales de nuestra sociedad.

Según García Ávila, el desarrollo de estas cinco dimensiones contribuirá a la formación de un alfabeto digital que será capaz no sólo de leer y entender de manera crítica y responsable la información que extraerá de la red, sino también de crear materiales propios con información proveniente de distintas fuentes obtenidas mediante diferentes motores de búsqueda.

Por último, la autora menciona que la misión de la alfabetización digital en el medio académico debe plantearse el modo en que los estudiantes adquirirán la habilidad de utilizar las TIC, crearán conocimiento con ellas y lo compartirán con otros usuarios, teniendo en cuenta las ventajas que nos ofrece el ciberespacio, pero también los riesgos que conlleva. (256 palabras)

Fuente: García Ávila, Susana. "Alfabetización Digital". **Razón y Palabra**, [S.l.], v. 21, n. 3_98, p. 72-74, ago. 2017. ISSN 1605-4806. Disponible en: <www .revistarazonypalabra.Org/index.php/ryp/article/view/1043/1030>. Recuperado: 05 jun. 2018.

APÉNDICE 7: RESUMEN (PUESTA EN PRÁCTICA, P. 34)

Según García Ávila, la alfabetización digital permite que la persona alfabetizada digital reconozca información que examinará minuciosamente para luego reutilizarla. Esto requiere habitar en el ciberespacio donde, según Prieto, se necesitan otras destrezas que conformen la inteligencia digital, de las que traza siete propiedades:

1. Identidad digital: disposición para crear y gestionar la identidad personal en línea en relación con la reputación, la presencia y las consecuencias que conlleva a corto y largo plazo.
2. Uso digital: disposición para poseer y administrar adecuadamente los recursos digitales en línea y fuera de línea.
3. Protección digital: disposición para prevenir riesgos en línea asociados con actos de violencia o intimidación.
4. Seguridad digital: disposición para proteger dispositivos y datos digitales contra posibles ataques cibernéticos.
5. Inteligencia emocional digital: disposición para interrelacionarse con los demás cibernautas de manera respetuosa y sensata.
6. Comunicación digital: disposición para establecer una comunicación colaborativa con otros usuarios en la red.
7. Derechos digitales: disposición para saber respetar los derechos personales, de privacidad, propiedad intelectual y libertad de expresión.

García Ávila opina que el uso de las TIC conlleva cambios de conducta entre los usuarios para que sean aceptados dentro de las comunidades digitales. Esto significa crear dentro del entorno digital una identidad digital que, por la utilización adecuada de todos los recursos digitales, alcance una buena reputación en línea digna de confianza. Sin embargo, la seguridad es un factor esencial para proteger datos personales y dispositivos digitales de programas malignos. (243 palabras)

Fuente: García Ávila, Susana. "Alfabetización Digital". **Razón y Palabra**, [S.l.], v. 21, n. 3_98, p. 76-78, ago. 2017. ISSN 1605-4806. Disponible en: <www.revistarazonypalabra.Org/index.php/ryp/article/view/1043/1030>. Recuperado: 05 jun. 2018.

REFERENCIAS BIBLIOGRÁFICAS

Alcaraz Varó, Enrique y Martínez Linares, M. Antonia. *Diccionario de lingüística moderna.* Barcelona: Ariel, 1997.

APA. *Publication Manual of the American Psychological Association: The Official Guide to APA Style.* Washington, DC: American Psychological Association, 2020.

Bushong II, Robert W. "The Academic Word List Reorganized for Spanish-Speaking English Language Learners", MA thesis, University of Central Florida, 2010.

Cascón Martín, Eugenio. *Sintaxis: Teoría y práctica del análisis oracional.* Madrid: Edinumen, 1996.

Cassany, Daniel. *La cocina de la escritura.* Barcelona: Empúries, 1993.

Cassany, Daniel, Luna, M. y Sanz, G. *Enseñar lengua.* Barcelona: Graó, 1994.

Cassany, Daniel y Comas, Pepa. *Describir el escribir: Cómo se aprende a escribir.* Barcelona: Ediciones Austral, 2018.

Castañeda, Alejandro. *Enseñanza de gramática avanzada de ELE: Criterios y recursos.* Madrid: SGEL, 2014.

Dean, Deborah. "Sentence Combining: Building Skills through Reading and Writing", *Classroom Notes Plus,* 26:1 (2008), pp. 6–11, National Council of Teachers of English.

Fernández Vizoso, Martín y Benito Lobo, José Antonio. *El comentario de textos: Asimilación y sentido crítico.* Madrid: Edinumen, 1994.

Gibaldi, Joseph. *MLA Handbook for Writers of Research Papers.* New York: Modern Language Association of America, 2015.

Gómez Torrego, Leonardo. *Análisis sintáctico: Teoría y práctica.* Madrid: Grupo SM, 2002.

Gramática didáctica del español. Madrid: Grupo SM, 1997.

Ortografía de uso del español actual. Madrid: Grupo SM, 2007.

Larsen-Freeman, Diane. "Teaching Grammar", en *Teaching English as a Second or Foreign Language.* Ed. Marianne Celce-Murcia. Boston: Heinle & Heinle, 2001, pp. 251–266.

Martínez de Sousa, José. *Manual de estilo de la lengua española.* Gijón: Trea, 2015.

Matsuda, P. K. "Second Language Writing in the Twentieth Century: A Situated Historical Perspective", en *Exploring the Dynamics of Second Language Writing.* Ed. Barbara Kroll. New York: Cambridge University Press, 2003, pp. 15–34.

Matte Bon, Francisco. *Gramática comunicativa del español.* Madrid: EDELSA, 1995.

Montolío Durán, Estrella. *Conectores de la lengua escrita: Contraargumentativos, consecutivos, aditivos y organizadores de la información.* Barcelona: Ariel, 2015.

Nassaji, Hossein. "L2 Vocabulary Learning from Context: Strategies, Knowledge Sources, and their Relationship with Success in L2 Lexical Inferencing", *TESOL Quarterly,* 37:4 (2003), pp. 645–670.

Real Academia Española. *Diccionario de la lengua española,* 23ª ed. (versión 23.3 en línea). Madrid: Real Academia Española, 2014.

Real Academia Española y Asociación de Academias de la Lengua Española. *Nueva gramática de la lengua española: Morfología y sintaxis.* Madrid: Espasa, 2009.

Richards, Jack C., Platt, John y Platt, Heidi. *Diccionario de lingüística aplicada y enseñanza de lenguas*. Barcelona: Ariel, 1997.

Roza, Veni. "A Model of Grammar Teaching through Consciousness-Raising Activities", *International Journal on Studies in English Language and Literature*, 2:3 (2014), pp. 1–5.

Sánchez Lobato, Jesús. *Saber escribir*. Buenos Aires: Aguilar, 2013.

Stuart, Samantha L. *The Writing Process*. St. Louis: McDonald, 2000.

ÍNDICE GENERAL